BERKS STREET ATLAS

GW00708315

CONTENTS

REFERENCE

Motorway	M4	Posttown Boundary *By arrangement with the Post Office*	
A Road	A4	Postcode Boundary *Within Posttowns*	
Under Construction		Map Continuation	62
Proposed			
B Road	B471	Built Up Area	MILL ST
Dual Carriageway		Car Park *Selected*	P
One Way Street	→	Church or Chapel	†
Traffic flow on A Roads is indicated by a heavy line on the driver's left.		Fire Station	■
Pedestrianized Road		Hospital	H
Restricted Access		House Numbers *A and B Roads only*	113 / 98
Track		Information Centre	i
Footpath		National Grid Reference	¹75
Railway	Level Crossing × Station ▪	Police Station	▲
County Boundary		Post Office	★
District Boundary		Toilet *with disabled facilities*	▽ / ♿

SCALE

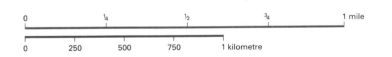

3⅓ inches to 1 mile

0   ¼   ½   ¾   1 mile

0   250   500   750   1 kilometre

1:19,000

Geographers' A-Z Map Company Ltd.

Head Office:
Fairfield Road, Borough Green, Sevenoaks, Kent, TN15 8PP
Telephone: 01732 781000 (Trade)

Showrooms:
44 Gray's Inn Road, London, WC1X 8HX
Telephone: 020 7440 9500 (Retail)
www.a-zmaps.co.uk

This map is based upon Ordnance Survey mapping with the permission of the Controller of Her Majesty's Stationery Office. © Crown copyright licence number 399000. All rights reserved.

Every possible care has been taken to ensure that the information given in this publication is accurate and whilst the publishers would be grateful to learn of any errors, they regret they cannot accept any responsibility for loss thereby caused.

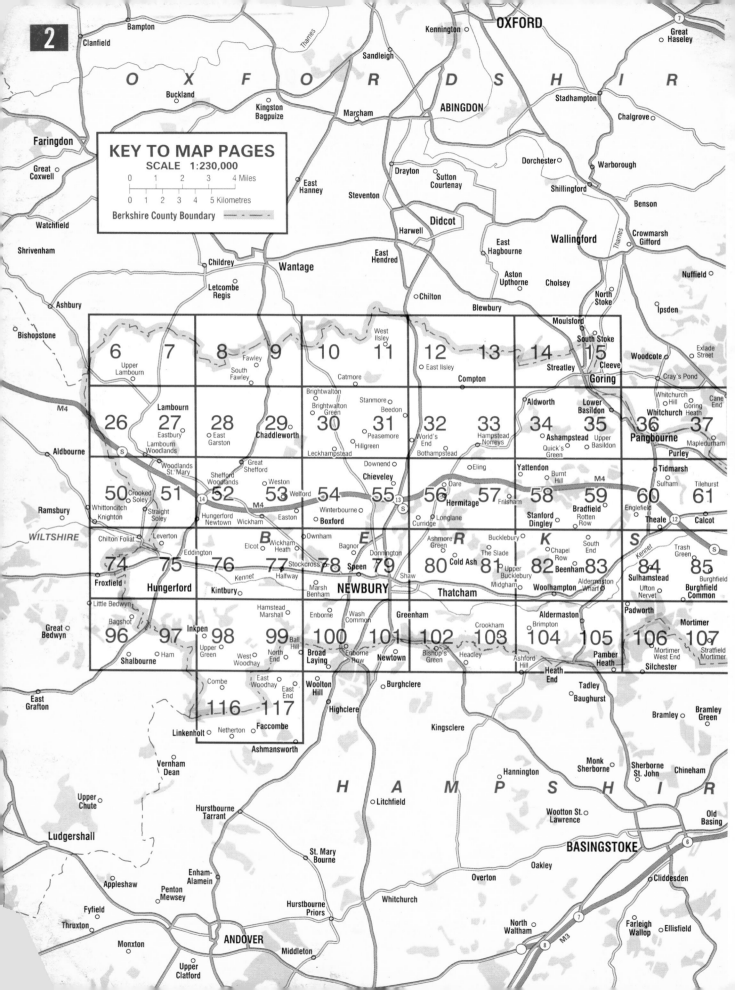

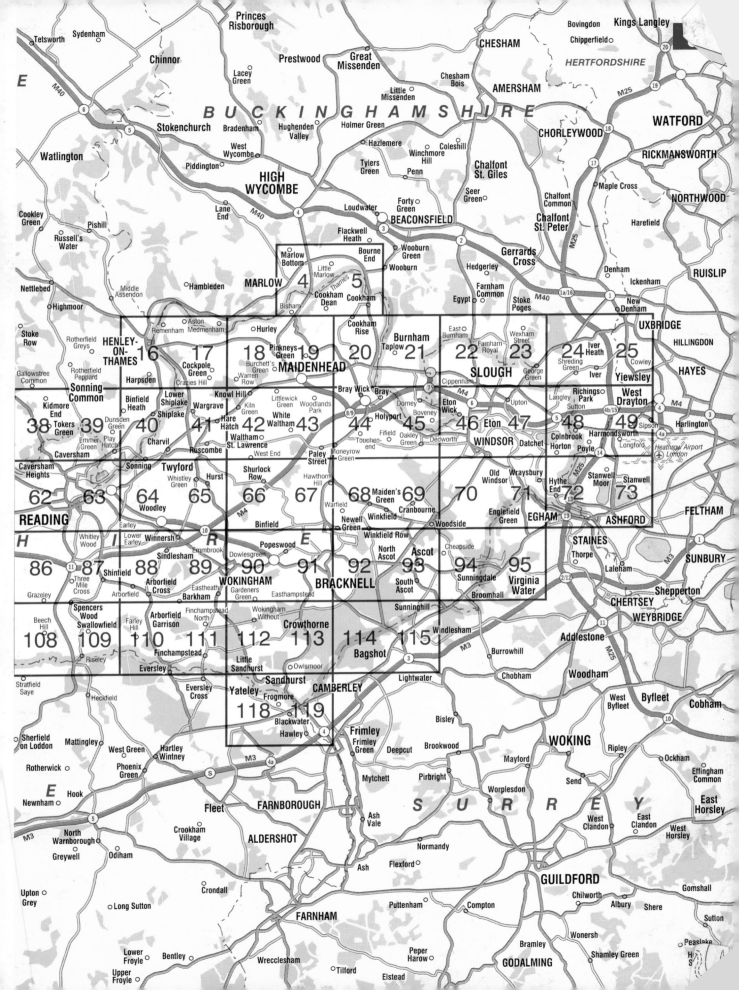

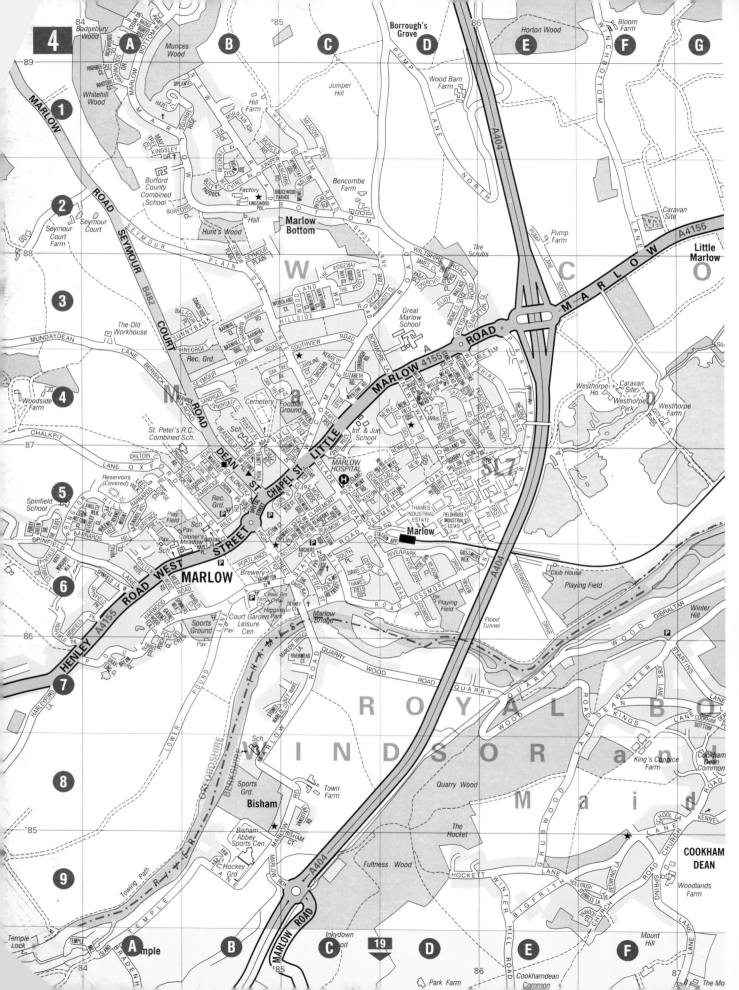

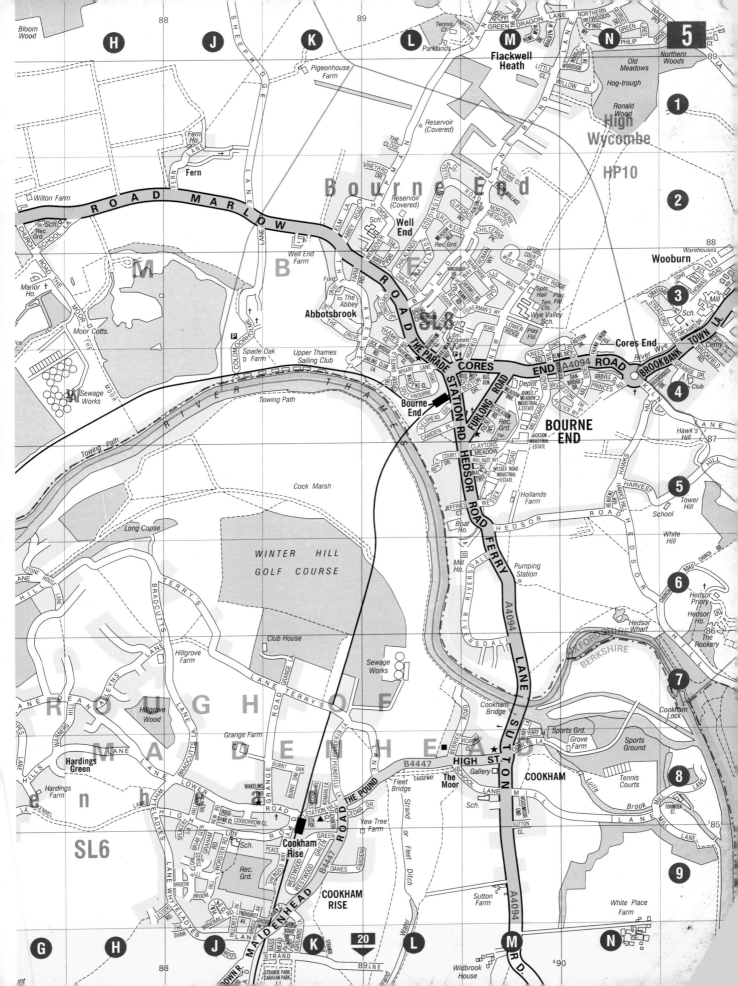

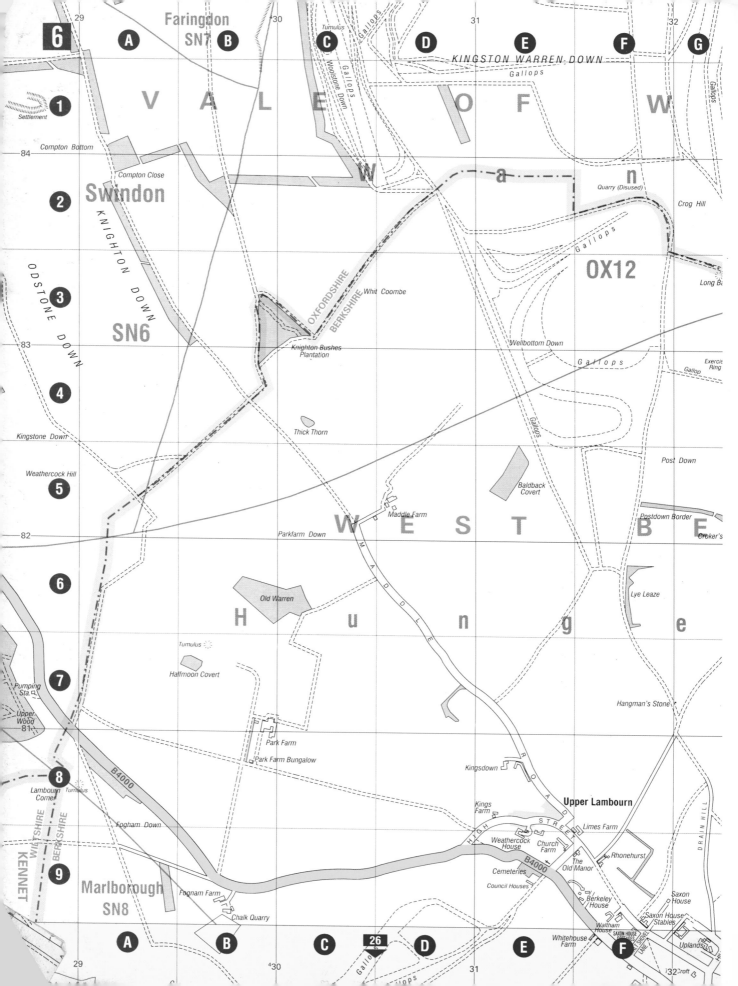

6

Faringdon
SN7

29 30 31 32

V A L E   O F   W

Tumulus

Gallops

Woolstone Down

KINGSTON WARREN DOWN

Gallops

Settlement

1

Compton Bottom

84

a n

Compton Close

2

Swindon

Quarry (Disused)

Crog Hill

W

3

ODSTONE DOWN

KNIGHTON DOWN

SN6

Whit Coombe

OXFORDSHIRE

BERKSHIRE

Gallops

OX12

Long B

83

Knighton Bushes
Plantation

Wellbottom Down

4

Kingstone Down

Thick Thorn

Gallops

Gallop

Exercis
Ring

Post Down

5

Weathercock Hill

Baldback
Covert

Postdown Border

Croker's

82

Parkfarm Down

M A I D D L E

Maddle Farm

W E S T   B E

6

Old Warren

Lye Leaze

H u n g e

Tumulus

Pumping
Sta.

7

Halfmoon Covert

Hangman's Stone

Upper
Wood

81

Park Farm

Kingsdown

8

B4000

Lambourn
Corner Tumulus

Park Farm Bungalow

Upper Lambourn

Kings
Farm

Limes Farm

WILTSHIRE BERKSHIRE

Fogham Down

H I G H   S T R E E T

Weathercock
House

Church
Farm

DRAIN HILL

Rhonehurst

R O A D

9

KENNET

Marlborough
SN8

Fogham Farm

B4000

The
Old Manor

Cemeteries

Council Houses

Saxon
House

Berkeley
House

Saxon House
Stables

Chalk Quarry

Waltham
House

Whitehouse
Farm

SAXON HOUSE

Uplands

Croft

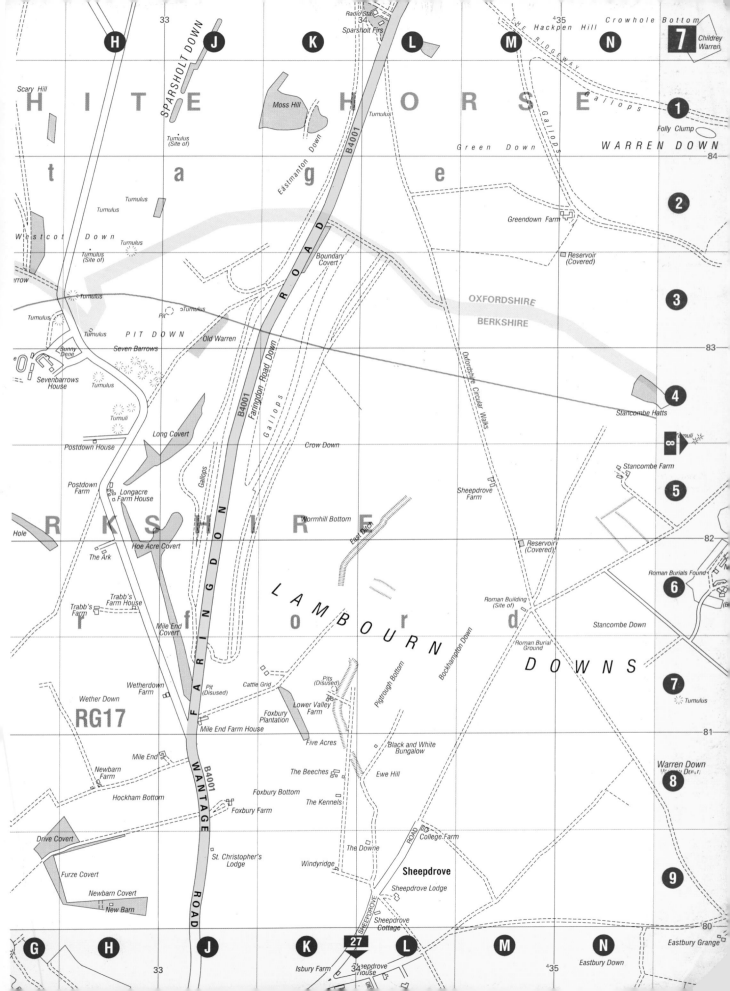

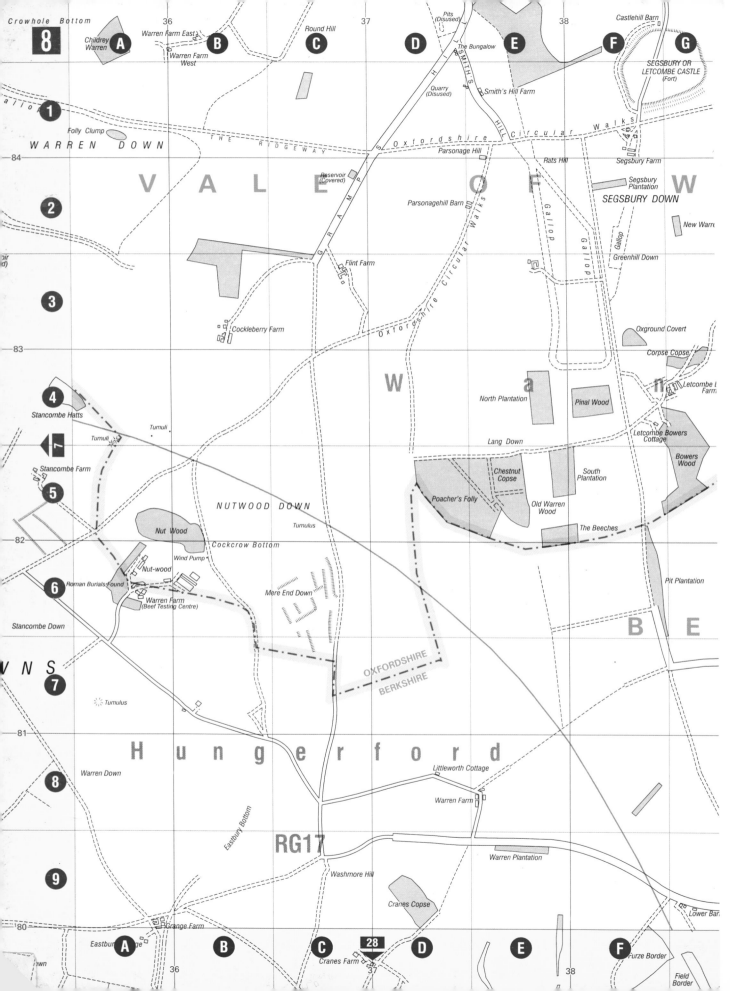

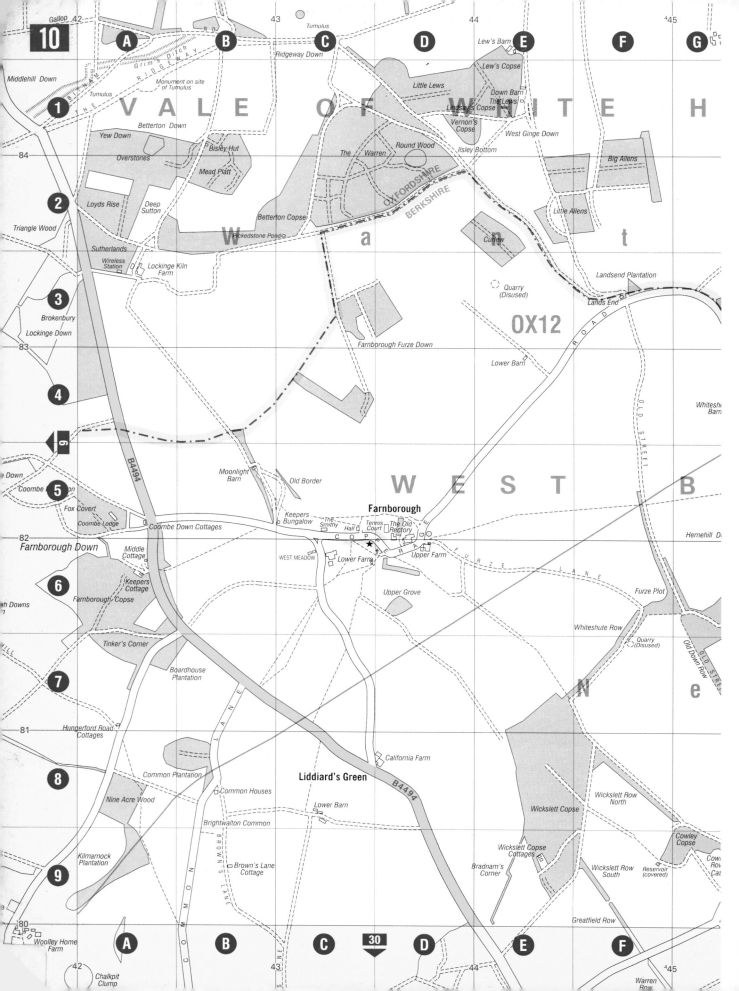

VALE OF WHITE H

OXFORDSHIRE

BERKSHIRE

OX12

WEST B

Farnborough

Liddiard's Green

Labels (top to bottom, left to right):

Gallop

Middlehill Down
Tumulus
Monument on site of Tumulus
THE RIDGEWAY
GRIMSDITCH

Tumulus
Ridgeway Down

Lew's Barn
Lew's Copse
Little Lews
Down Barn
The Lews
Lindsay's Copse
Vernon's Copse
West Ginge Down

Betterton Down
Yew Down
Bisley Hut
Overstones
Mead Platt

The Warren
Round Wood
Ilsley Bottom

Big Allens

Loyds Rise
Deep Sutton
Triangle Wood
Sutherlands
Wireless Station
Lockinge Kiln Farm
Betterton Copse
Pickedstone Pond

Little Allens

Curlew

Landsend Plantation
Lands End

Brokenbury
Lockinge Down

Farnborough Furze Down

Quarry (Disused)

Lower Barn

Whiteshu Barn

ROAD

OLD STREET

Coombe Down
Fox Covert
Coombe Lodge
Coombe Down Cottages
Farnborough Down
Middle Cottage

Moonlight Barn
Old Border

Keepers Bungalow
The Smithy
Hall
Tennis Court
The Old Rectory
Upper Farm

Hernehill D

B4494

Keepers Cottage
Farnborough Copse

WEST MEADOW
Lower Farm

Upper Grove

Furze Plot
FURZE LANE

Tinker's Corner

Whiteshute Row
Quarry (Disused)
OLD DOWN ROW

Boardhouse Plantation

Hungerford Road Cottages

Common Plantation
Nine Acre Wood

California Farm

COMMON LANE
BROWN'S LANE

Common Houses
Brightwalton Common
Lower Barn
Brown's Lane Cottage

B4494

Wickslett Row North
Wickslett Copse

Cowley Copse
Cow Ro Cat

Kilmarnock Plantation

Wickslett Copse Cottages
Bradnam's Corner
Wickslett Row South

Reservoir (covered)

Woolley Home Farm

Greatfield Row

Chalkpit Clump

Warren Row

30

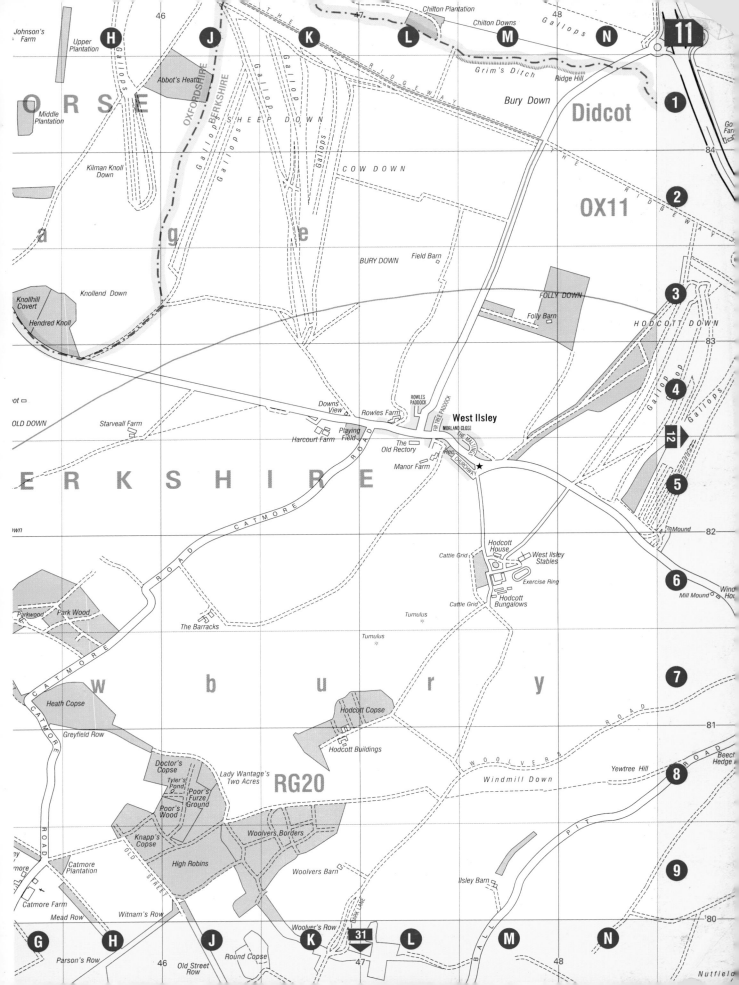

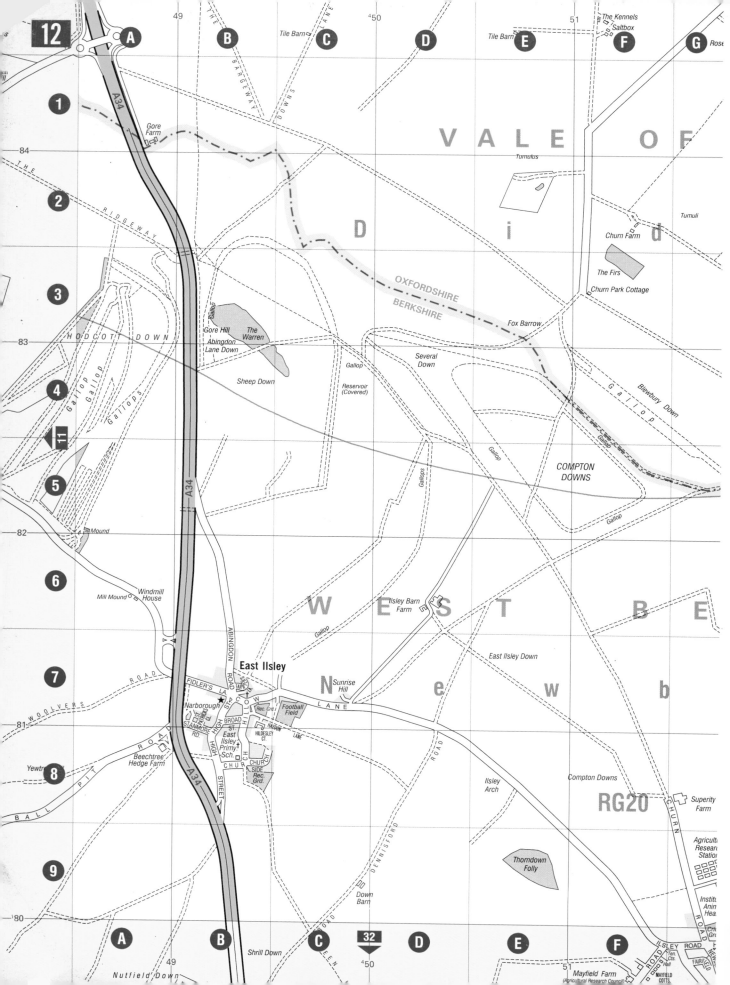

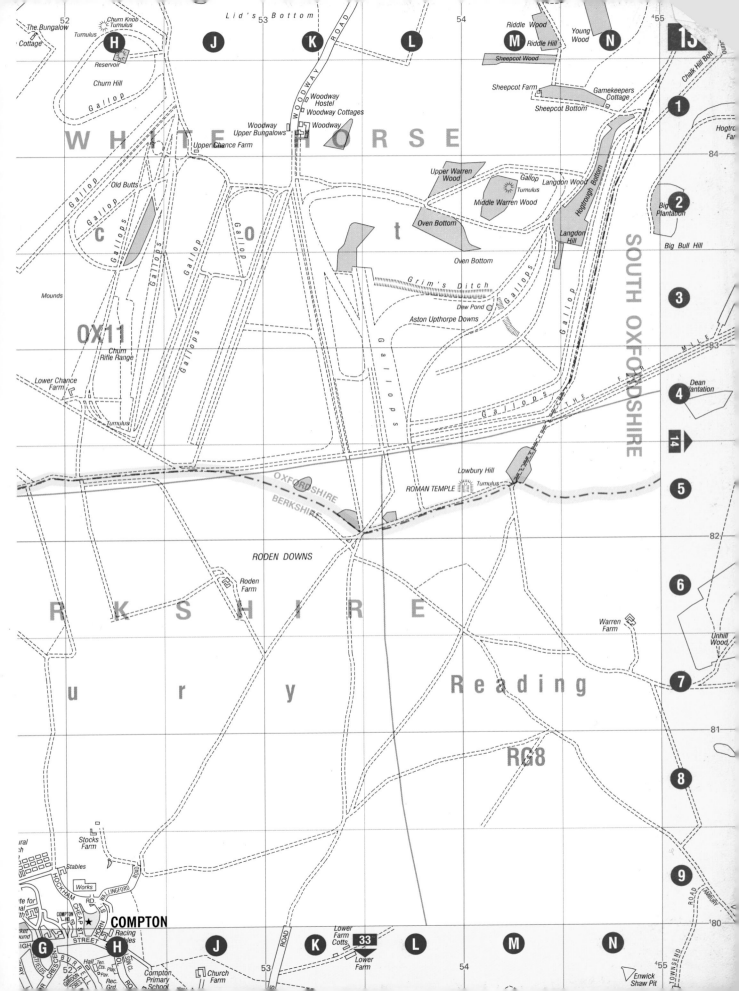

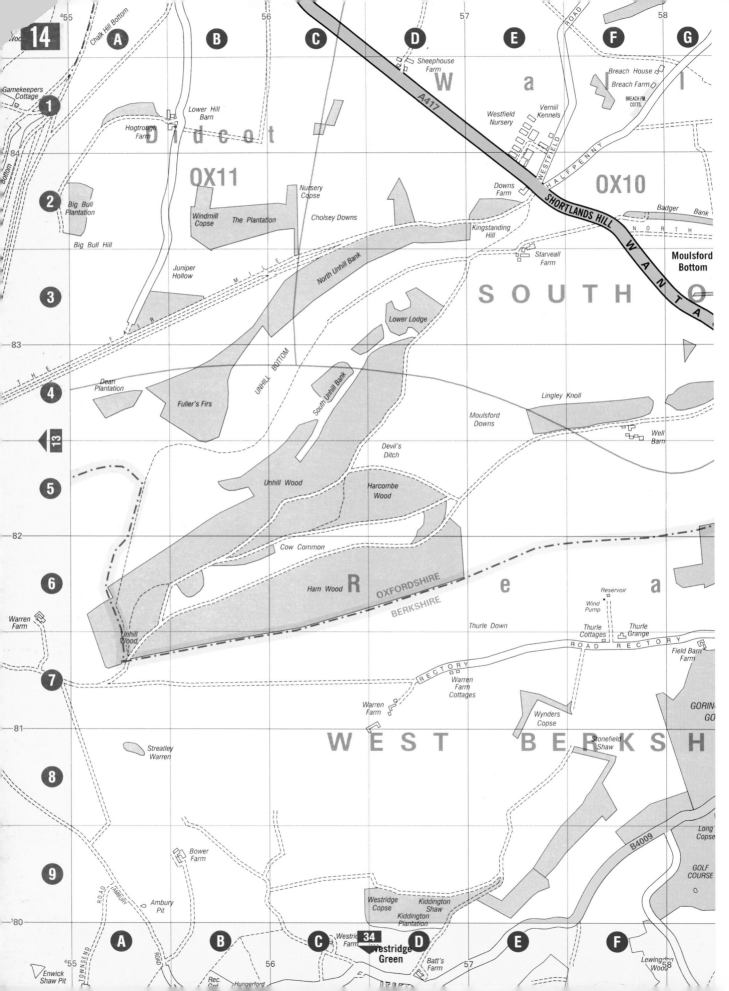

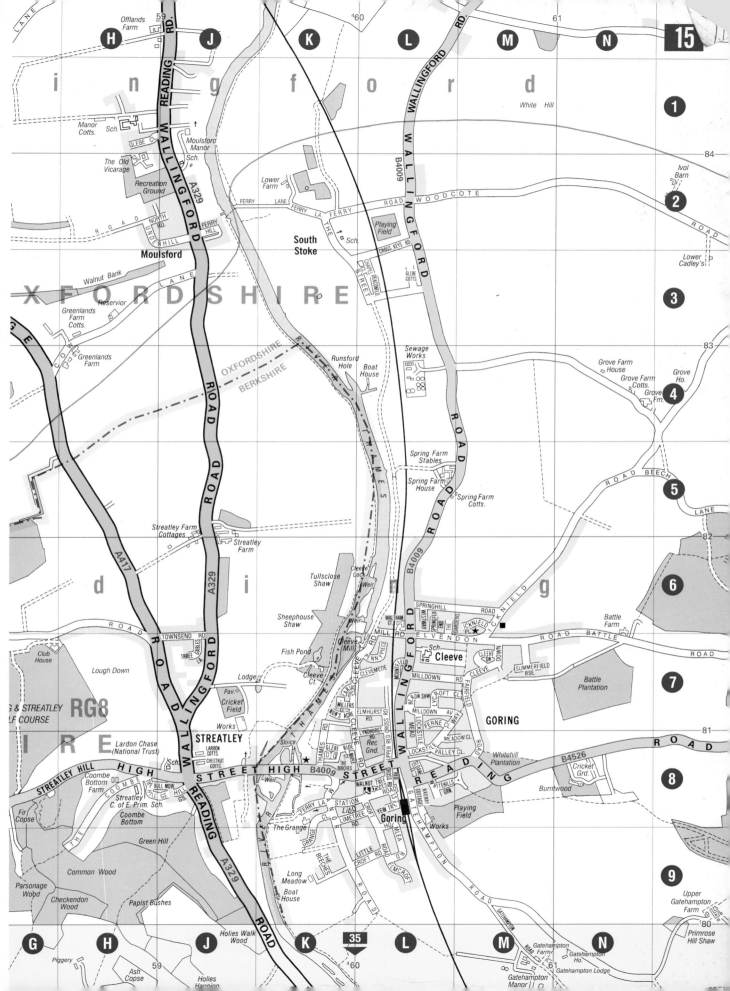

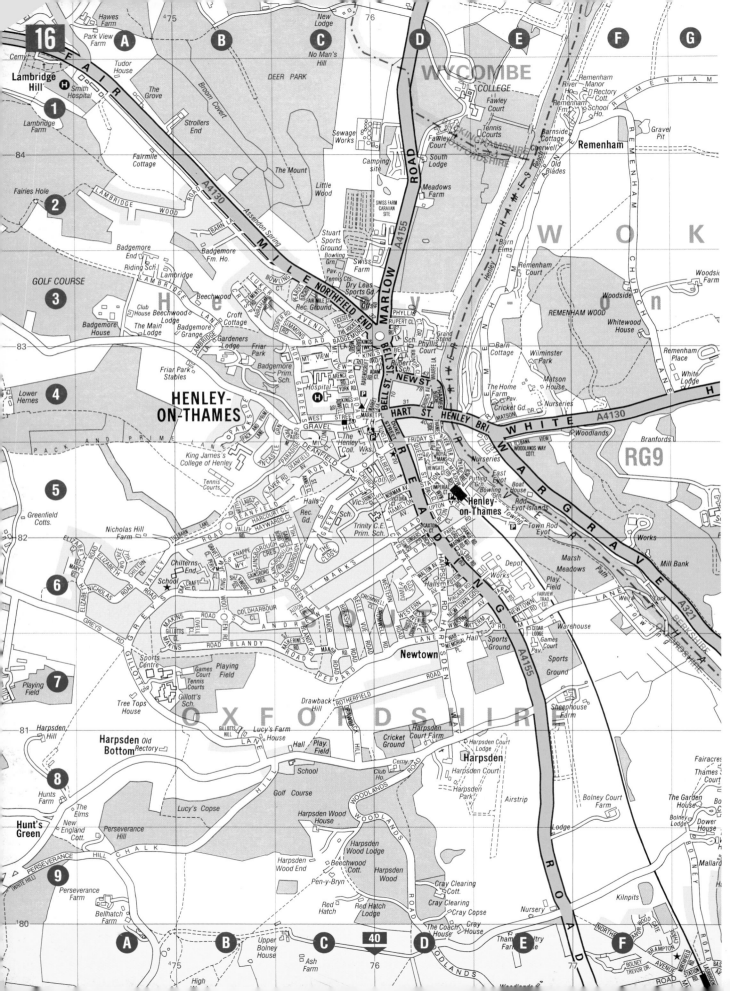

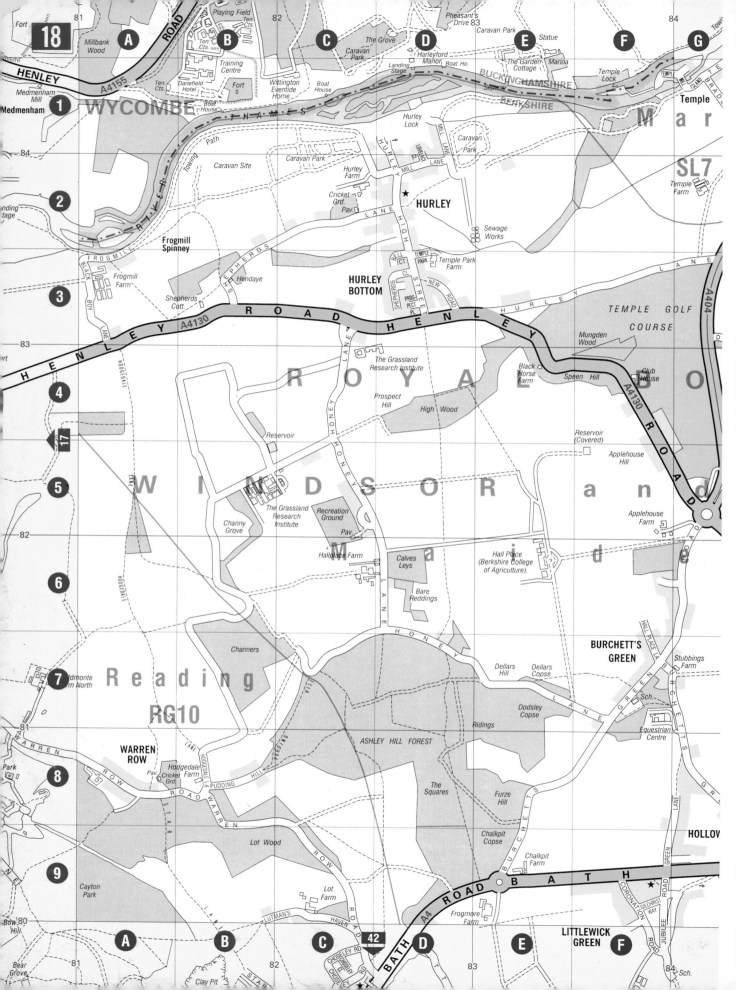

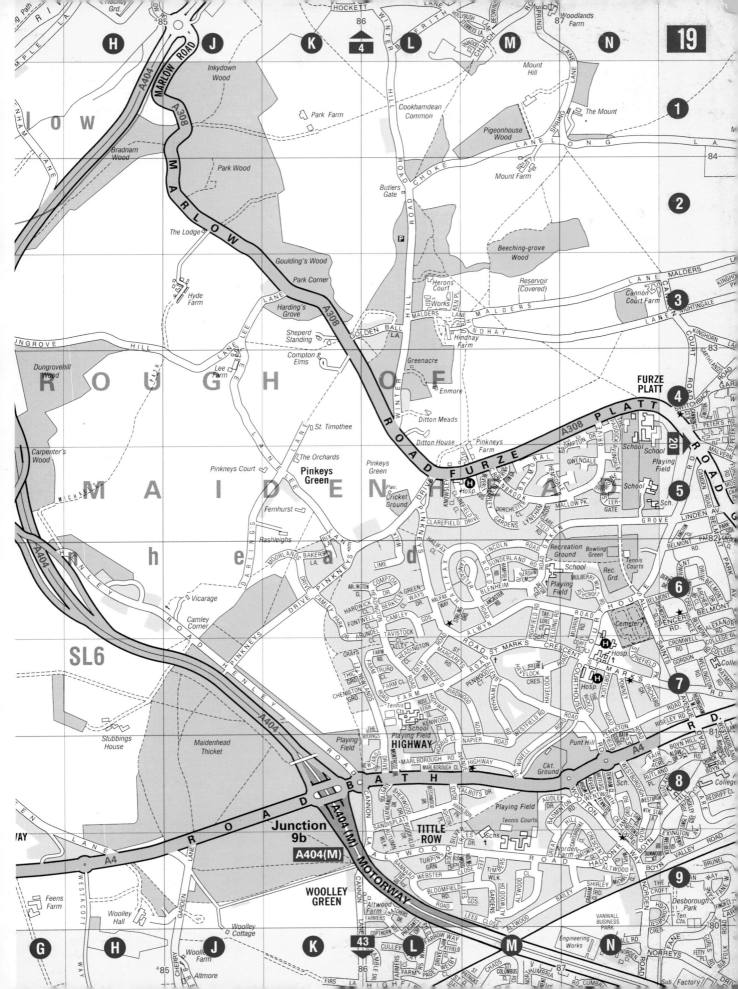

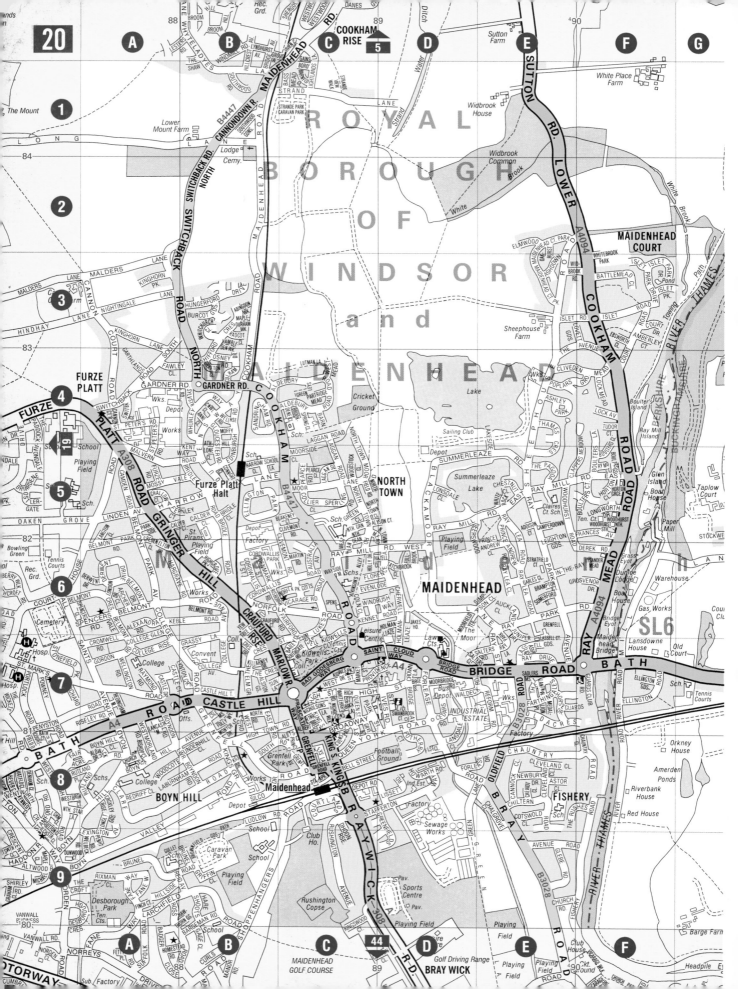

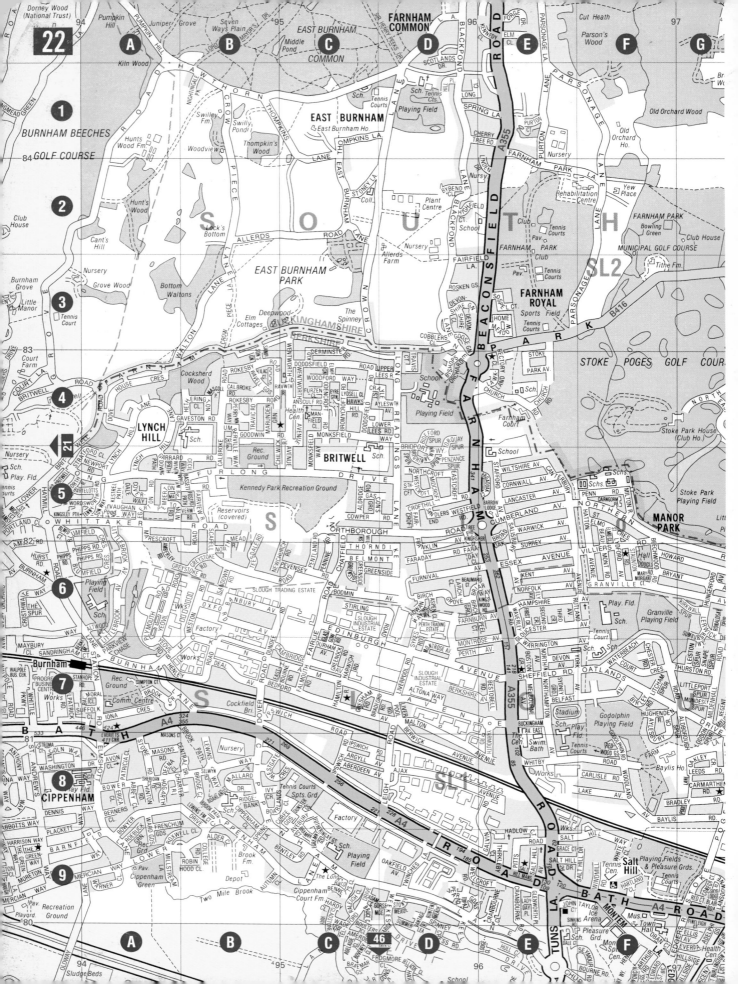

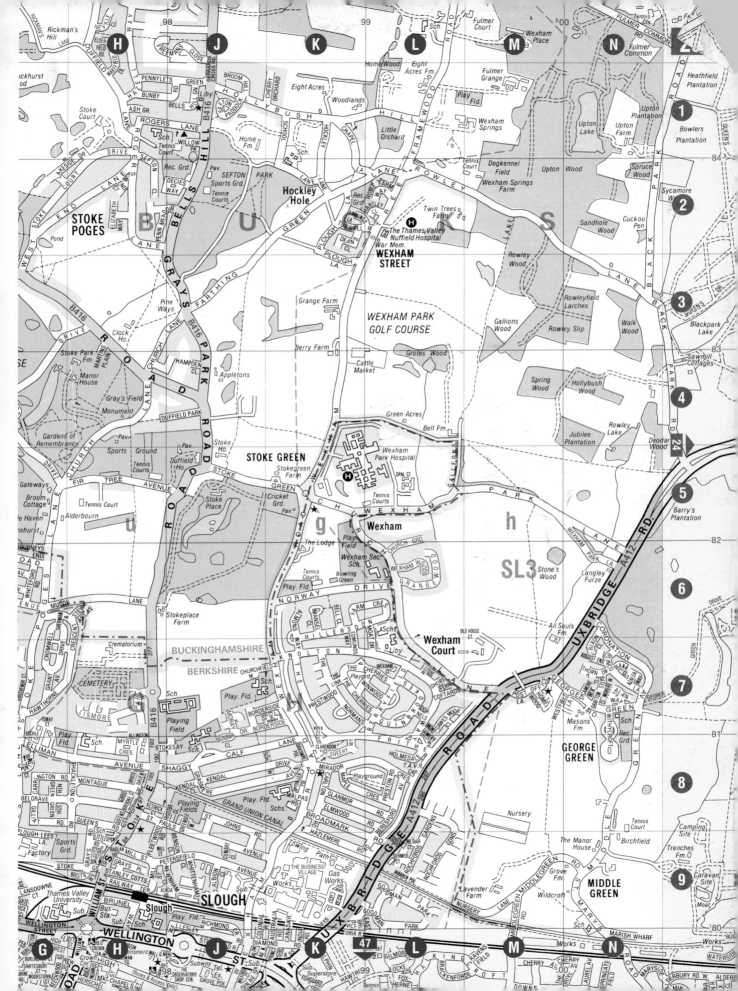

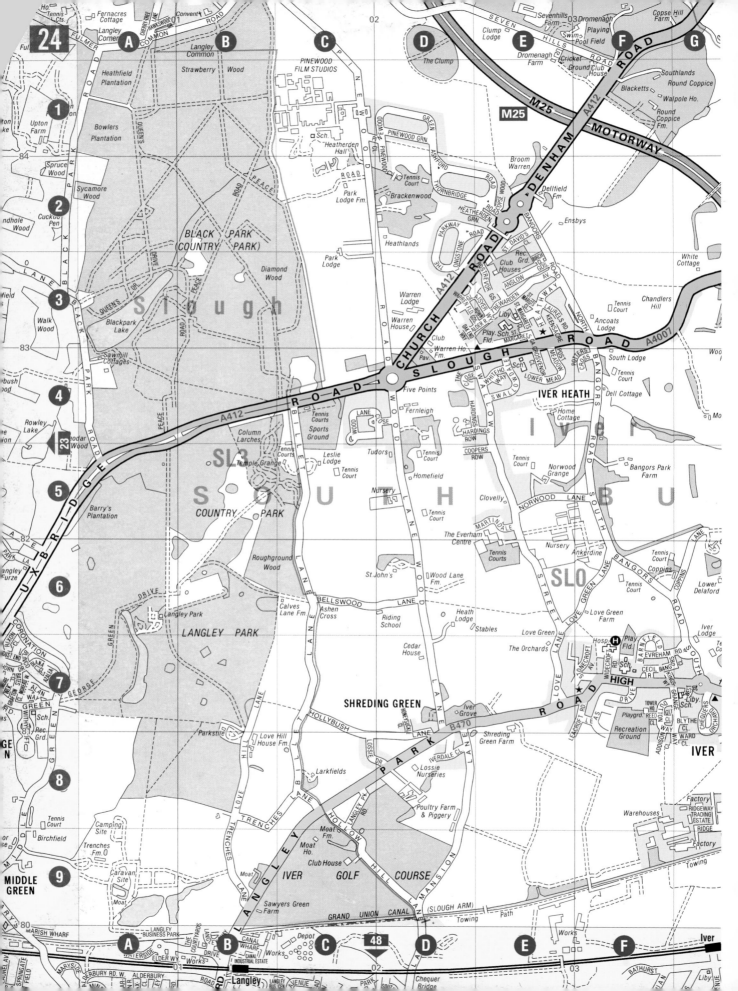

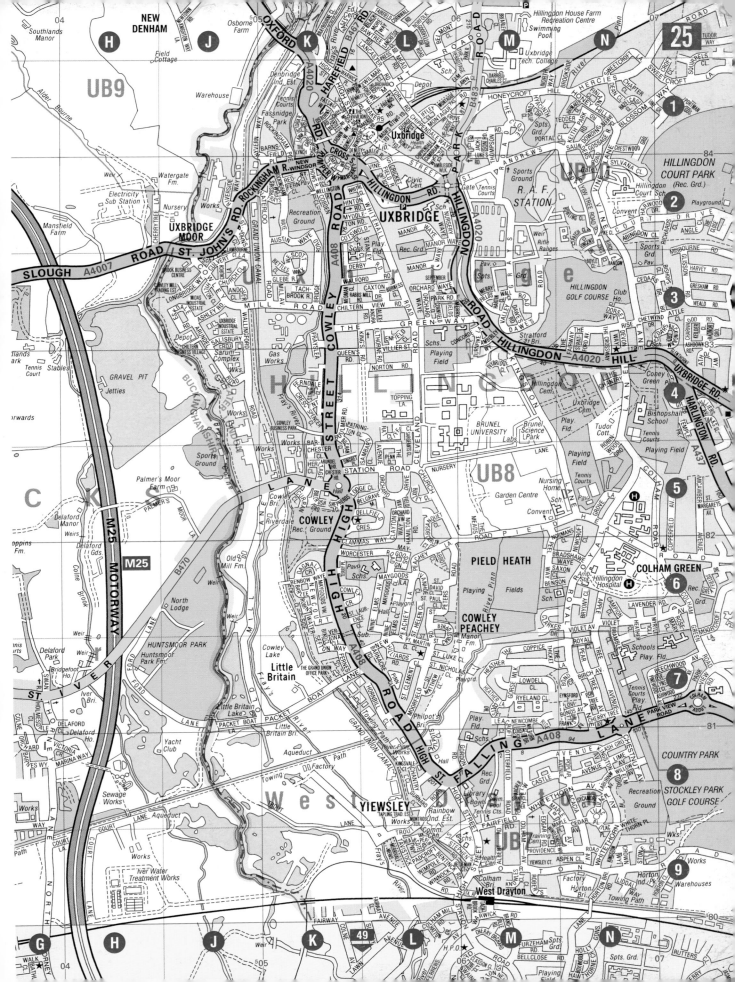

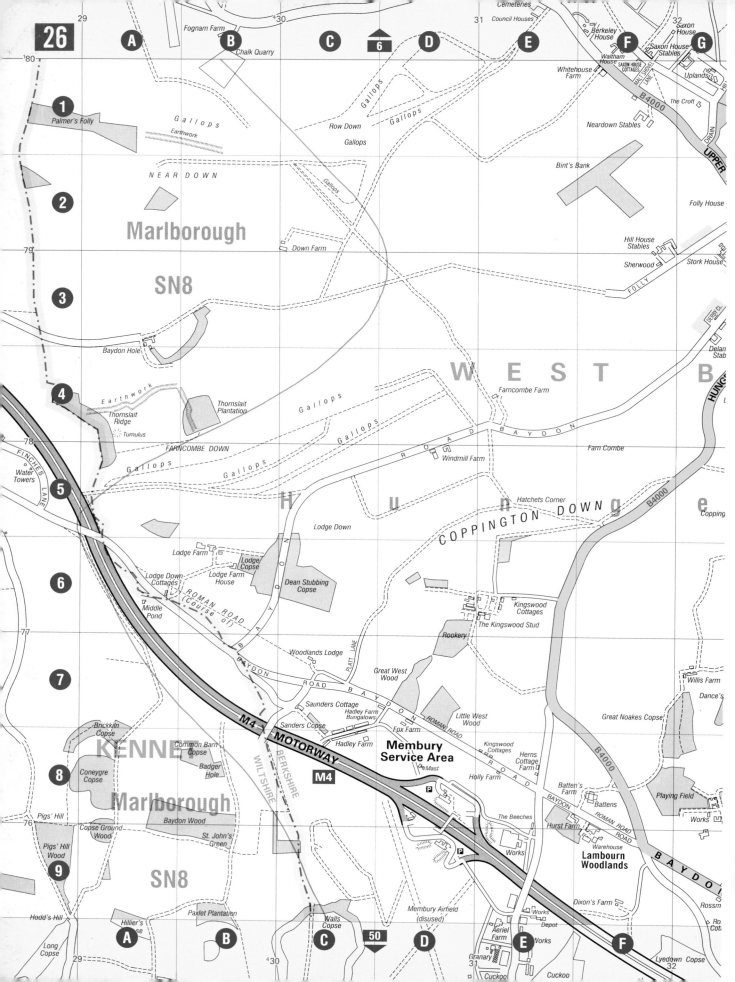

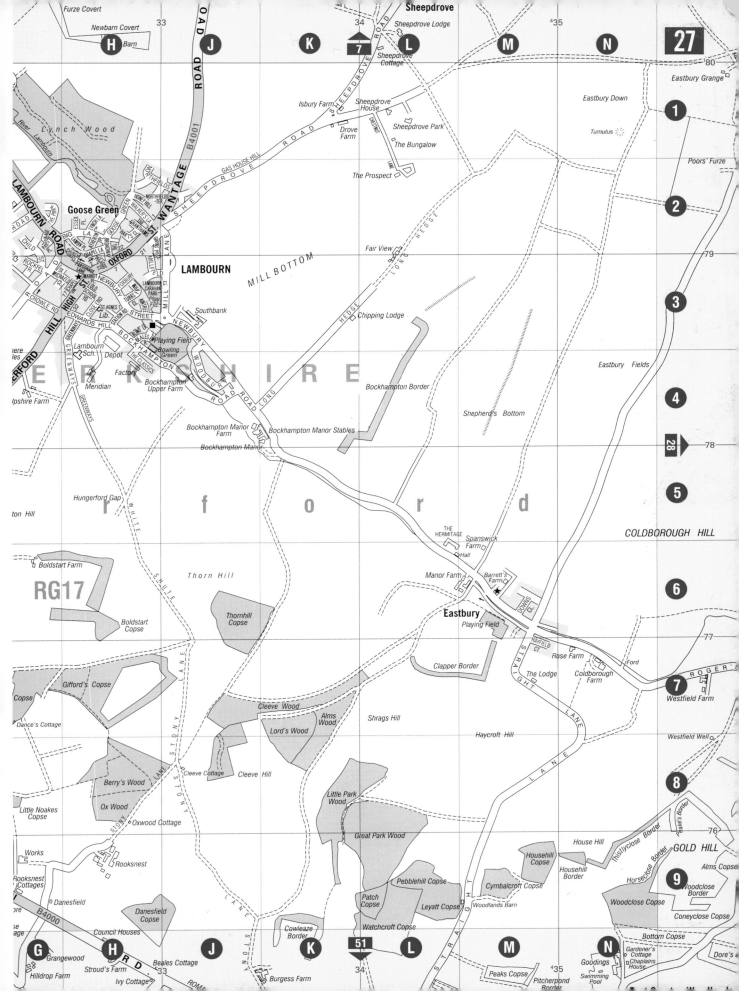

South Fawley

H **J** **K** 9 **L** **M** **N** 29

80

South Fawley Farm

The Rookery
Deer Park
Woolley House
Temple Clump

WOOLLEY PARK
Woolley Home Farm

Water Tower
Dogkennel Copse

Dogkennel Cottage

W a n t a g e

OX12

Woolley Farm
Earthwork
Mitchell Copse

Deer Park
The Lodge
The Elms

Down Clump

Long Plantation

1 Chalkpit Clump

2 Dunmore Pond
Dunmore Barn

The Lodge

Whatcombe

Yew Tree House

Two Acre Plantation

79

Nun's Walk

Well

Medieval Village of Whatcombe (site of)

R **K** **S** **H** **I** **R** **E**

Whatcombe Copse

3 Spray Wood

Kite Hill

Manor Farm

Whatcombe Upper Copse

4 SPRAY LANE

Henley Farm

BUTTSFIELD ROAD

Butt's Plantation

Chaddleworth House

30 78

Henley Cottages

MOUNT LANE

TOWER HILL

Norris's Farm

5 NORRIS FIELD

Trindledown Border

Head's Farm

WAY

Hall

UPPER END

r **d**

Yew

N **e** **w** **b** **u** **r** **y**

GLEBE FIELD

LONG ROW

Chaddleworth

★

Trindledown Farm

St. Andrew's Prim. Sch.

A338

WAY

NODMORE

6 Green

Purley Farm

Nodmore

WICK

77

Trindledown Copse

RG20

BUCKHAM

Hillside Stud

HILL BOTTOM

HANGMAN'S

SHEEPHOUSE LANE

STONE LANE

LANE

7

Northfield Farm

ROAD

Field Copse

8

Lower Barn

G O L F   C O U R S E

76

ELTON LANE

Rooksnest Copse

ers Piece Farm

Mount Pleasant

Elton Wood

Down Copse

Bassdown Copse

9 Nodmoor Cor

SPRING MEADOWS

Poughley Fa

Stony

G **H** **J** **K** 53 **L** **M** **N**

39 40 41 42

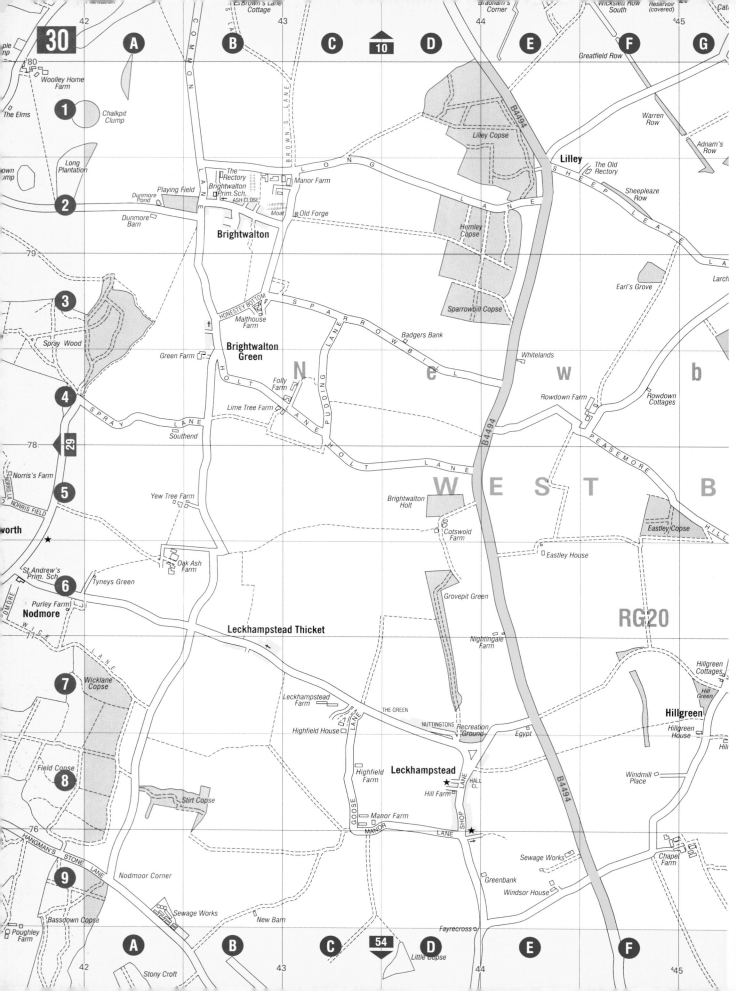

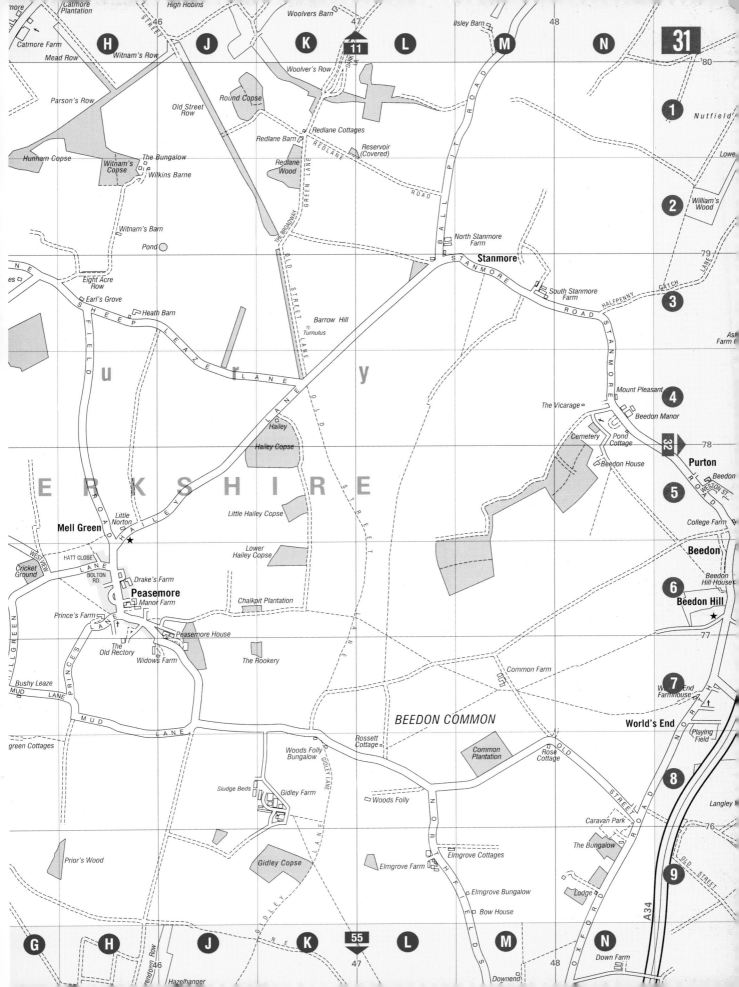

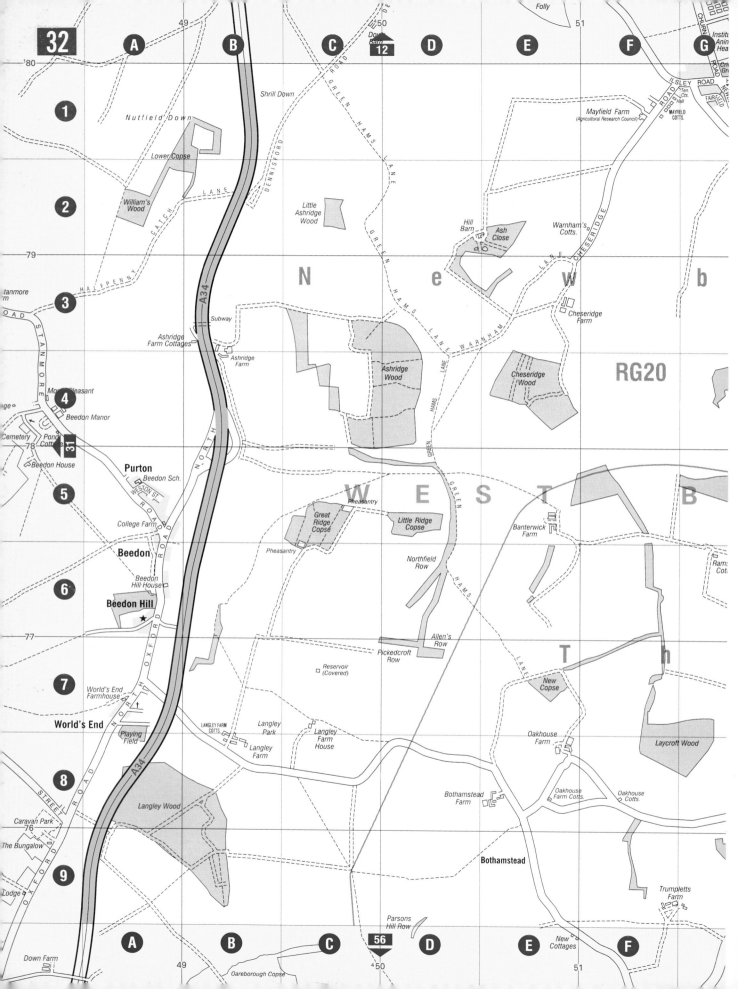

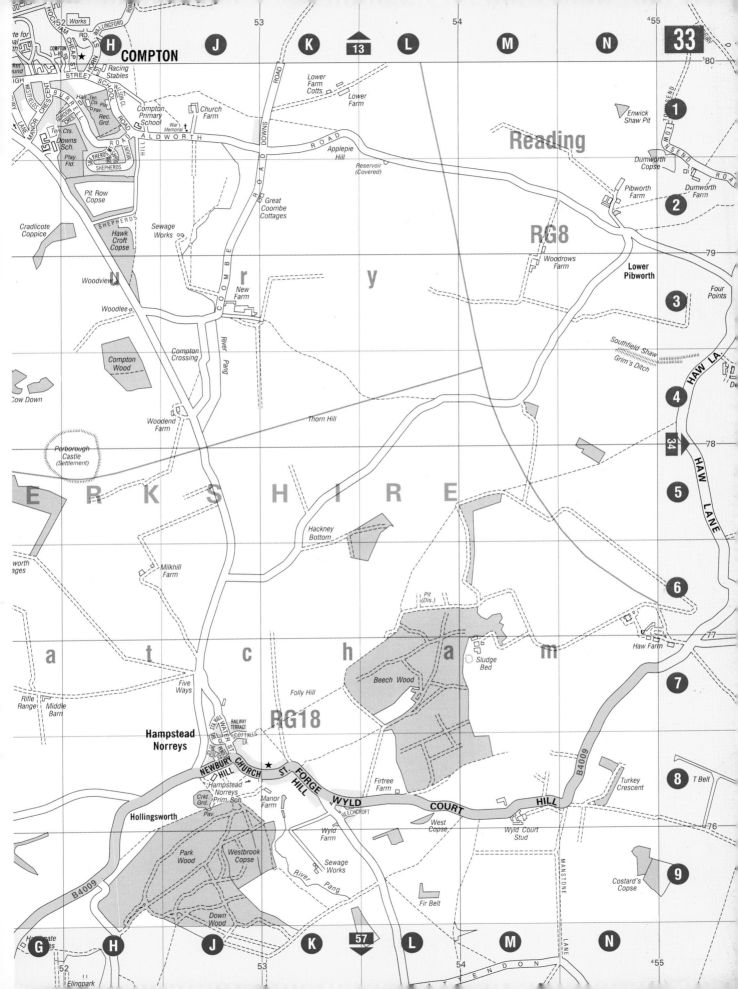

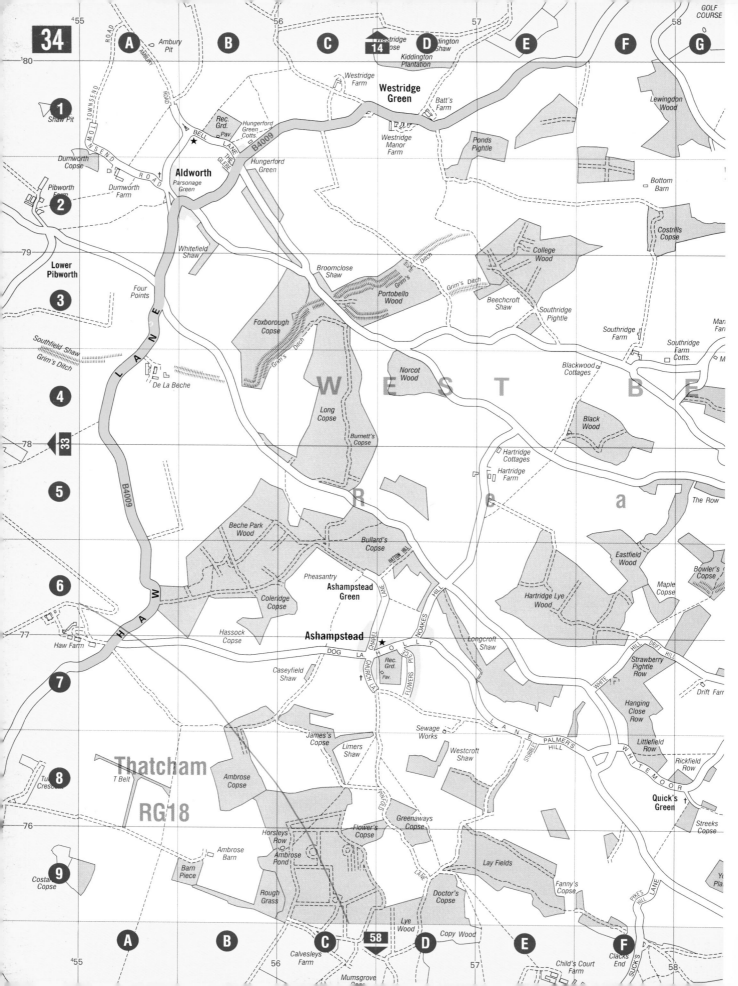

A **B** **C** **D** **E** **F** **G**

₄55 56 57 58
¹80

▲ **14** Westridge Shaw

Shaw Pit

1

Kiddington Shaw

Kiddington Plantation

Lewingdon Wood

Ambury Pit

Westridge Farm

Westridge Green

Batt's Farm

Hungerford Green Cotts.

Rec. Grd. Pav.

BELL

Dumworth Copse

Aldworth

★

Ponds Pightle

Bottom Barn

Pibworth Farm

2

THE GLEBE

Parsonage Green

Hungerford Green

Westridge Manor Farm

Costrills Copse

Dumworth Farm

B4009

Whitefield Shaw

College Wood

79

Lower Pibworth

Broomclose Shaw

Grim's Ditch

Grim's Ditch

Beechcroft Shaw

Southridge Pightle

Southridge Farm

Southridge Farm Cotts.

3

Four Points

Portobello Wood

Foxborough Copse

W E S T

Norcot Wood

Blackwood Cottages

B E

Southfield Shaw

Grim's Ditch

LANE

De La Beche

Grim's Ditch

4

Long Copse

Black Wood

Hartridge Cottages

R

e a

▲ **33**

78

Burnett's Copse

Hartridge Farm

The Row

5

B4009

Beche Park Wood

Bullard's Copse

Eastfield Wood

Bowler's Copse

6

SHAW

Pheasantry

Coleridge Copse

Ashampstead Green

HATTON HILL

NOAKES HILL

Hartridge Lye Wood

Maple Copse

HILL

DRIFT HILL

Haw Farm

77

HAW

Hassock Copse

Ashampstead

★

CHAPEL LANE

HOLLY LANE

Longcroft Shaw

Strawberry Pightle Row

Drift Farm

7

DOG LA.

CHURCH LA.

Rec. Grd. Pav.

FLOWERS PICCY

Hanging Close Row

WHITE

Caseyfield Shaw

†

LANE

Littlefield Row

Sewage Works

STUBBLES HILL

PALMERS HILL

Rickfield Row

WHITEMOOR

James's Copse

Limers Shaw

Westcroft Shaw

Thatcham

8

T Belt

Tull Crescent

Ambrose Copse

Greenaways Copse

Quick's Green

†

RG18

76

PAN OLD LANE

Flower's Copse

Lay Fields

Streeks Copse

Horsleys Row

Costar Copse

9

Ambrose Barn

Ambrose Pond

Doctor's Copse

Fanny's Copse

PIKE'S HILL

SUCK'S LANE

York Place

Barn Piece

Rough Grass

Lye Wood

Copy Wood

Clacks End

▲ **58**

Calveslеys Farm

Child's Court Farm

Mumsgrove

₄55 56 57 58

A **B** **C** **D** **E** **F**

¹55

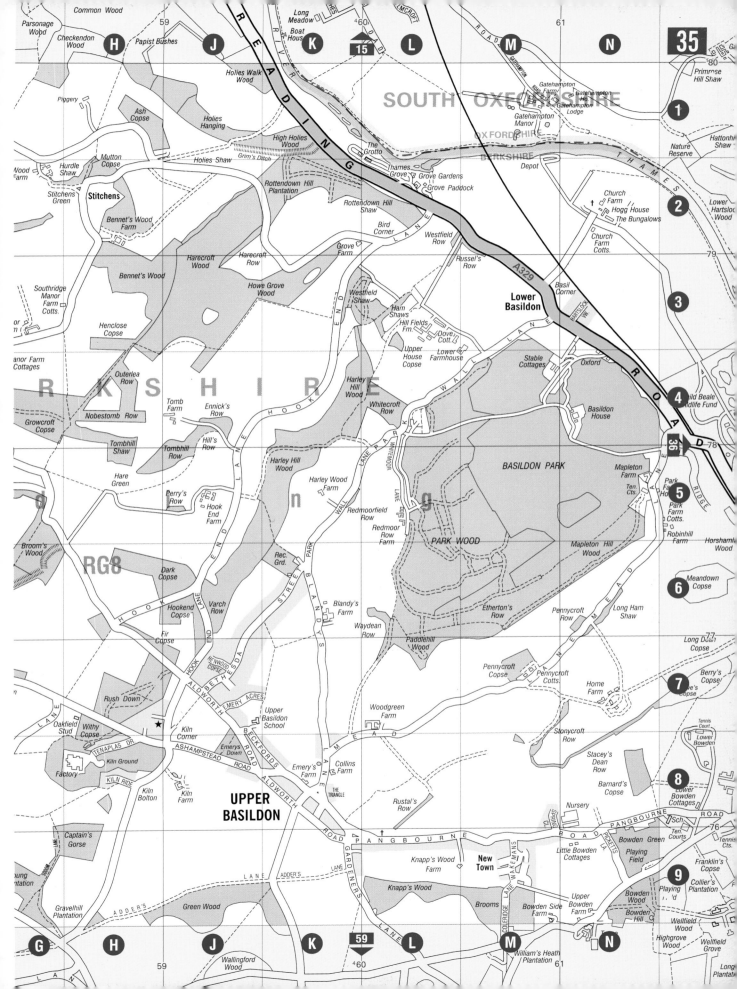

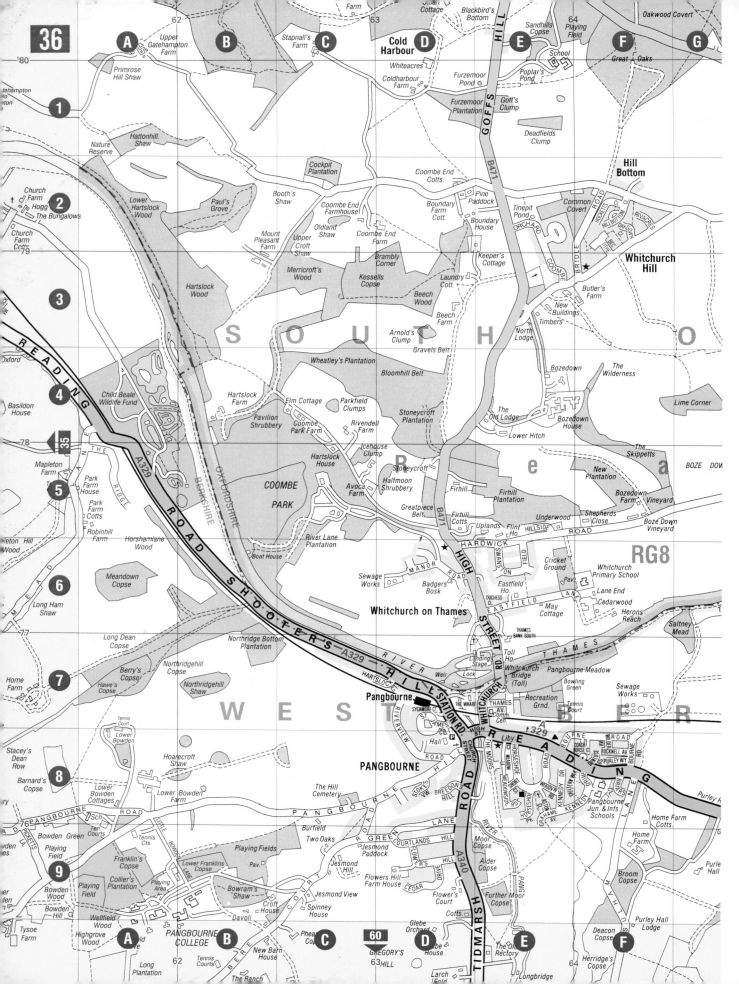

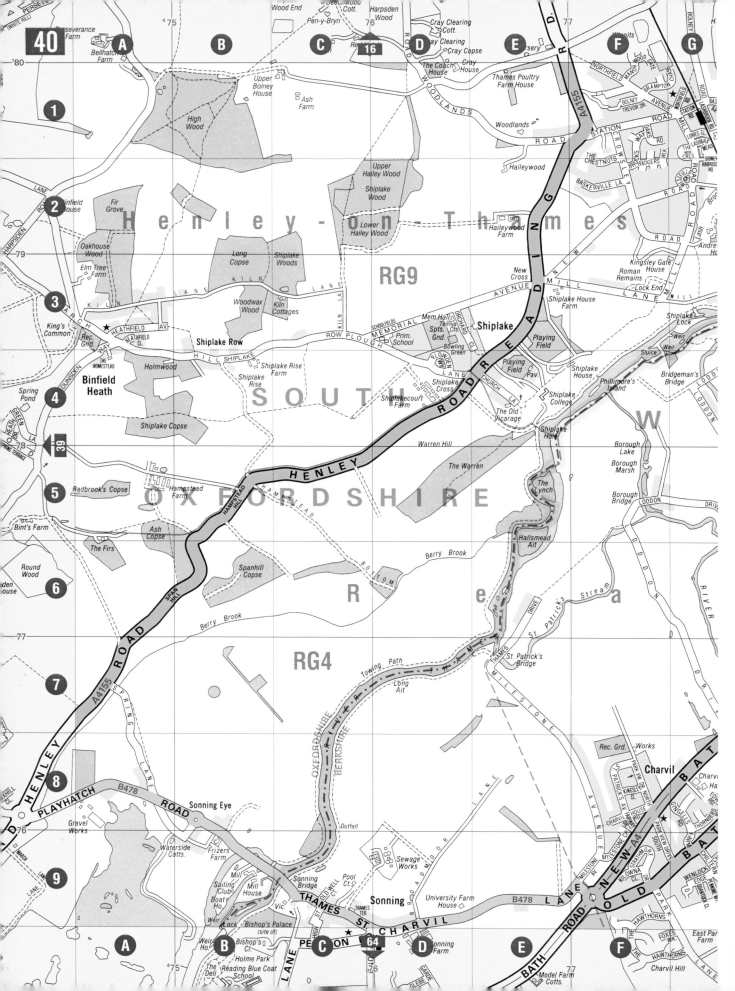

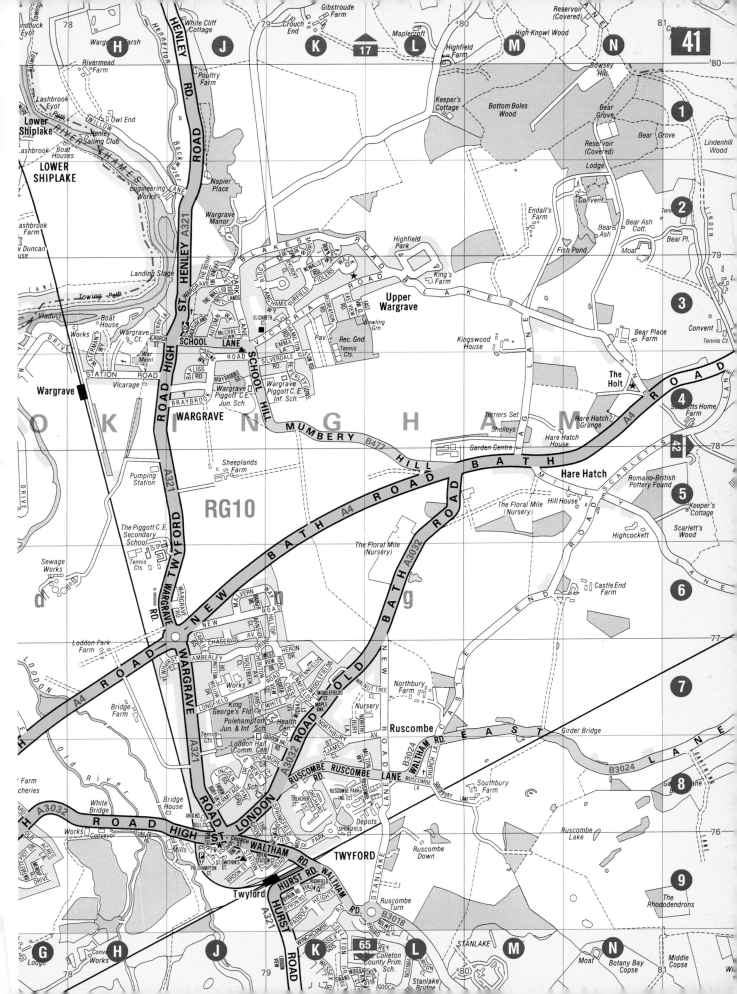

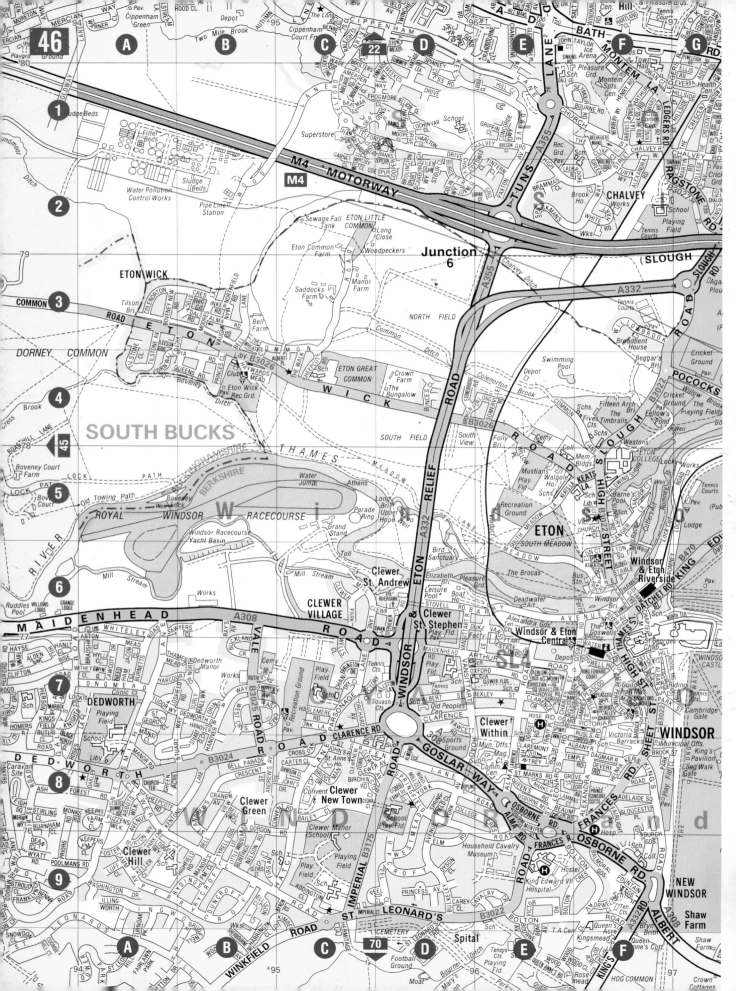

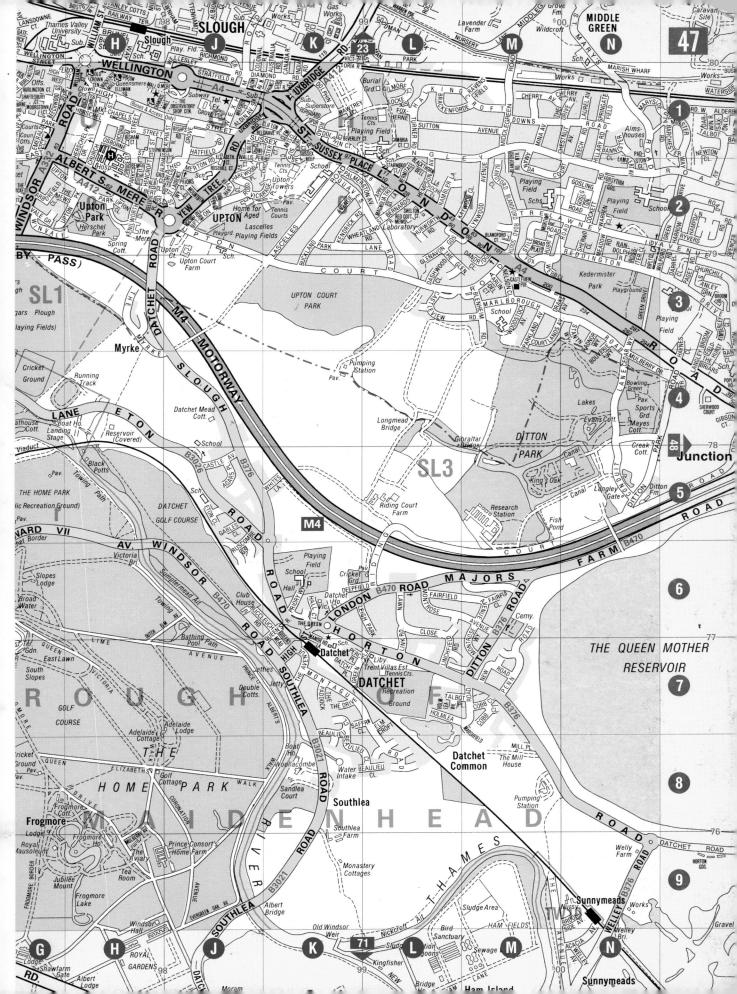

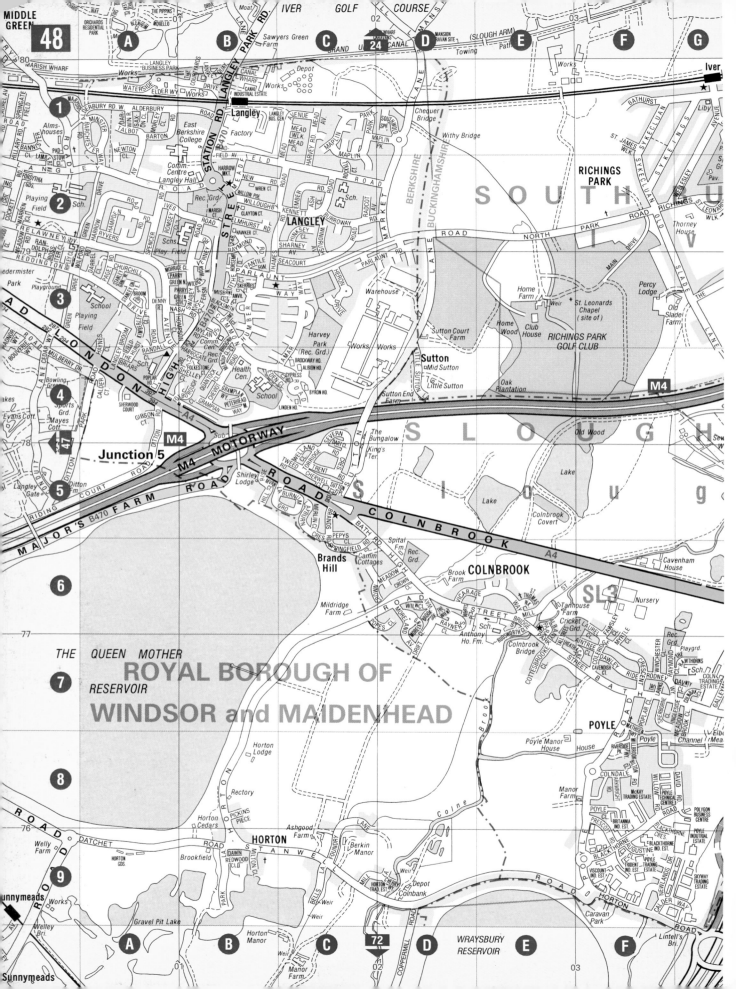

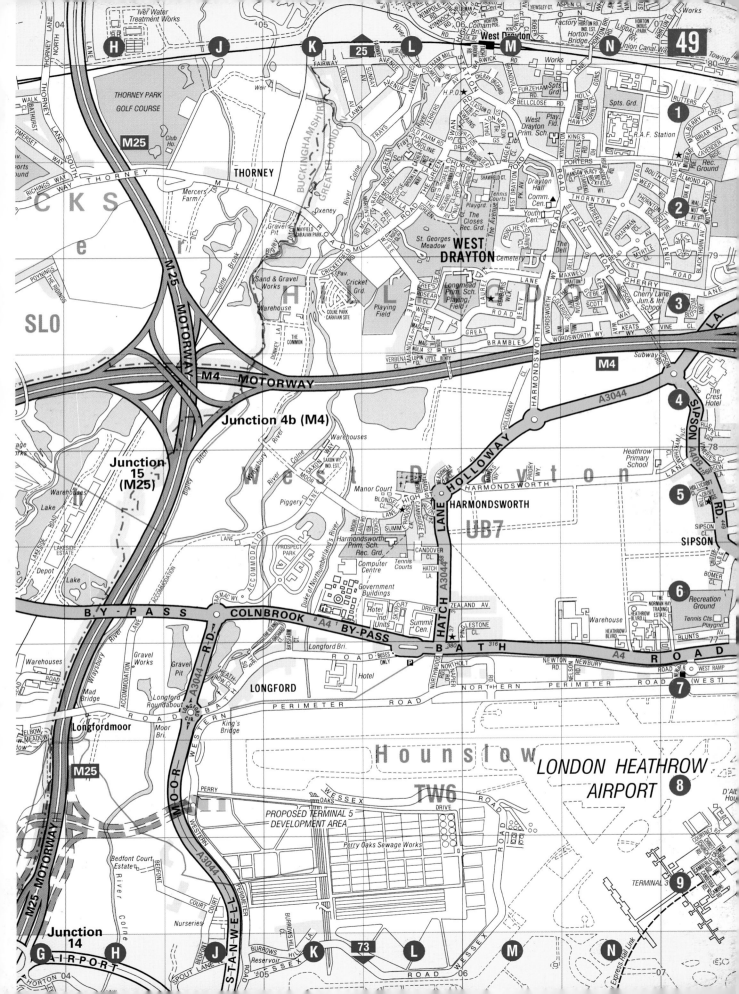

Iver Water Treatment Works

H **J** **K** 25 **L** West Drayton **M** **N**

1

THORNEY PARK GOLF COURSE

M25

Club Ho.

THORNEY

2

West Drayton Prim. Sch.

R.A.F. Station

Mercers Farm

Oxeney

Gravel Pit

Mayfield Caravan Park

WEST DRAYTON

3

Sand & Gravel Works

Warehouse

Colne Park Caravan Site

Cricket Grd.

Playing Field

M4 MOTORWAY

M4

A3044

4

The Crest Hotel

Junction 4b (M4)

Warehouses

Heathrow Primary School

5

Junction 15 (M25)

Warehouses

Lake

HARMONDSWORTH

UB7

SIPSON

Depot

Lake

Harmondsworth Prim. Sch. Rec. Grd.

Computer Centre

Tennis Courts

6

Recreation Ground

Prospect Park

Government Buildings

Warehouse

Hotel

Summit Cen.

Heathrow Blvd.

BY-PASS COLNBROOK BY-PASS

Hotel

A4 BATH ROAD

7 (WEST)

Warehouses

Gravel Works

Gravel Pit

LONGFORD

Longford Bri.

BUSES ONLY

NORTHERN PERIMETER ROAD

Mad Bridge

Longford Roundabout

Moor Bri.

King's Bridge

PERIMETER ROAD

H o u n s l o w

Longfordmoor

M25

LONDON HEATHROW AIRPORT

8

TW6

PROPOSED TERMINAL 5 DEVELOPMENT AREA

Perry Oaks Sewage Works

Bedfont Court Estate

A3044

TERMINAL 3

9

Junction 14

G AIRPORT **H** **J** **K** 73 **L** **M** **N**

Nurseries

River Colne

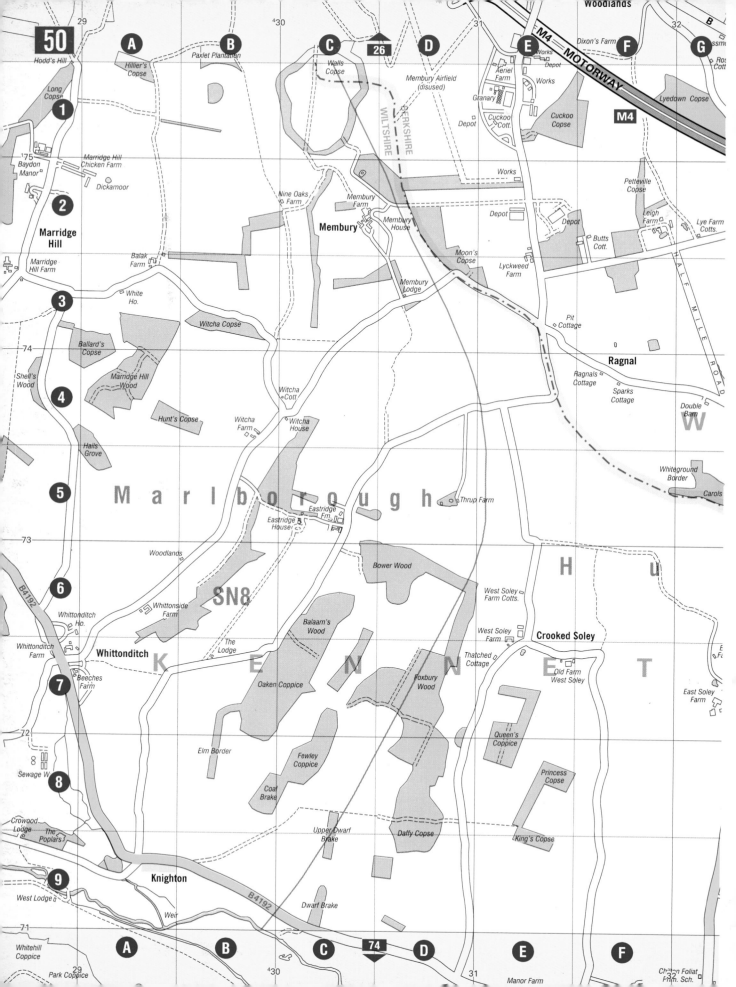

50

A B C D E F G

Woodlands

M4 MOTORWAY
Dixon's Farm

26

M4

Hodd's Hill

Long Copse

1

Hillier's Copse

Paxlet Plantation

Walls Copse

Membury Airfield (disused)

Aeriel Farm

Works
Depot

Works

Lyedown Copse

Baydon Manor

75

Marridge Hill Chicken Farm

Dickamoor

Nine Oaks Farm

Granary

Depot

Cuckoo Cott.

Cuckoo Copse

2

Petteville Copse

Marridge Hill

Marridge Hill Farm

Balak Farm

Membury Farm

Membury House

Membury

Works

Depot

Leigh Farm

Lye Farm Cotts.

Depot

Butts Cott.

Lyckweed Farm

3

White Ho.

Witcha Copse

Membury Lodge

Moon's Copse

Pit Cottage

Ragnal

74

Ballard's Copse

Shell's Wood

Marridge Hill Wood

Witcha Cott.

Ragnals Cottage

Sparks Cottage

Double Barn

4

Hunt's Copse

Witcha Farm

Witcha House

W

Hails Grove

Whiteground Border

Carols

5

M a r l b o r o u g h

Eastridge Fm.

Eastridge House

Thrup Farm

73

Woodlands

Bower Wood

H u

6

SN8

Whittonside Farm

West Soley Farm Cotts.

B4192

Whittonditch Ho.

Balaam's Wood

West Soley Farm

Crooked Soley

Whittonditch

The Lodge

K E N N E T

Whittonditch Farm

Foxbury Wood

Thatched Cottage

Old Farm West Soley

7

Beeches Farm

Oaken Coppice

East Soley Farm

72

Elm Border

Queen's Coppice

Sewage W.

8

Fewley Coppice

Princess Copse

8

Coal Brake

Crowood Lodge

The Poplars

Upper Dwarf Brake

Daffy Copse

King's Copse

9

Knighton

West Lodge

B4192

Weir

Dwarf Brake

71

Whitehill Coppice

A B C **74** D E F

Park Coppice

29

30

31

Manor Farm

Chilton Foliat Prim. Sch.

32

WILTSHIRE BERKSHIRE

HALF MILE ROAD

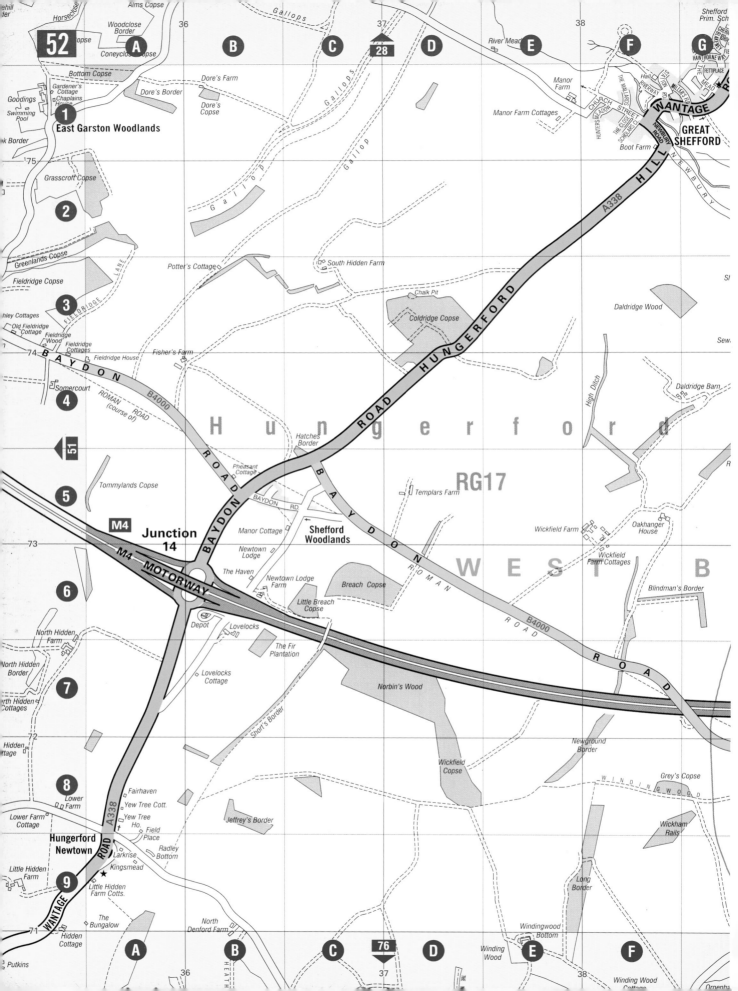

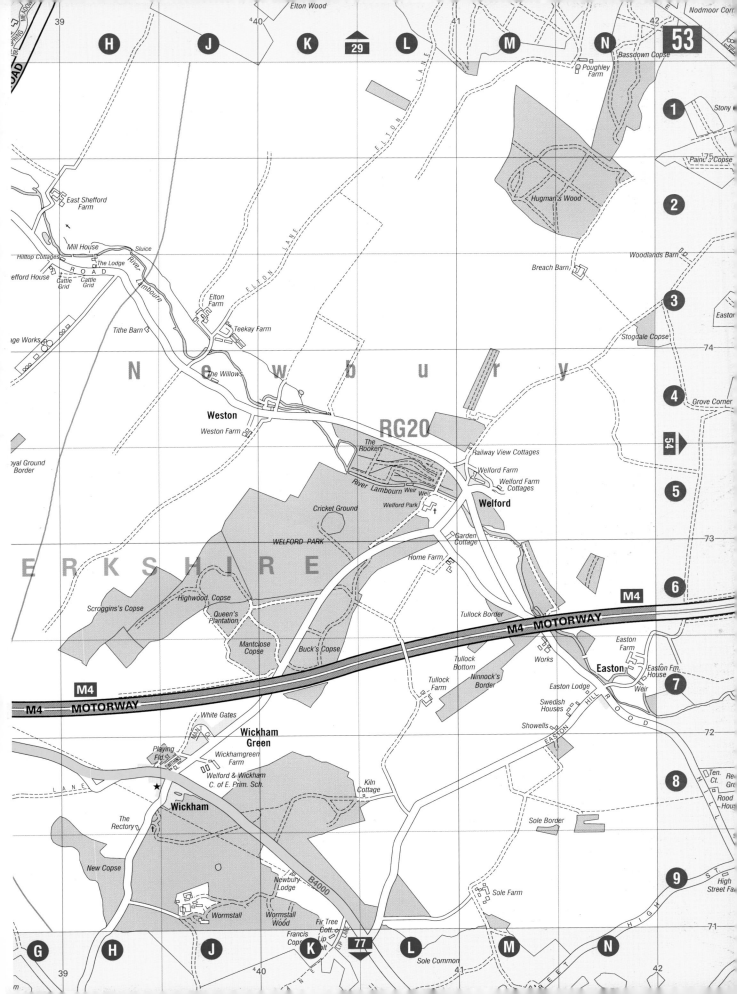

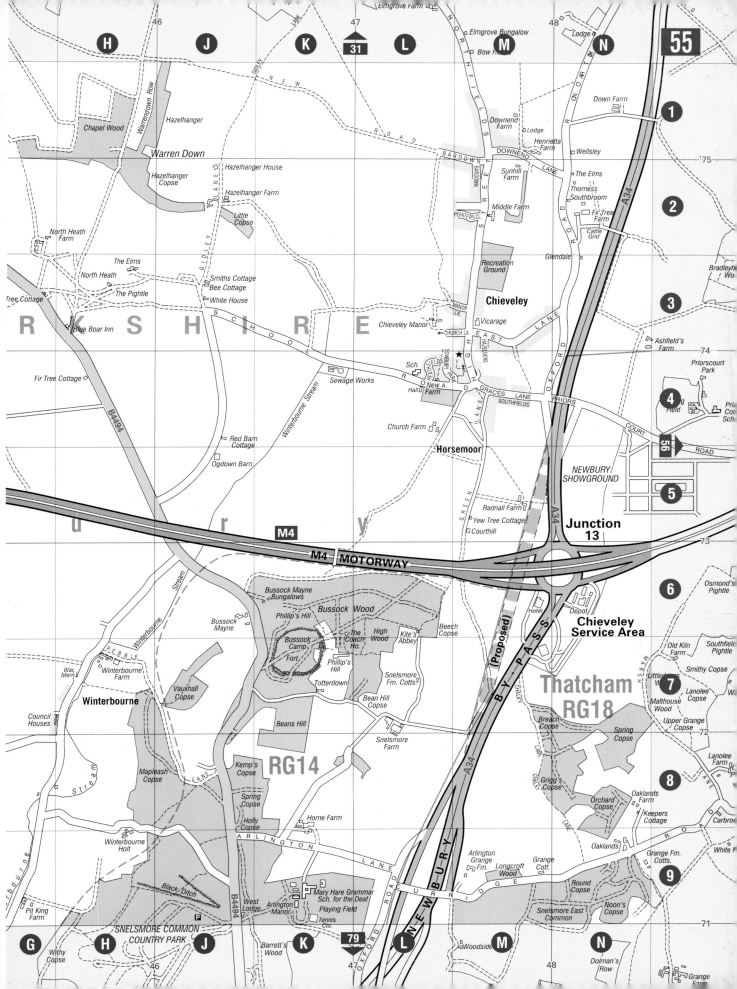

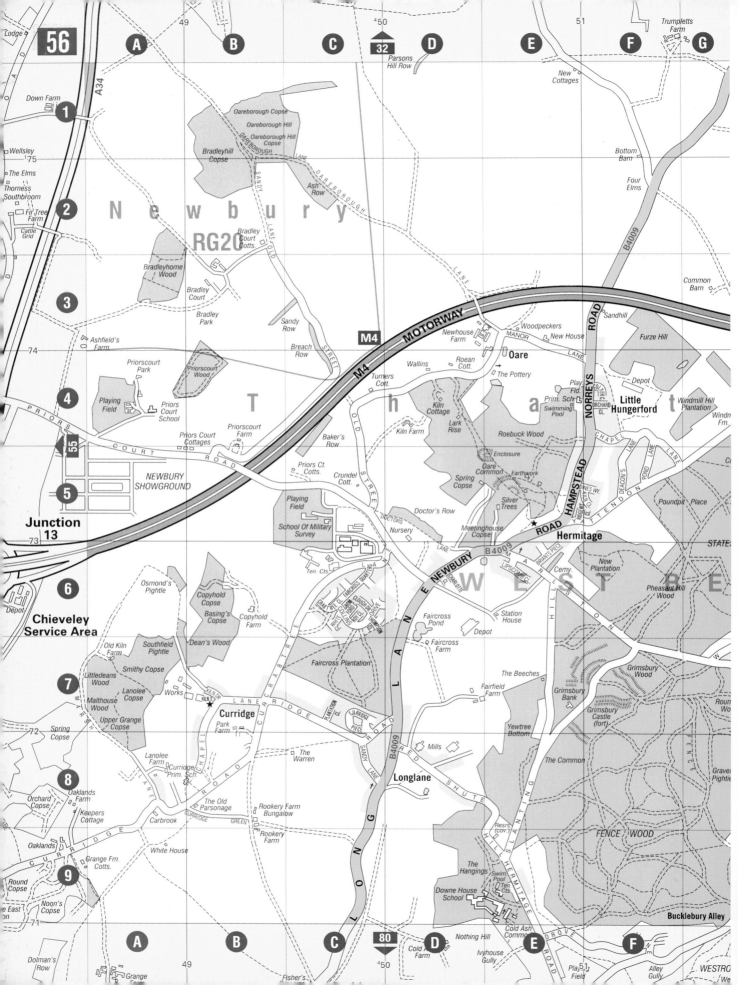

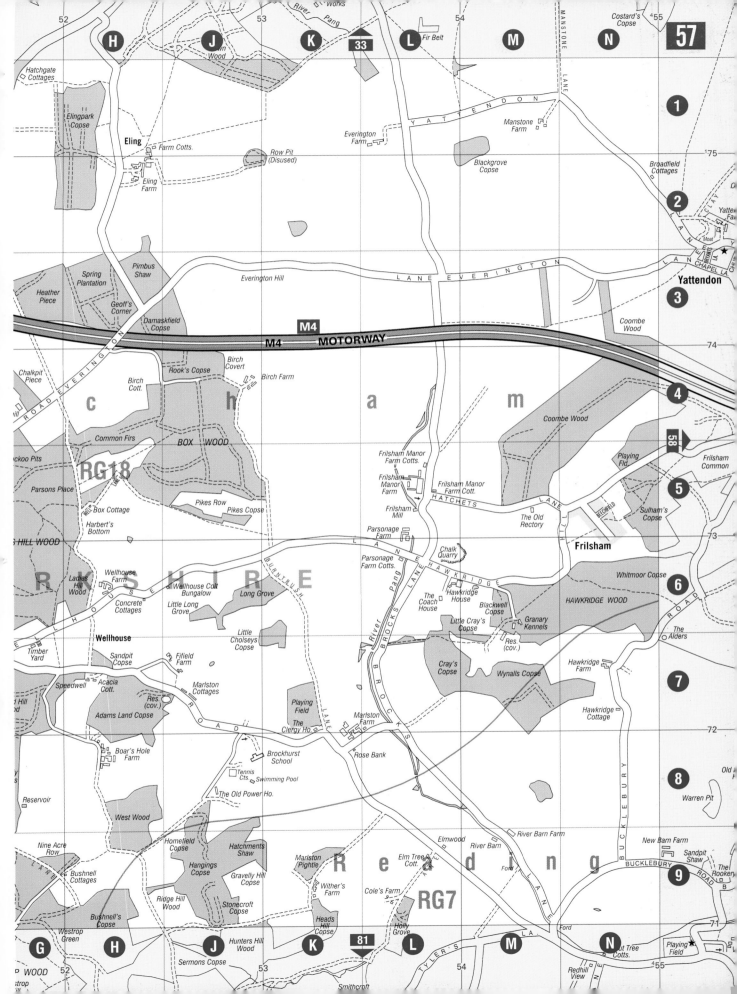

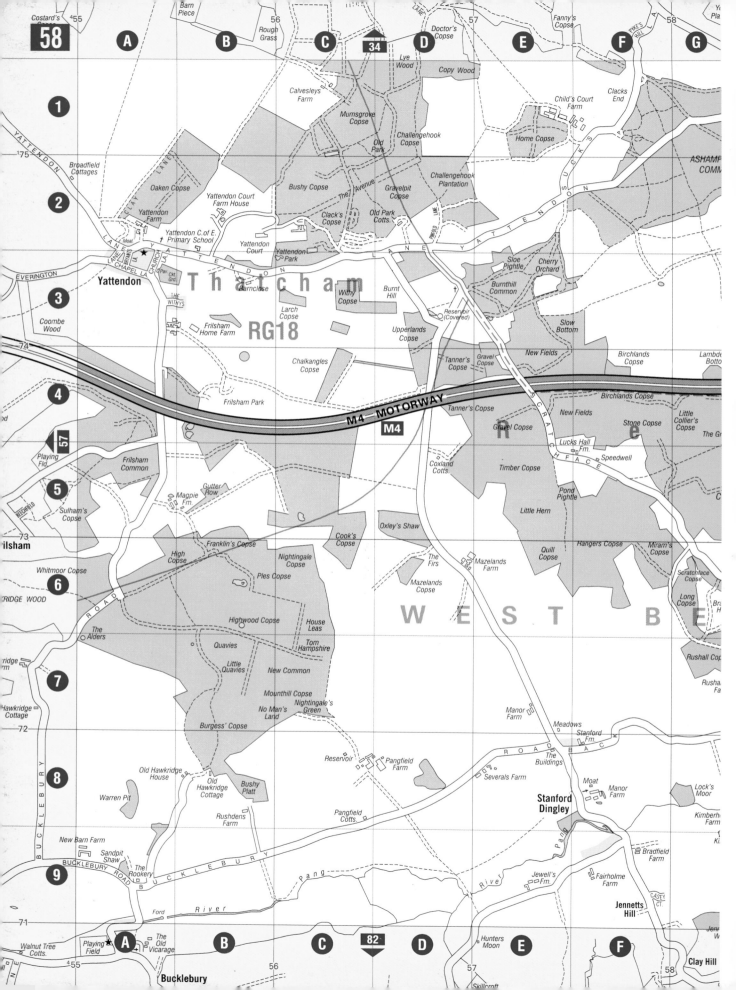

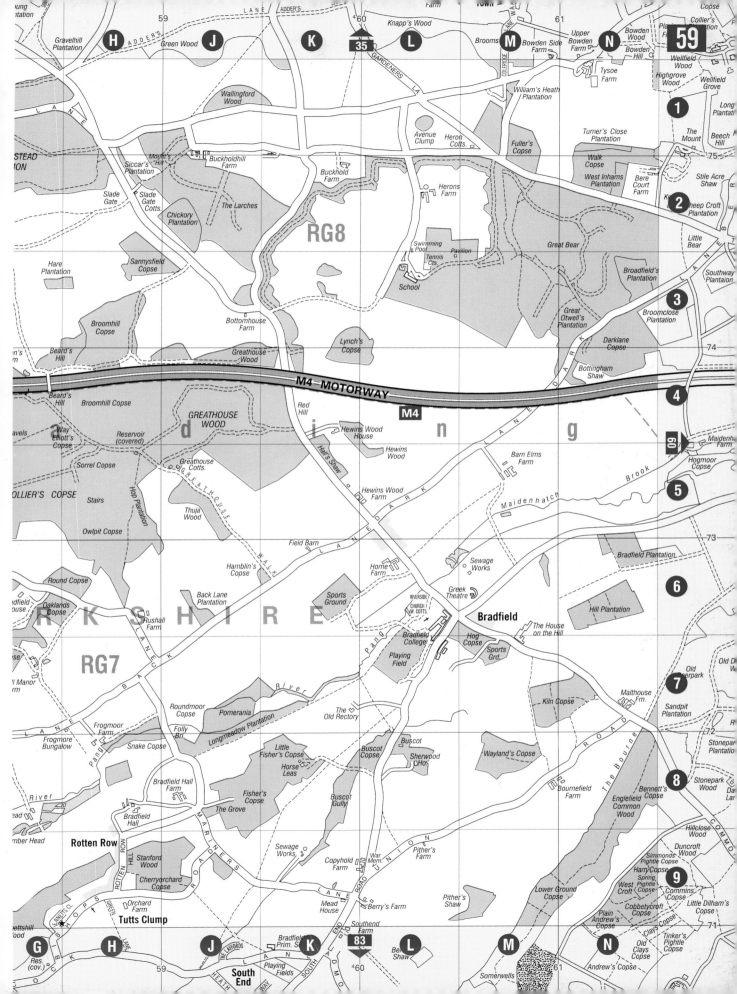

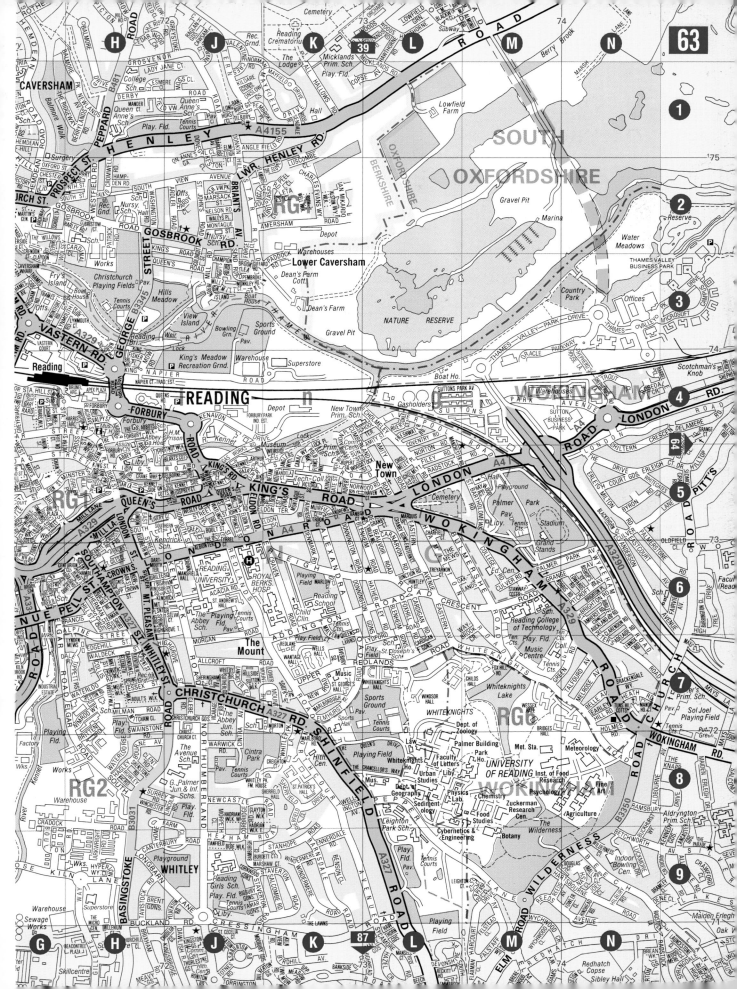

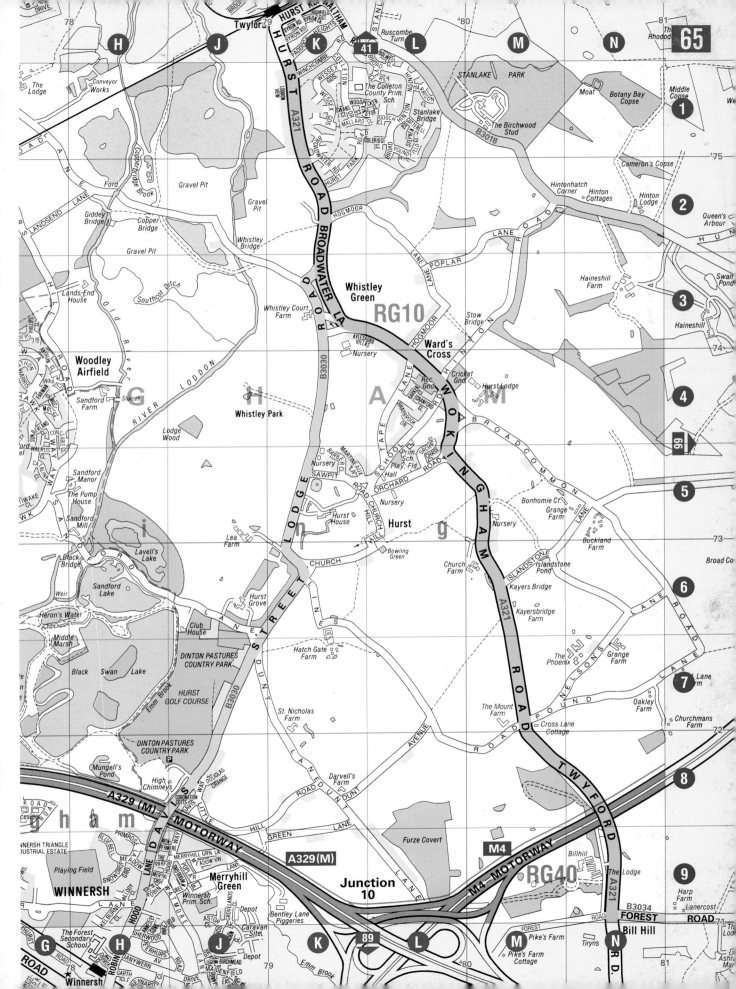

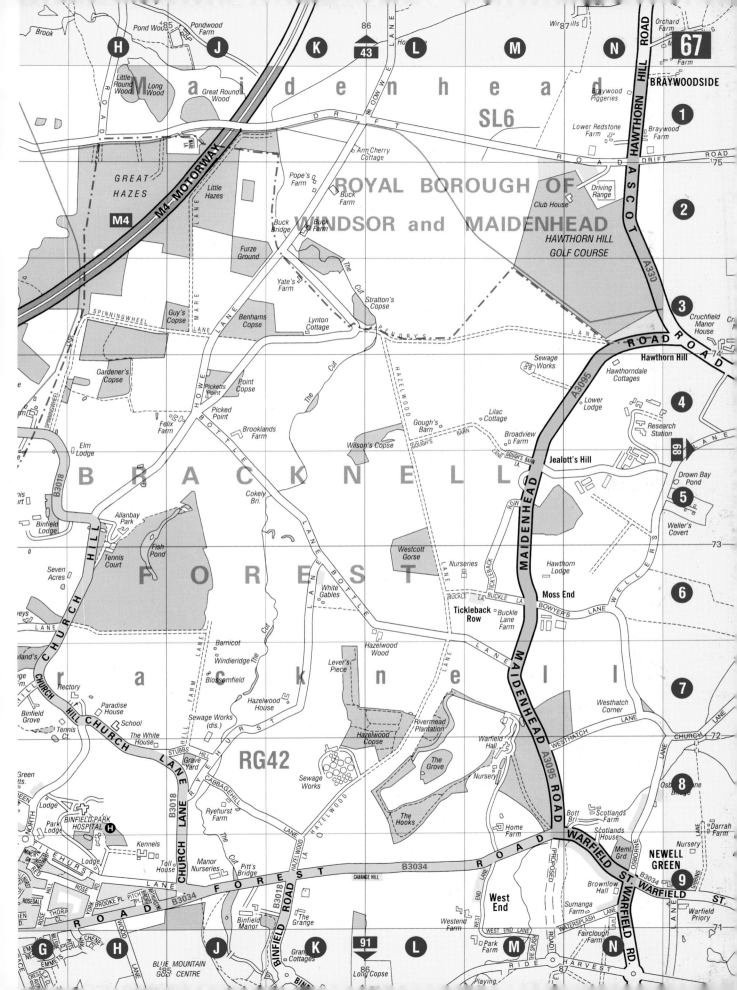

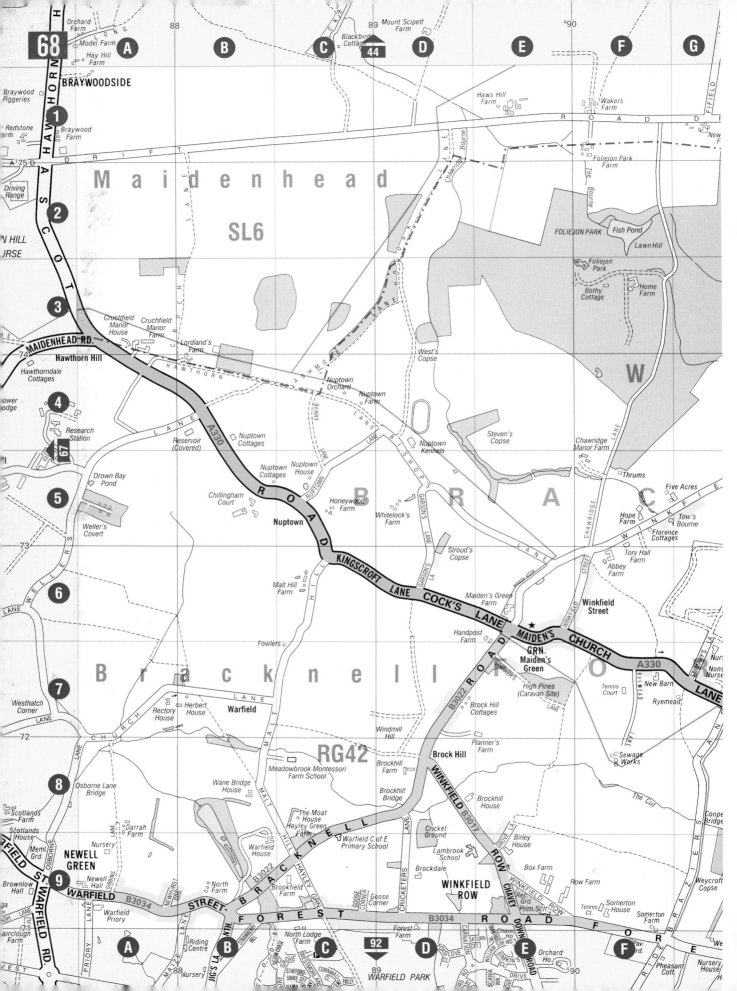

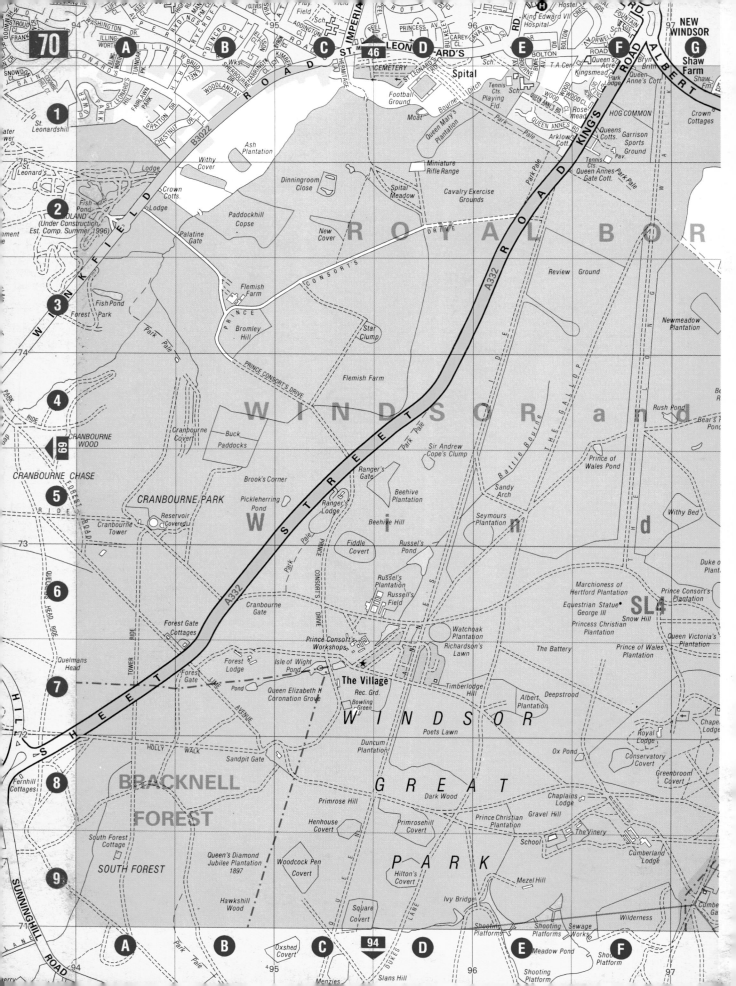

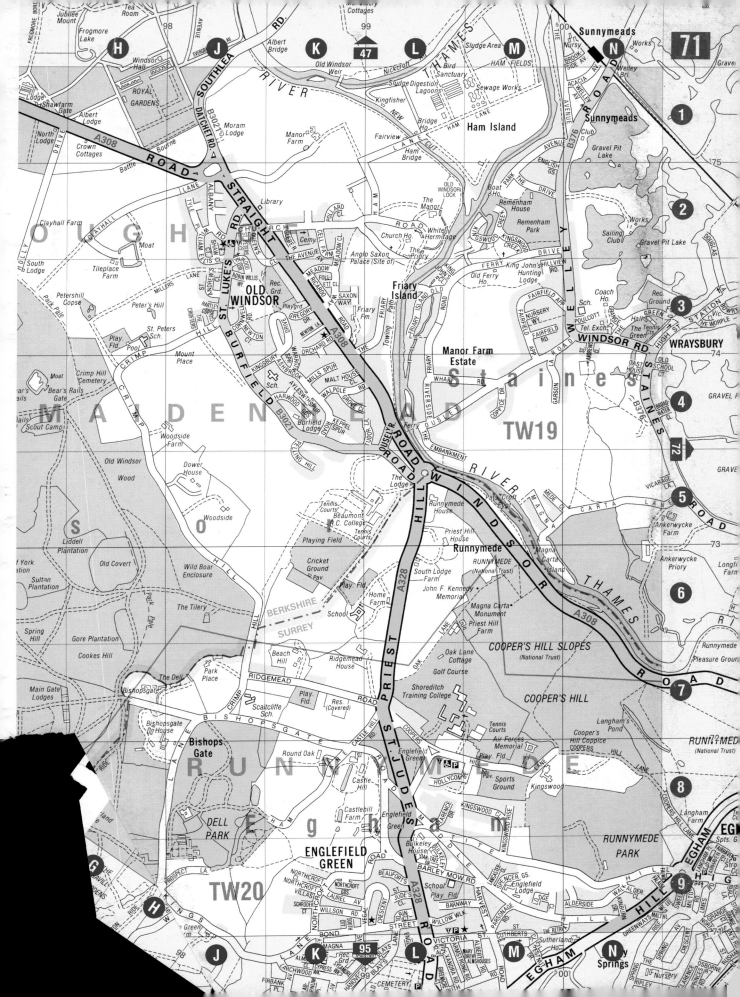

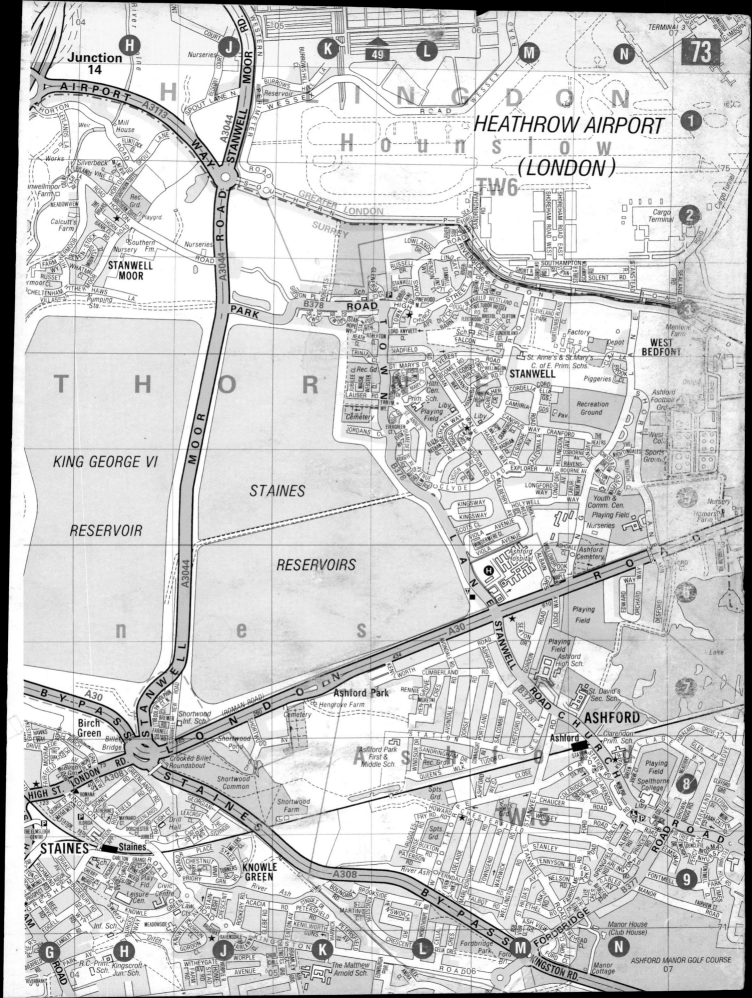

Junction 14

HEATHROW AIRPORT
Hounslow
(LONDON)
TW6

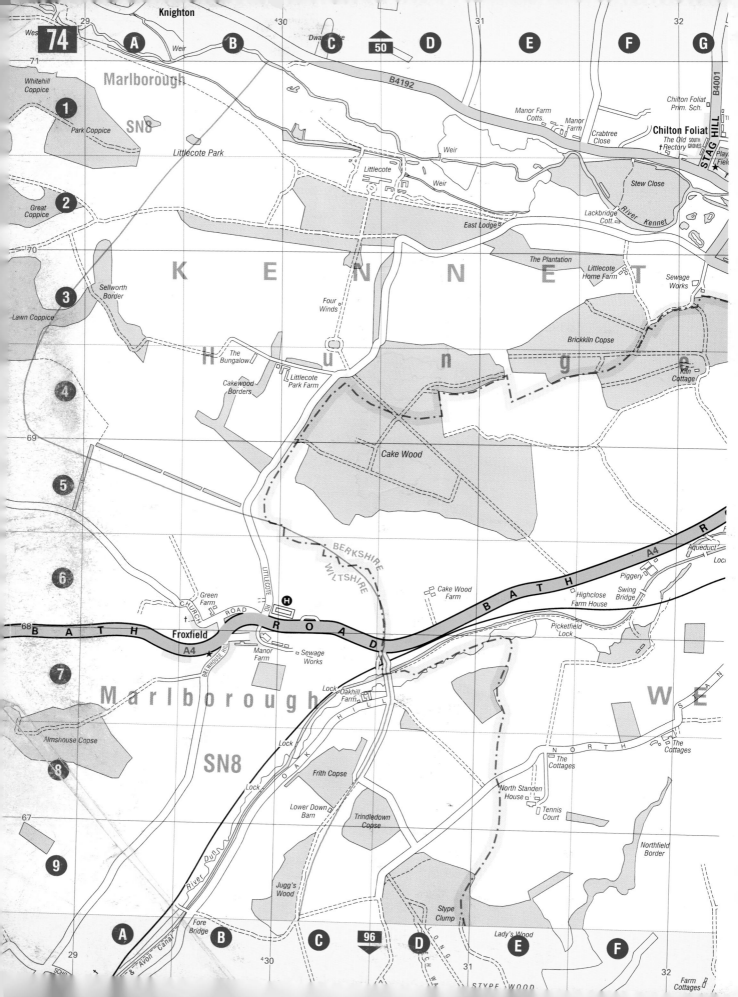

Knighton

A · B · C · D · E · F · G

50

B4192

Marlborough

Whitehill
Coppice

SN8

Park Coppice

Littlecote Park

Great
Coppice

Sellworth
Border

Lawn Coppice

Manor Farm
Cotts.

Manor
Farm

Crabtree
Close

Chilton Foliat
Prim. Sch.

Chilton Foliat

The Old SOUTH
Rectory GROVES

Play
Field

STAG HILL

B4001

Weir

Littlecote

Weir

Weir

East Lodge

Stew
Close

River Kennet

Lackbridge
Cott.

K E N N E T

The Plantation

Littlecote
Home Farm

Sewage
Works

Four
Winds

H U n g e

Brickkiln Copse

The Bungalow

Cakewood
Borders

Littlecote
Park Farm

Kiln
Cottage

Cake Wood

BERKSHIRE

WILTSHIRE

A4

Aqueduct

Loc

BATH

R

Piggery

Cake Wood
Farm

Highclose
Farm House

Swing
Bridge

Green
Farm

CHURCH

LITTLECOTE RD

H

Froxfield

A4

BREWHOUSE HILL

ROAD

BATH

Picketfield
Lock

W E

Manor
Farm

Sewage
Works

Lock

Oakhill
Farm

OAK

HILL

North Standen
House

The
Cottages

N O R T H

The
Cottages

Marlborough

SN8

Almshouse Copse

Lock

Lock

Frith Copse

Tennis
Court

Lower Down
Barn

Trindledown
Copse

Northfield
Border

River Dun

Jugg's
Wood

Stype
Clump

Lady's Wood

Northfield
Border

Fore
Bridge

Kennet & Avon Canal

SCHO

A · B · C · D · E · F

96

STYPE WOOD

Farm
Cottages

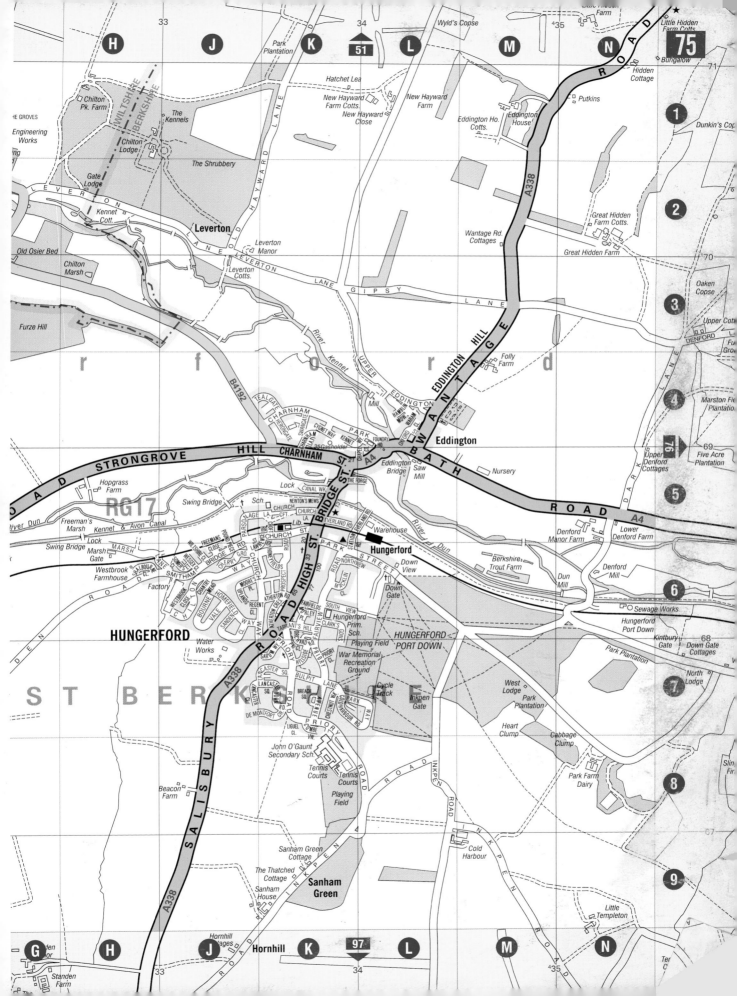

A **B** **C** **D** **E** **F** **G**

1

2

3

4

5

6

7

8

9

Farm
Little Hidden Farm Cotts.
The Bungalow
Hidden Cottage
Putkins
Dunkin's Copse
The Hassock
Great Hidden Farm Cotts.
at Hidden Farm
Oaken Copse
Oaken Copse
Upper Cottages
Furze Ground
Scutt's Copse
Marston Field Plantation
Denford Park Training College
Garden Cottage
Avington Border
Upper Denford Cottages
Five Acre Plantation
Four Acre Plantation
Beech Hanging
Denford Lodge
Lower Denford Farm
Denford Mill
Sewage Works
Hungerford Port Down
Kintbury Gate
Down Gate Cottages
Whitegates
North Lodge
Home Farm
Foxley Cottages
Foxley Covert
Slings Firs
North Park Plantation
Park Plantation
ark Farm Dairy
Little Templeton
South Lodge
St. Johns College
Templeton Cottages
Stud Cottage
Templeton Stud
Inglewood Spinney
Playing Field
Inglewood
Pheasant Lea
The Bungalow
Withybed Copse
Inglewood Farm Cott.
Kintbury Farm
Whittington Bottom

North Denford Farm
Heath Hanger Copse
HEATH HANGER LANE
DENFORD LANE RADLEY
Paddock Plantation
Keeper's Cottage
Stibbs Wood
Radley Bottom
RADLEY BOTTOM
Radley Farm
Radley Bottom Cottages
THE NUT WALK
Winding Wood
Windingwood Bottom
Three Gate Copse
Winding Wood Farm Ho.
Winding Wood Cottage
New Cotts.
Clapton
Thatched Cott.
The Orchard
Orpenham Copse
Well Cottages
Clapton Farm
Clapton Cottages
Hawkshill Clump
W E S T   B
Bottom Barn

A4
Keeper's House
Avington
Avington Manor
Laundry Cottage
Barton Gables
RG17
River Kennet
Kennet & Avon Canal
Lock
Barton Court Farm
Sch.
Kintbury
Lock
Vic.
Sch.
THE CROFT
COMBE
Watercress Beds
HUNGERFORD ROAD
ROAD
HIGH STREET
INGLEWOOD ROAD
WALLINGTONS ROAD
WALLING TONS RD.
KINTBURY
Jubilee Cen.
St. Mary's Prim. Sch.
GAINS
LADSTONE CL.
MEAD
Rec. Grd.
THE CRESCENT
NEWBURY STR
BOROUGH
DUNN CRES
BARLEY
THE HAVEN
Barrymores

36 37 52 38
Long Border
71
70
69 75
68
67
36 37 98 38

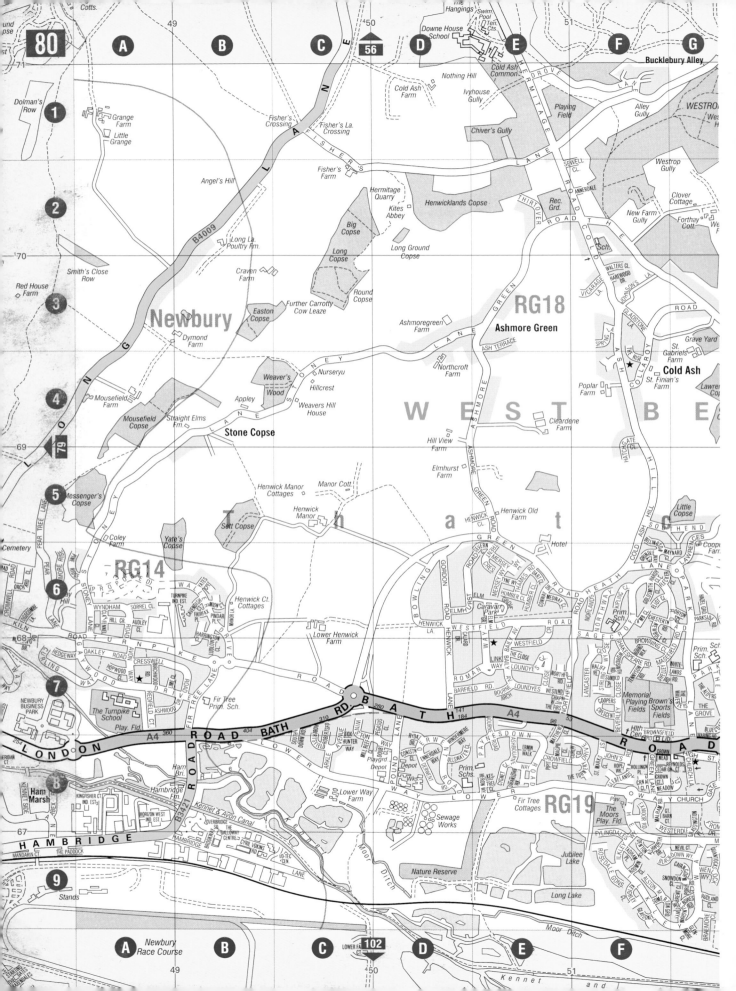

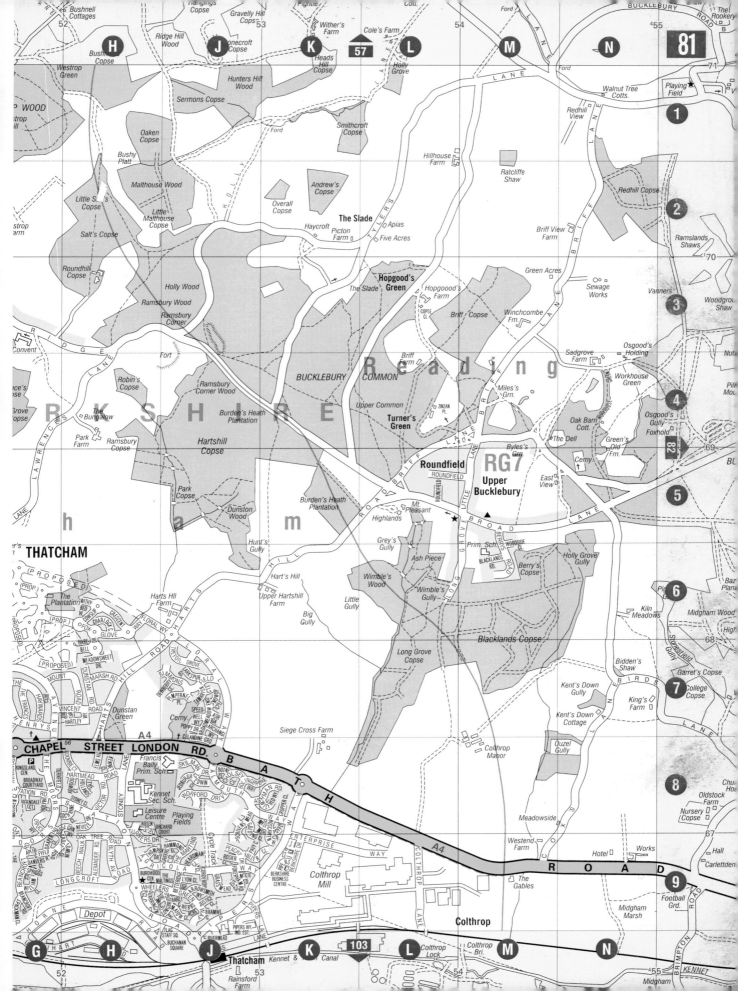

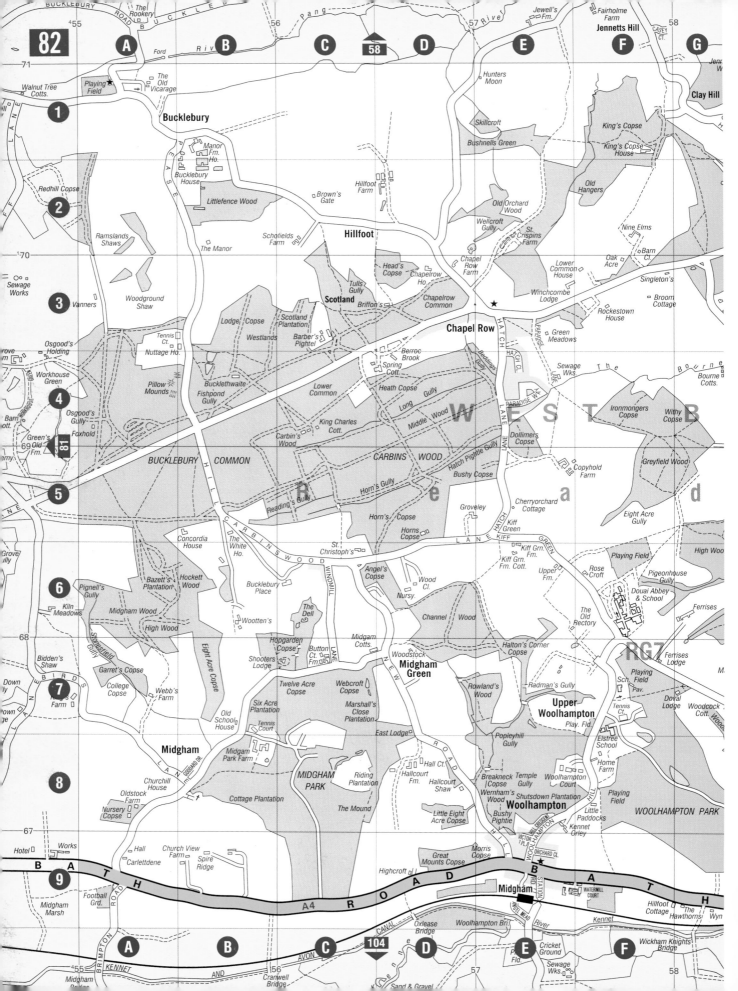

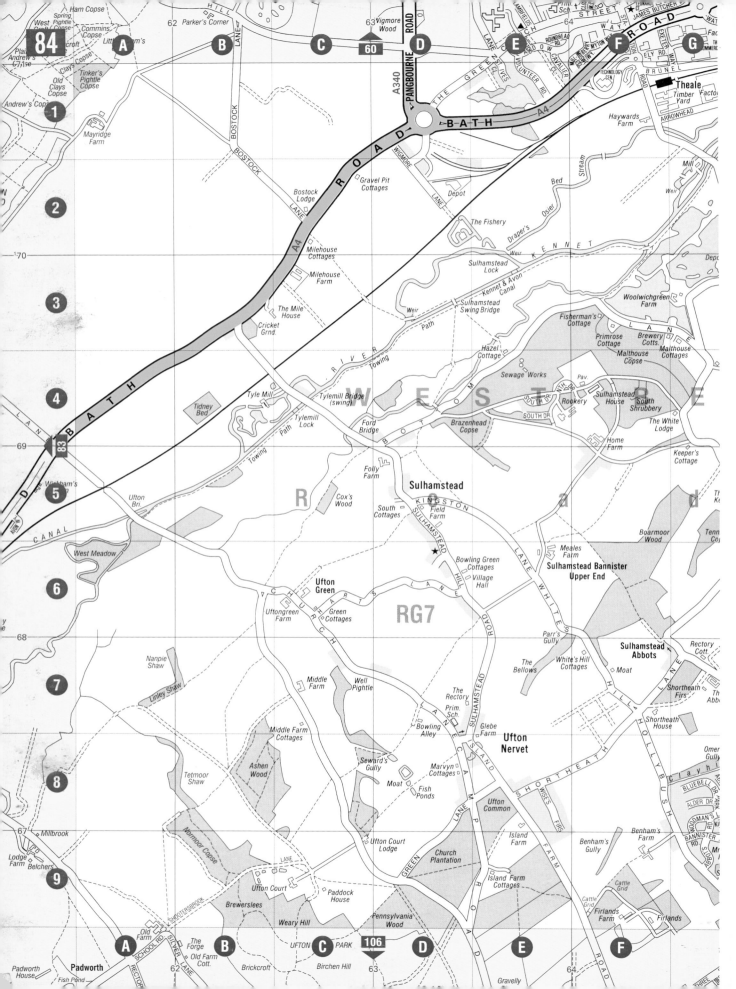

Grid references (top): H, J, K, L, M, N

Right margin numbers: 1, 2, 3, 4, 5, 6, 7, 8, 9

Bottom grid references: G, H, J, K, L, M, N

RIVER KENNET & AVON CANAL
Arrow Head
Towing Path
Garston Lock
Warehouse
Weir
Kennet
Lock
Swing Bridge
Sailing Club
Sheffield Bottom
Woolwichgreen Cottages
Jones's Copse
Hosehill Farm
Hosehill Copse
The Oaks
Brick Kiln Copse
BERKSHIRE
Whitehouse Green
The Old Manor
JAQUESS LANE
Hose Hill
Holly Lane
Hosehill Green
James's Copse
Dayfields
White Rose Ho.
Trash Green
THE HEALE LANE
BENNETS LANE
Reading
Green Farm Cotts.
Burghfield St. Mary's Sch.
SCHOOL RD
Brook
CLAYHILL ROAD
Clayhill
Burghfield Shaw
Brook Ho.
WILLOW CL.
HAZEL CL.
Clayhill Copse
SULHAMSTEAD LANE
Bristow's Copse
Stud Farm
Sulhamstead Abbots Farm
Sulhamstead Green
Clayhill Copse
The Old Cottage
CLAY HILL LANE
CHESTNUT DR
BEECH CL
SYCAMORE DR
LARCH CL
BURGHFIELD COMMON
Pondhouse Farm
Pondhouse Copse
Burghfield Hill
HILL ROAD
HERMIT'S HILL
Bedford Cottage
Hillfields
The Scrubbs
Simpson's Farmhouse
Highwoods
Gully Copse
Jubilee Pond
Culverlands
Hill Farm
Grove Copse
Culverlands Farm
Burghfield Slade
Little Auclum Copse
Auclum
Great Auclum Place
Goddard's Green
Kennels
Rose Cott.
Wokefield Farm
Pound Cotts.
Lockram Lane
WOKEFIELD COMMON
PALMER'S LA.
BUNCES LANE
Playing Fields
Rec. Grnd.
Recreation Rd
BLANDS OAK LANDS
GARLANDS
FIRS END
SPRING WOOD
RUSSET GLADE
AUCLUM
Willink Sch.
Mrs. Bland's Inf. Sch.
Hunters
Southwood Gdns.
Woodlands Av.
Pine Ridge
Garland Jun. Sch.
WARREN RD
Hall
Love's
HAWKSWORTH
HORSE CL.
SHOE CL.
FINCH CUT
BARN OWL WY.
Clayhill
ANSTEY
RAGDALE
DAUNTLESS
MAANPRI
HIGHFIELD CL.
TARRAGON CL.
Reading Service Area
M4 MOTORWAY
M4
RG30
Clayhill
Dean's Copse
Green Farm
Rowgarson Copse
Church Cottages
New Cottages
Amner's Farm
BURGHFIELD ROAD
PINGEWOOD ROAD
Burghfield Bridge
Burghfield Farm
Burghfield Mill
Mill Dam
Weir
Lock
Kennet
Mill Lane
Brook
Moatlands Cottages
Gravel Pit
Gravel Pit
Bennettshill Copse
The Old Rectory
Hatch Farm
HATCH LA.
Rec. Grd.
Manor House
Burghfield
READING ROAD
THE MEARINGS
Farm Cottages
Burghfield Place
Sports Grnd.
Pavilion
James's Farm
Brook Cottage
Osier Bed
JAMES'S LANE
NEW LANE
Chandlers Farm
THE PIGHTLE
PALMERS LANE
Rapleys
Little Heaven's Plantation
Pitchkettle Wood
Pitchkettle Farm
New Covert
Pierce's Farm
Rookery Wood
Oakfield
Crickets Wood
Millbarn Pond
Sheepcot
Ten. Cts.
GOODBOYS LANE
RIDERS LANE
Bell Lane
Holybrook Farm
Burghfield Bridge
Kennet House
Coach Works
Knight's Farm
Walker Shaw
Amner Wood
Kennet & Avon
Pingewood
RRYS LANE

Map reference numbers: 61, 86, 107

65, 66, 67, 68, 69, 70, 71

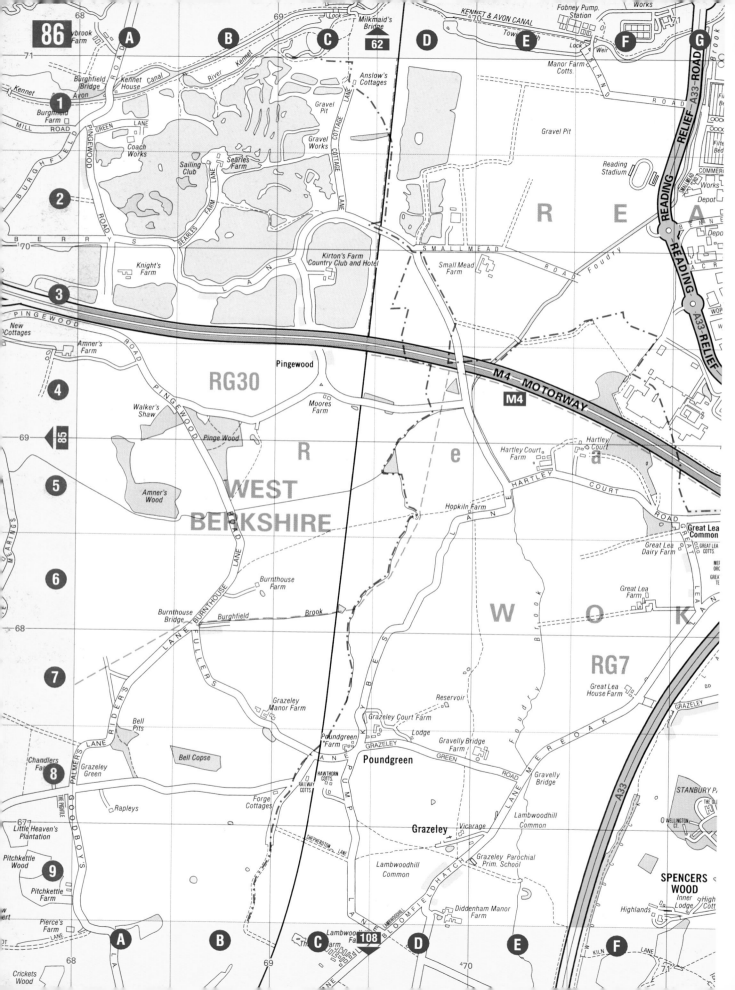

86

A B C D E F G

1

2

3

4

5

6

7

8

9

A B C D E F

Maybrook Farm
Burghfield Bridge
Kennet House
Burghfield Farm
Coach Works
Sailing Club
Searles Farm
Knight's Farm

Kennet & Avon Canal
Lock
Milkmaid's Bridge
62
Anslow's Cottages
Gravel Pit
Gravel Works

Fobney Pump Station
Works
Manor Farm Cotts.
Gravel Pit
Reading Stadium

Kirton's Farm Country Club and Hotel
SMALLMEAD ROAD
Small Mead Farm
R E A

New Cottages
Amner's Farm
PINGEWOOD ROAD

PINGEWOOD
RG30
Moores Farm
Pinge Wood
Walker's Shaw

M4 — MOTORWAY
M4
Hartley Court
Hartley Court Farm
a

85

Amner's Wood
WEST BERKSHIRE
R
e
Hopkiln Farm
HARTLEY COURT ROAD
Great Lea Common
Great Lea Dairy Farm

Burnthouse Farm
Burnthouse Bridge
Burghfield Brook
W
Great Lea Farm
O
K

RG7
Great Lea House Farm

Grazeley Manor Farm
Bell Pits
Bell Copse
Reservoir
Grazeley Court Farm
Lodge
Gravelly Bridge Farm
Gravelly Bridge

Chandlers Farm
Grazeley Green
Poundgreen Farm
GRAZELEY GREEN
Poundgreen
Lambwoodhill Common

The Pightle
Railway Cotts
Hawthorn Cotts
Forge Cottages
Rapleys
Grazeley
Vicarage
Grazeley Parochial Prim. School

Little Heaven's Plantation
Pitchkettle Wood
Pitchkettle Farm
Lambwoodhill Common
Diddenham Manor Farm

Pierce's Farm
Lambwood Farm
108
Spencers Wood
Highlands
Crickets Wood

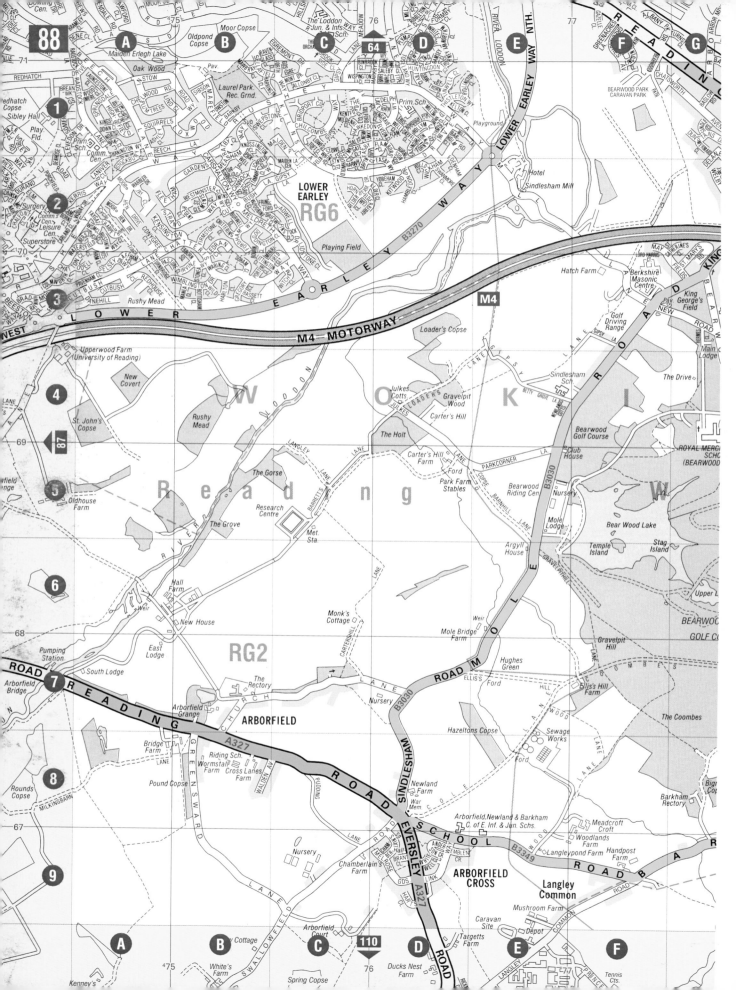

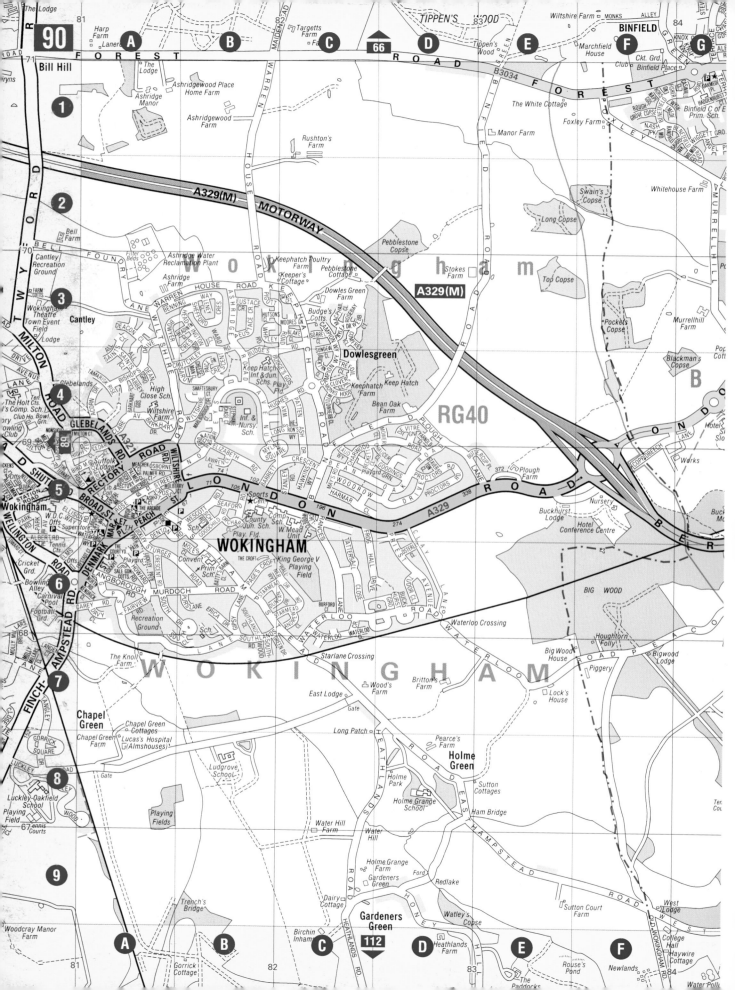

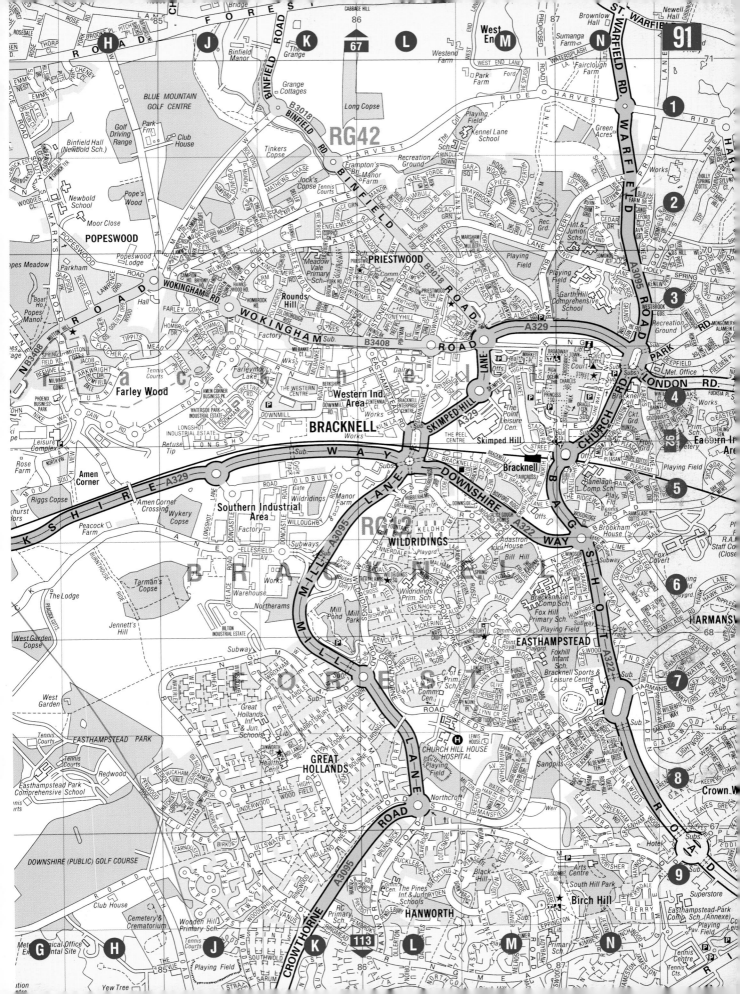

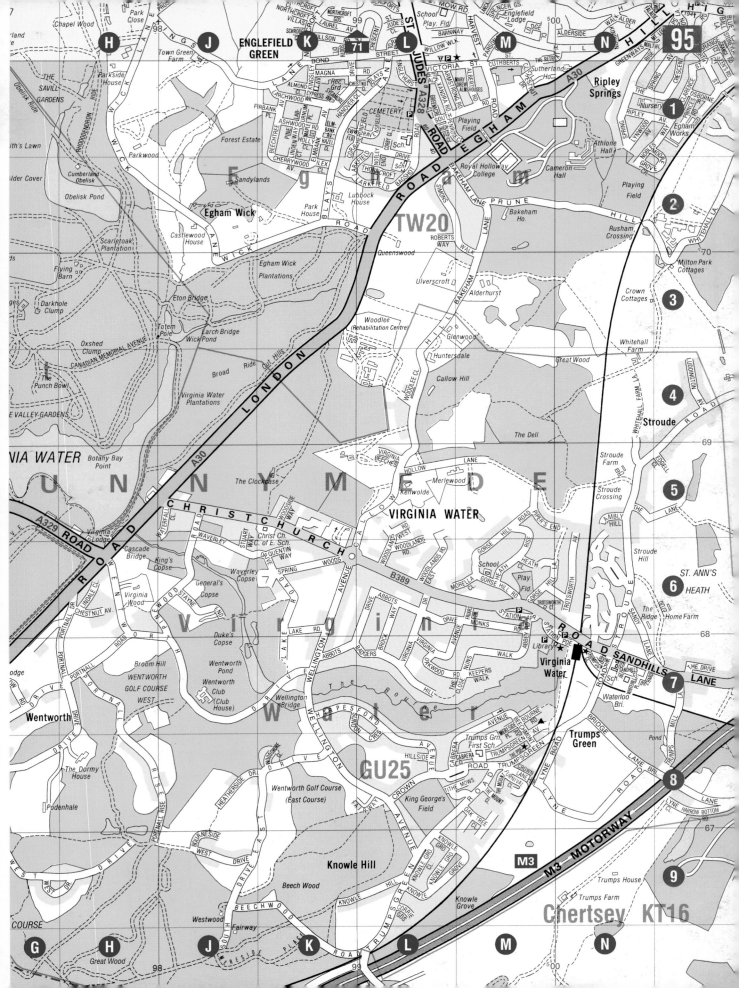

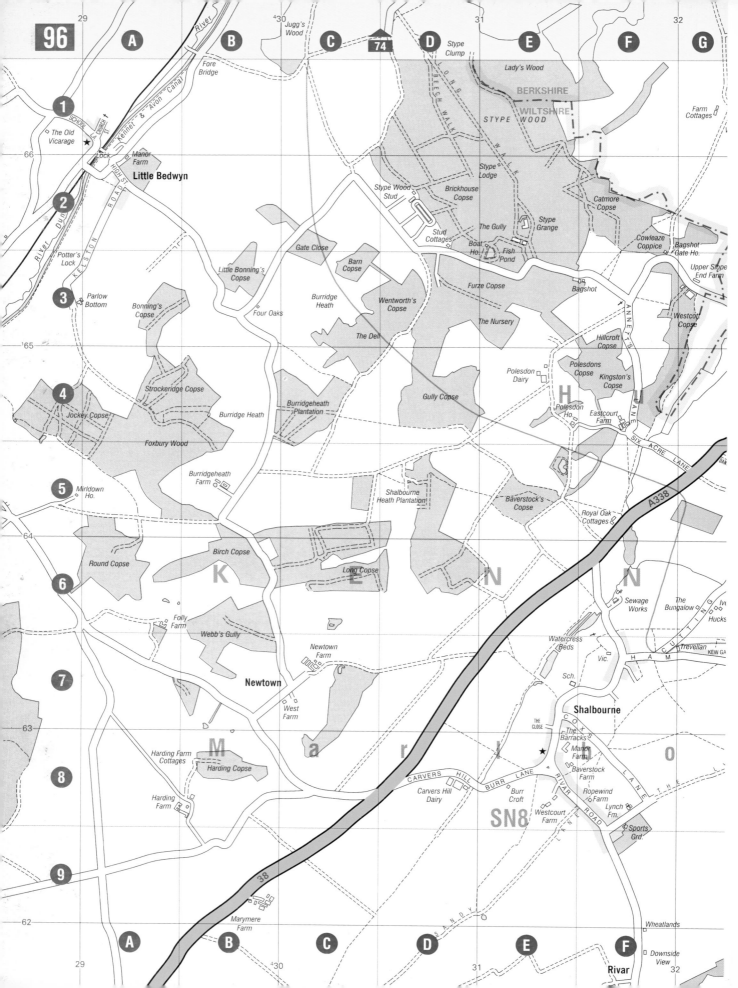

29   A   30   B   C   74   D   Stype   E   F   31   G   32

A   **B**   **C**   **D**   **E**   **F**   **G**

1   The Old Vicarage

66

Manor Farm

2   **Little Bedwyn**

Potter's Lock

3   Parlow Bottom

Bonning's Copse

65

4   Jockey Copse   Strockeridge Copse   Burridge Heath   Burridgeheath Plantation

Foxbury Wood

5   Mirldown Ho.   Burridgeheath Farm

64

6   Round Copse   Birch Copse   Long Copse

Folly Farm   Webb's Gully   Newtown Farm

7   **Newtown**   West Farm

63

8   Harding Farm Cottages   Harding Copse

Harding Farm

9

62

29   **A**   30   **B**   **C**   **D**   **E**   31   **F**   32

River Kennet & Avon Canal

Fore Bridge

Jugg's Wood

Stype Clump

Lady's Wood

BERKSHIRE

WILTSHIRE

STYPE WOOD

Farm Cottages

Stype Lodge

Stype Wood Stud   Brickhouse Copse   Catmore Copse

The Gully   Stype Grange

Boat Ho.   Fish Pond   Cowleaze Coppice   Bagshot Gate Ho.

Stud Cottages

Gate Close   Barn Copse   Furze Copse   Bagshot   Upper Slope End Farm

Little Bonning's Copse   Wentworth's Copse   Westcot Copse

Four Oaks   Burridge Heath   The Nursery   Hillcroft Copse

The Dell   Polesdons Copse   Kingston's Copse

Gully Copse   Polesdon Dairy   Polesdon Ho.   Eastcourt Farm

Shalbourne Heath Plantation   Baverstock's Copse   Royal Oak Cottages   SIX ACRE LANE

A338

Sewage Works   The Bungalow   Hucks

Watercress Beds   Trevellan   KEW GA

Vic.   Sch.

Shalbourne

THE CLOSE   The Barracks   Manor Farm   Baverstock Farm

Carvers Hill Dairy   Carvers Hill Farm   Burr Croft   Ropewind Farm   Lynch Fm.

SN8   Westcourt Farm   Sports Grd.

38   Marymere Farm

Wheatlands

Downside View

Rivar

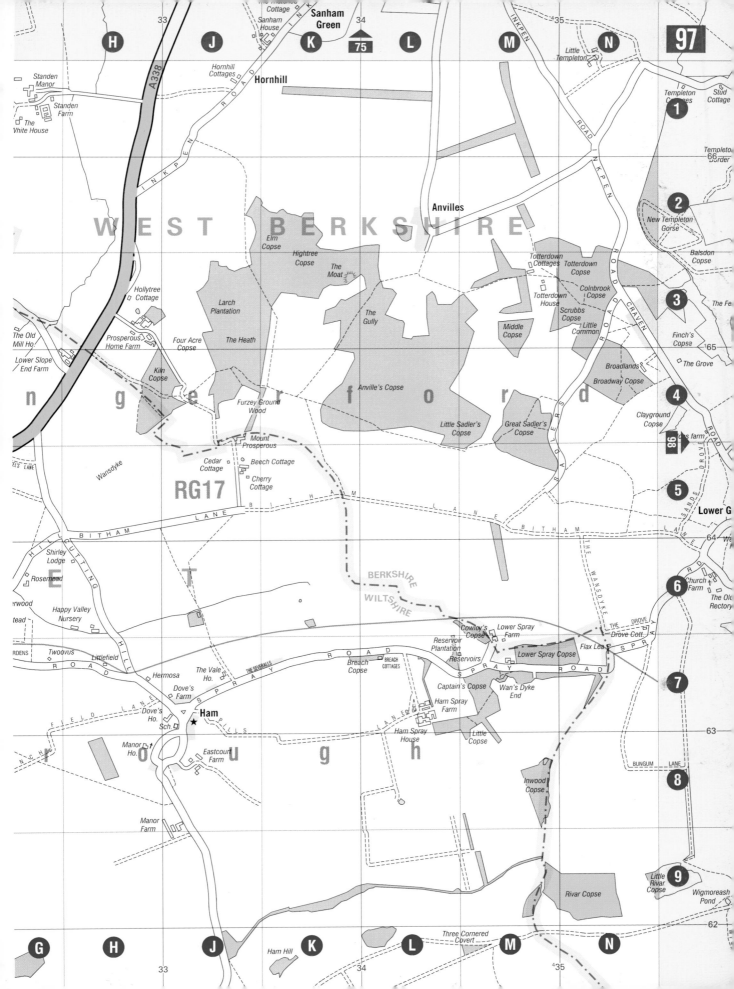

H **J** **K** Sanham Green **L** **M** **N**

33 34 75 35

Little Templeton

Templeton Cottages **1**

Stud Cottage

Standen Manor

Hornhill Cottages

Standen Farm

Hornhill **HORNHILL**

The White House

Templeton Border **66**

2

New Templeton Gorse

W E S T B E R K S H I R E

Anvilles

Balsdon Copse

Elm Copse

Hightree Copse

The Moat

Totterdown Cottages

Totterdown Copse

Colnbrook Copse

3

Finch's Copse **65**

The Fe

Hollytree Cottage

Larch Plantation

The Gully

Totterdown House

Scrubbs Copse

Little Common

Middle Copse

Broadlands

The Grove

The Old Mill Ho.

Prosperous Home Farm

Four Acre Copse

The Heath

Broadway Copse

4

Clayground Copse

Lower Slope End Farm

Kiln Copse

Anville's Copse

96

Fars farm

Furzey Ground Wood

Little Sadler's Copse

Great Sadler's Copse

5

Lower G

el's Lane

Wansdyke

Mount Prosperous

RG17

Cedar Cottage

Beech Cottage

Cherry Cottage

BITHAM LANE BITHAM LANE

Lower G

64 W

Shirley Lodge

Rosemead

BITHAM LANE

BITHAM LANE

6

Church Farm

The Old Rectory

rwood

Happy Valley Nursery

stead

Twoovus

Littlefield

Hermosa

The Vale Ho.

BERKSHIRE

WILTSHIRE

Cowley's Copse

Lower Spray Farm

THE DROVE

Drove Cott.

Reservoir Plantation

Flax Lea

Lower Spray Copse

7

GARDENS

Dove's Farm

THE SEVERALLS

SPRAY ROAD

Breach Copse

BREACH COTTAGES

Reservoirs

Captain's Copse

Wan's Dyke End

FYFIELD LANE

Dove's Ho.

Sch.

Ham

Manor Ho.

Eastcourt Farm

Ham Spray Farm

Ham Spray House

Little Copse

63

BUNGUM LANE

8

Manor Farm

Inwood Copse

9

Three Cornered Covert

Rivar Copse

Little Rivar Copse

Wigmoreash Pond

62

G **H** **J** Ham Hill **K** **L** **M** **N**

33 34 35

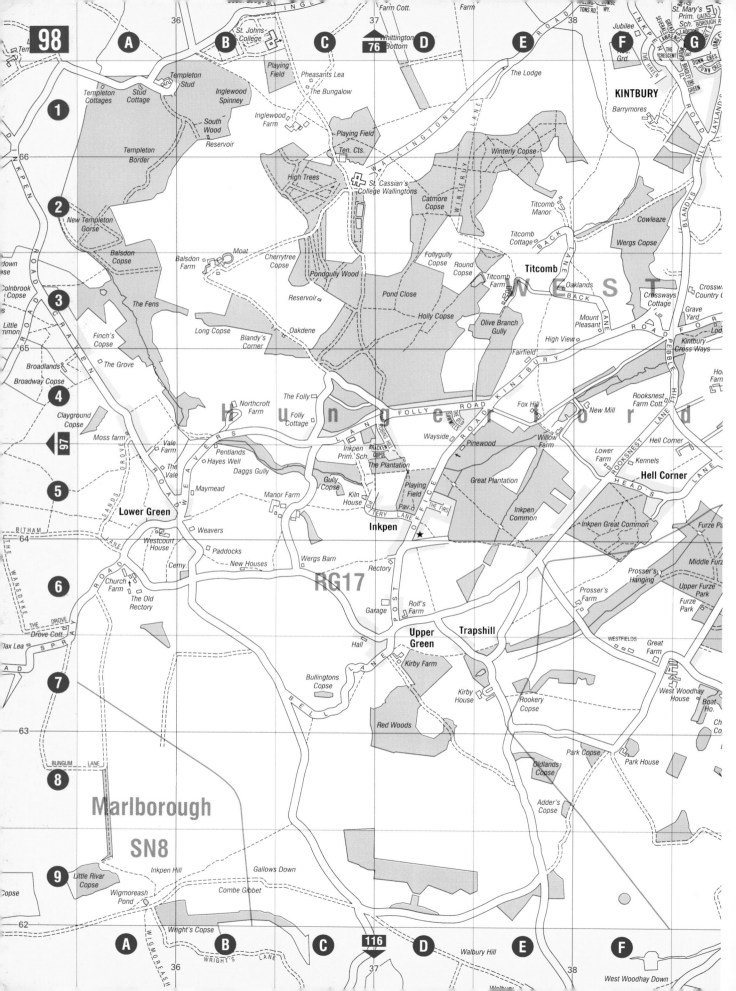

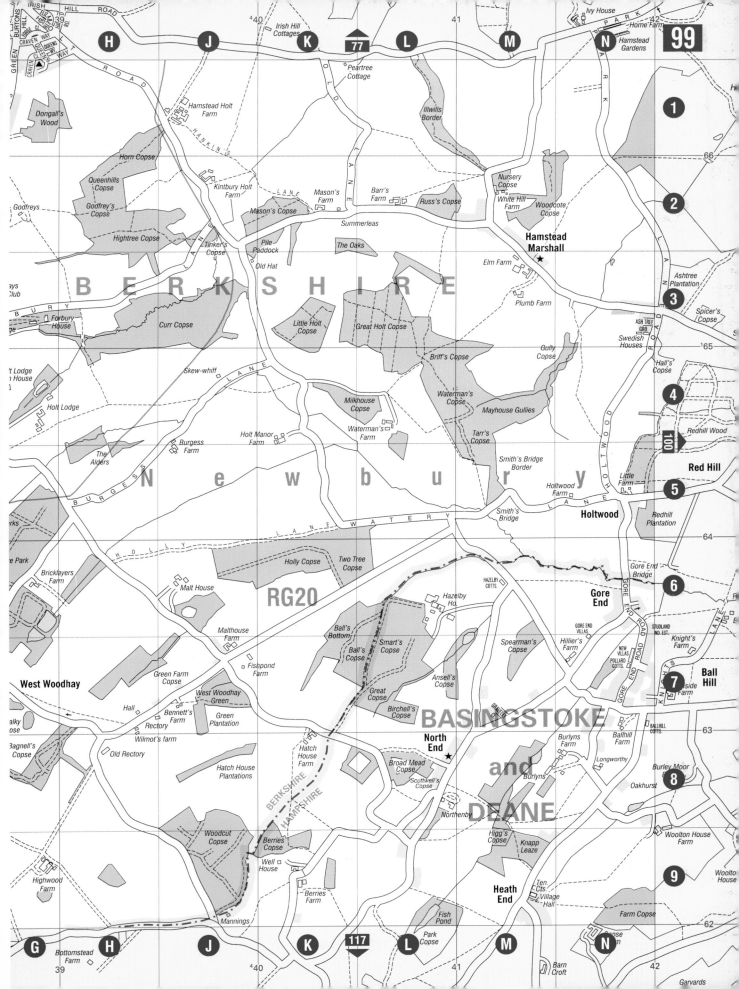

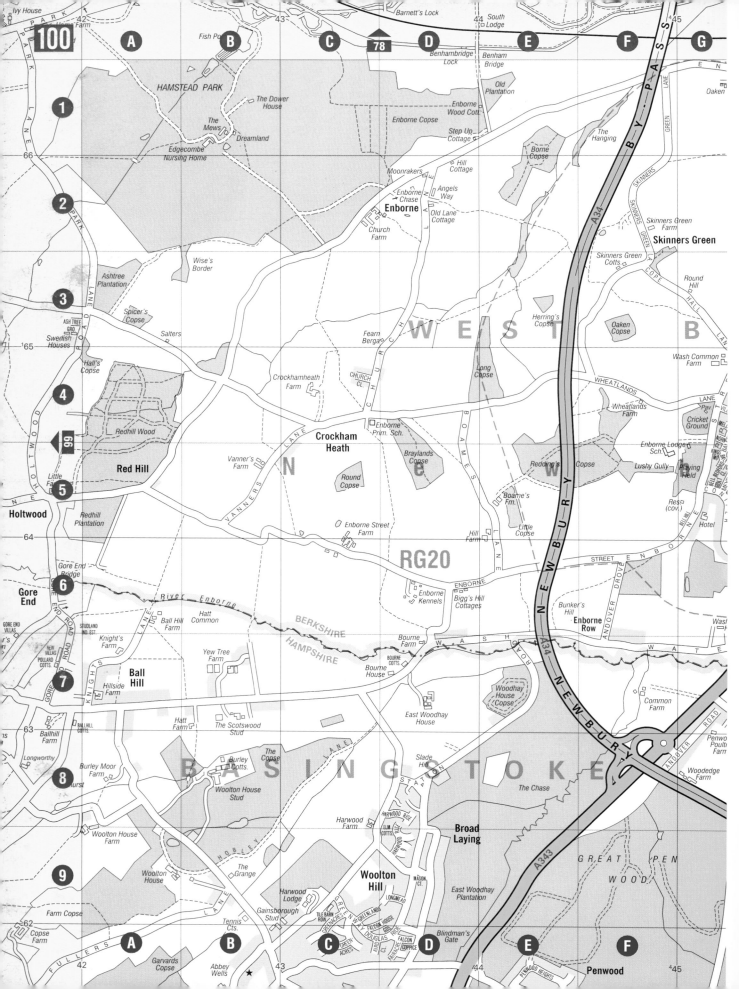

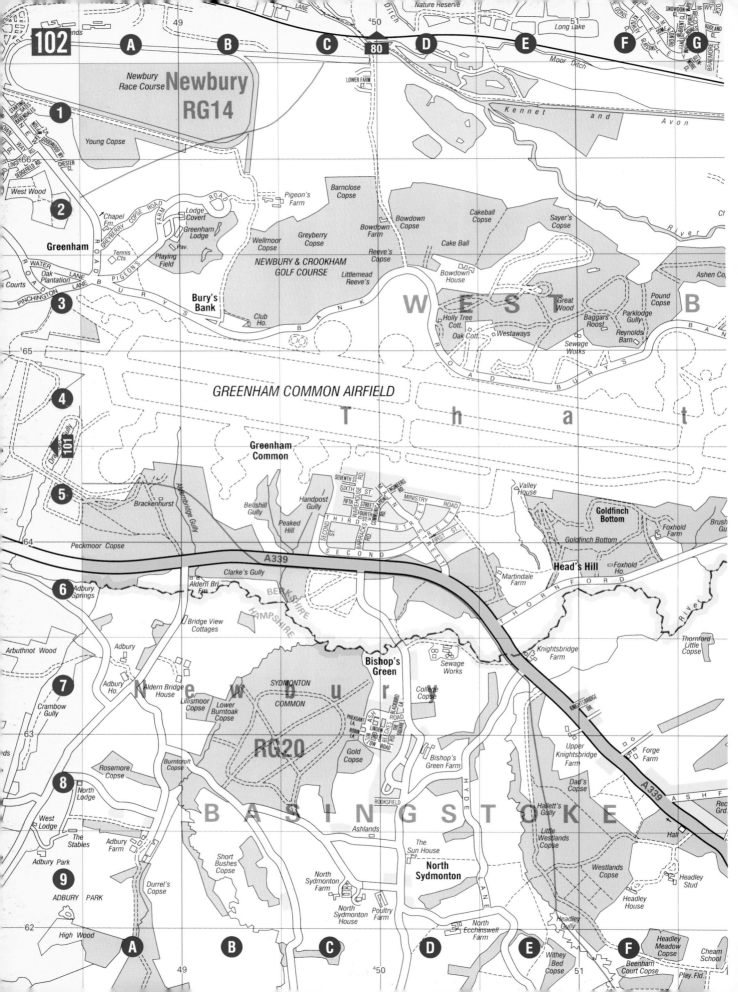

A   B   C   **80**   D   E   F   G

1

Newbury Race Course   **Newbury RG14**

Young Copse

West Wood

2   **Greenham**
Chapel Fm.   Lodge Covert   Greenham Lodge   Pav.   Pigeon's Farm   Barnclose Copse   Bowdown Farm   Bowdown Copse   Cakeball Copse   Sayer's Copse
Tennis Cts.   Playing Field   Wellmoor Copse   Greyberry Copse   Reeve's Copse   Cake Ball   **W E S T**

Oak Plantation   Bury's Bank   Club Ho.   NEWBURY & CROOKHAM GOLF COURSE   Littlemead Reeve's   Bowdown House   Holly Tree Cott.   Great Wood   Baggars Roost   Parklodge Gully   Pound Copse
3   WATER LANE   PINCHINGTON LANE   Oak Cott.   Westaways   Sewage Works   Reynolds Barn   **B**

65

4   **GREENHAM COMMON AIRFIELD**   **T   h   a   t**

101   Brackenhurst   **Greenham Common**   Bellshill Gully   Handpost Gully   SEVENTH ST.   SIXTH ST.   MINISTRY   ROAD   Valley House   **Goldfinch Bottom**   Foxhold Farm   Brush Gu
5   Peaked Hill   FIFTH   WAREHOUSE   STREET   Foxhold
64   Peckmoor Copse   THIRD   SECOND   BARRACKS   FIRST ST.   Goldfinch Bottom   Ho.

A339   Clarke's Gully   SECOND   Martindale Farm   **Head's Hill**

6   Adbury Springs   Aldern Bri Fm.   BERKSHIRE   Knightsbridge Farm   Thornford Little Copse
Bridge View Cottages   HAMPSHIRE   THORNFORD

Arbuthnot Wood   Adbury   Sewage Works
7   Crambow Gully   Adbury Ho.   Aldern Bridge House   **N e w b u r y**   SYDMONTON COMMON   **Bishop's Green**   College Copse   Upper Knightsbridge Farm   Forge Farm
63   Lillismoor Copse   Lower Burntoak Copse   PHEASANT LA.   BLACKBIRD LA.   KNIGHTSBRIDGE DR.   A339
Rosemore Copse   Burntoak Copse   **RG20**   ROBIN LA.   LINDEN   THE SQUARE   ROAD   Bishop's Green Farm   Dad's Copse
8   North Lodge   Gold Copse   ROOKSFIELD   Hallett's Gully   Hall
West Lodge   The Stables   Adbury Farm   **B   A   S   I   N   G   S   T   O   K   E**   The Sun House   Little Westlands Copse   Westlands Copse
Adbury Park   Short Bushes Copse   Ashlands   HYDE   LANE   Headley Stud
9   Durrel's Copse   North Sydmonton Farm   **North Sydmonton**   Headley House
ADBURY PARK   North Sydmonton House   Poultry Farm   Headley Gully   Headley Meadow Copse
62   High Wood   North Ecchinswell Farm   Withey Bed Copse   Beenham Court Copse   Cheam School

A   49   B   50   C   D   E   51   F

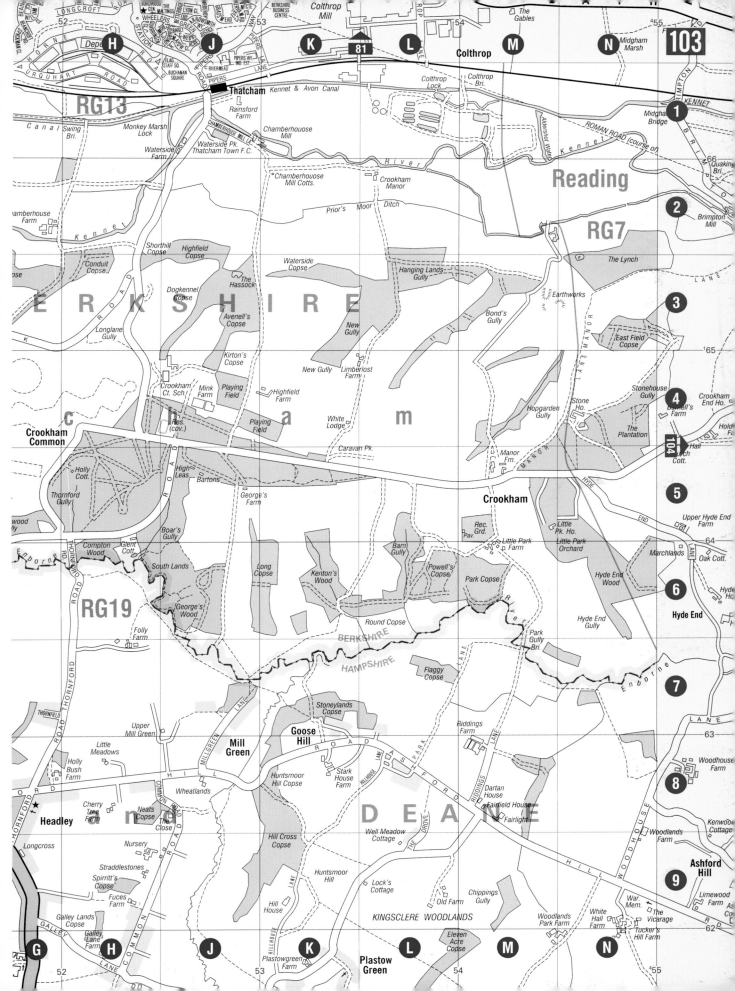

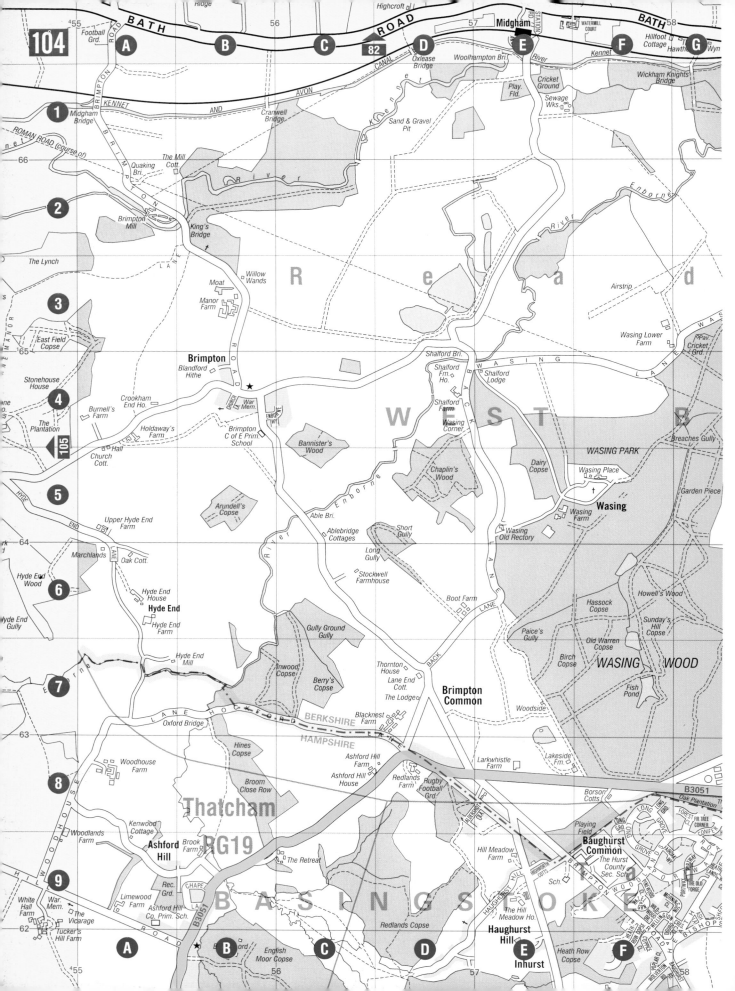

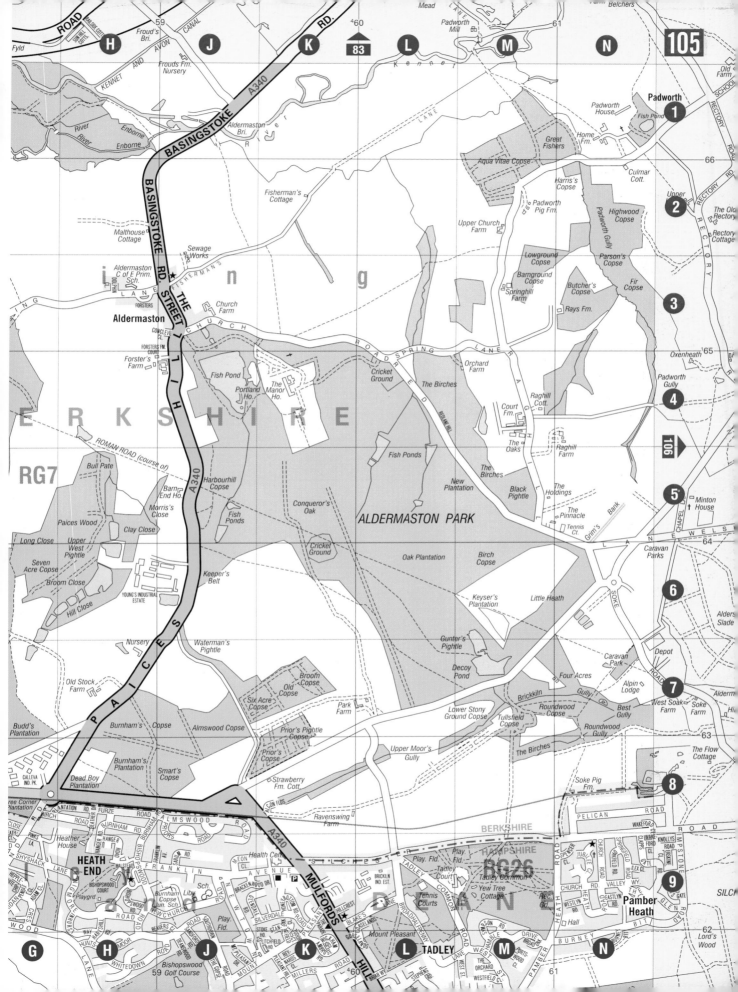

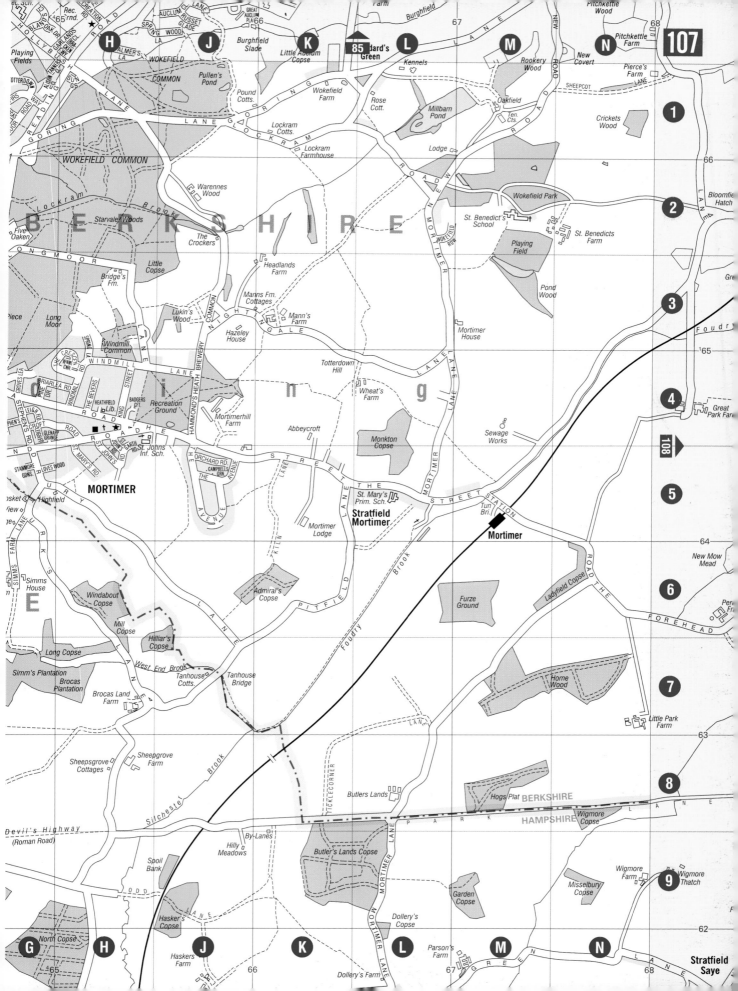

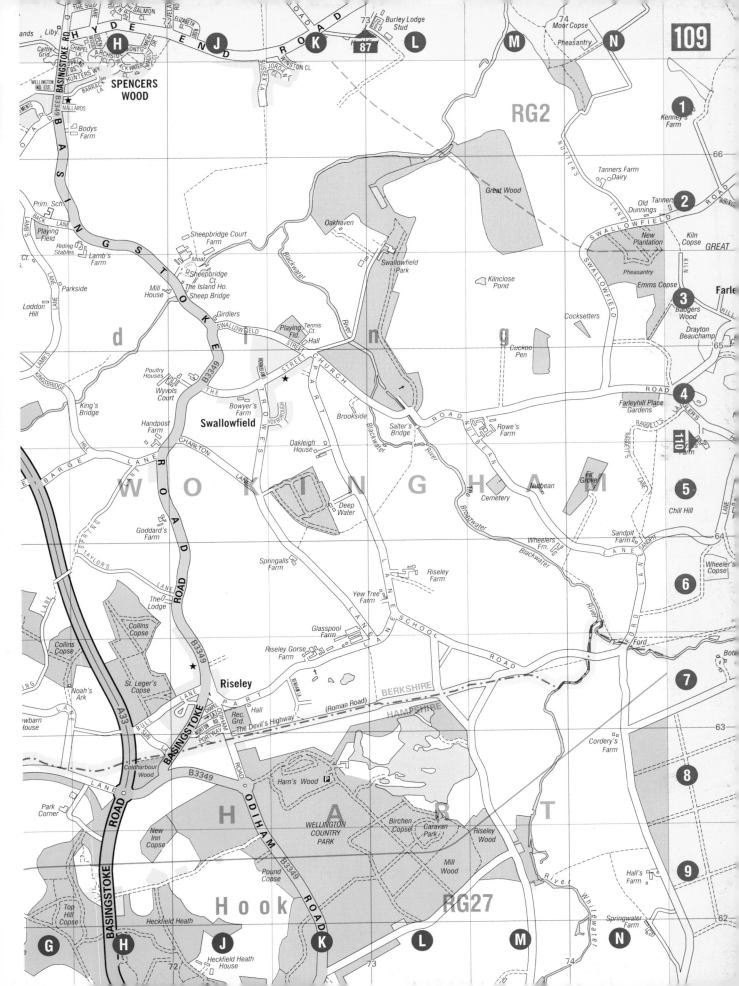

H **J** **K** **87** **L** **M** **N**

73 Burley Lodge Stud
74 Moor Copse
Pheasantry

THE SQUARE
SALMON CL.
APPLE
GISELA
ELIZABETH CL.
HYDE END
WINSTON CL.
ARCHSIDE
MONTGOMERY
SUSSEX LA.
JORDAN
CHAPEL
BLACKWATER
MACL.
HUNTERS WY.
BARRACK
WELLINGTON IND. EST.
MALLARDS
B3349

RG2

1 Kenney's Farm

SPENCERS WOOD

Bodys Farm

Tanners Farm Dairy
66
2 Old Dunnings
New Plantation
Kiln Copse
GREAT

Prim. Sch.
Playing Field
Riding Stables
Lamb's Farm
BACK LANE
Sheepbridge Court Farm
Moat
Sheepbridge Ct.
The Island Ho.
Sheep Bridge
Girdlers
Oakhaven
Swallowfield Park
Kilnclose Pond
Pheasantry
Emms Copse

3 Badgers Wood
Drayton Beauchamp
Farle
65

Loddon Hill
Parkside
Mill House
Poultry Houses
Wyvols Court
B3349
Playing Fld.
Hall
Tennis Ct.
Cocksetters
Cuckoo Pen
Cocksetters

4 Farleyhill Place Gardens
ROAD
RAGGETT'S
110
Farm

King's Bridge
Handpost Farm
Bowyer's Farm
Swallowfield
STREET
Brookside
Salter's Bridge
Rowe's Farm
Fir Grove
NUTBEAN
Nutbean
Cemetery
5 Chill Hill

KINGSBRIDGE
LAMB'S LANE
SWALLOWFIELD
HORNINGS
TROWES LANE
FOXBRIDGE
CHURCH
Oakleigh House
Blackwater
ROAD
NUTBEAN
Wheelers Fm.
Blackwater
Sandpit Farm
SANDPIT LANE
64

WOKINGHAM

Deep Water
6 Wheeler's Copse

CHARLTON
Goddard's Farm
Springalls Farm
Riseley Farm
FORD LANE

BARGE
SPRING LANE
TAYLOR'S LANE
The Lodge
Yew Tree Farm
Ford
7

Collins Copse
Glasspool Farm
SCHOOL ROAD
Cordery's Farm
63

Collins Copse
Noah's Ark
St. Leger's Copse
Riseley Gorse Farm
BENHAM LA.
Riseley
BERKSHIRE
HAMPSHIRE

A33
BULL LANE
SUN LANE
NORTON RD.
PORTWAY
CHAPEL LA.
ODIHAM RD.
Rec. Grd.
Hall
(Roman Road)
The Devil's Highway
8

Coldharbour Wood
B3349
Ham's Wood

Park Corner
New Inn Copse
Pound Copse
BASINGSTOKE ROAD
ODIHAM ROAD
B3349
WELLINGTON COUNTRY PARK
Birchen Copse
Caravan Park
Riseley Wood
Mill Wood
River Whitewater

HART

Hall's Farm
9

Top Hill Copse
Heckfield Heath
Hook
RG27
Springwater Farm
62

G **H** **J** **K** **L** **M** **N**
72 73 74
Heckfield Heath House

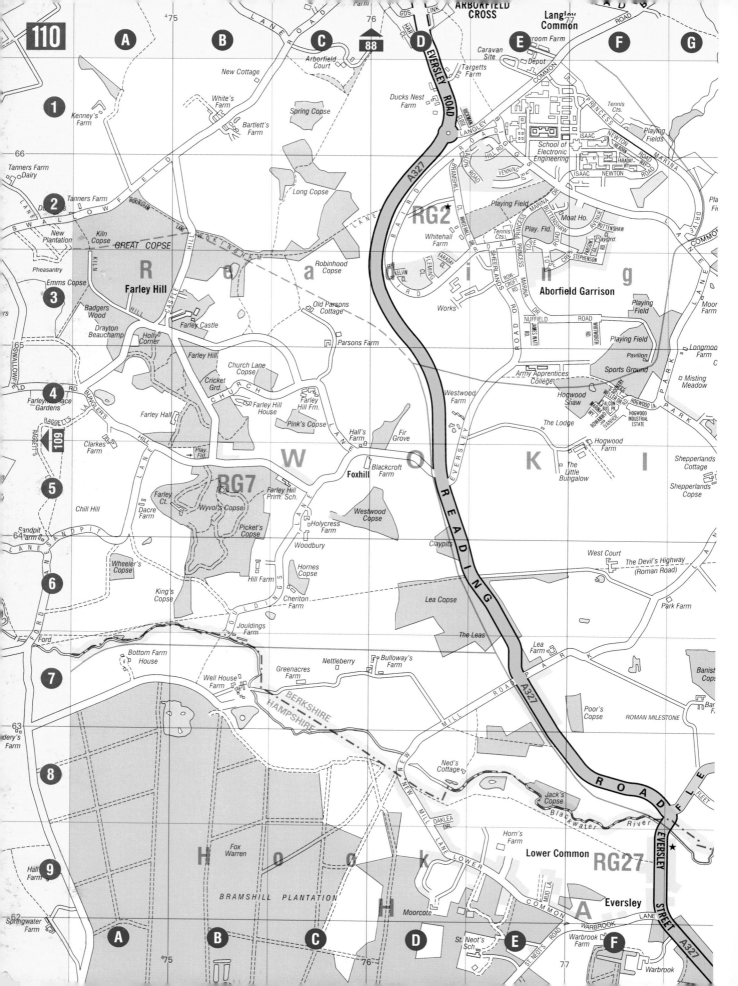

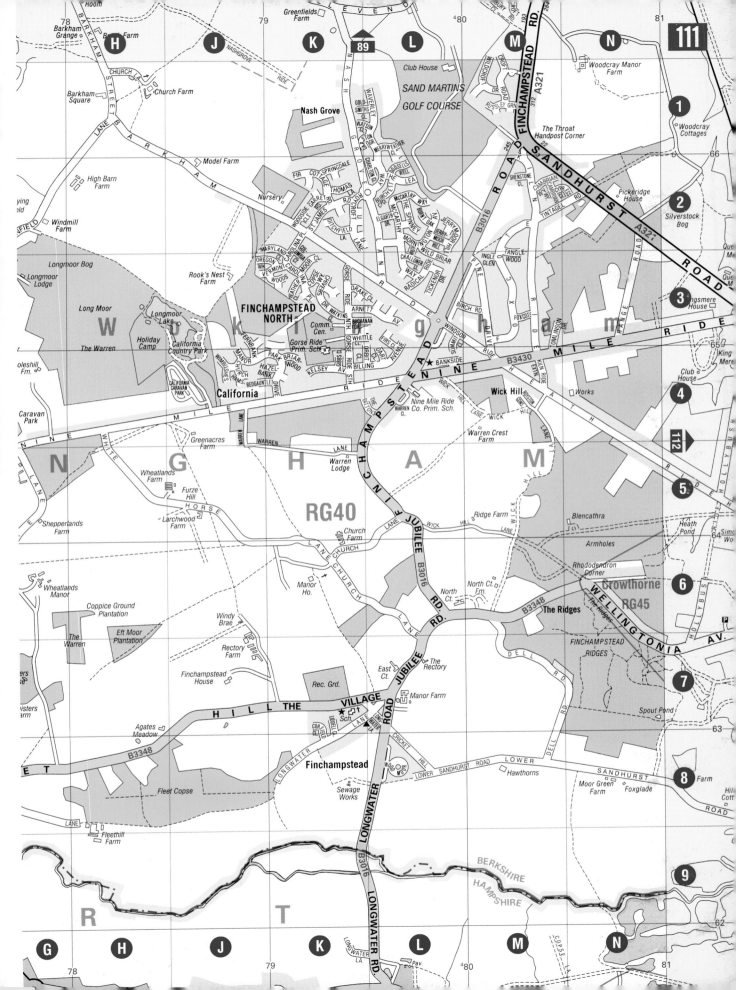

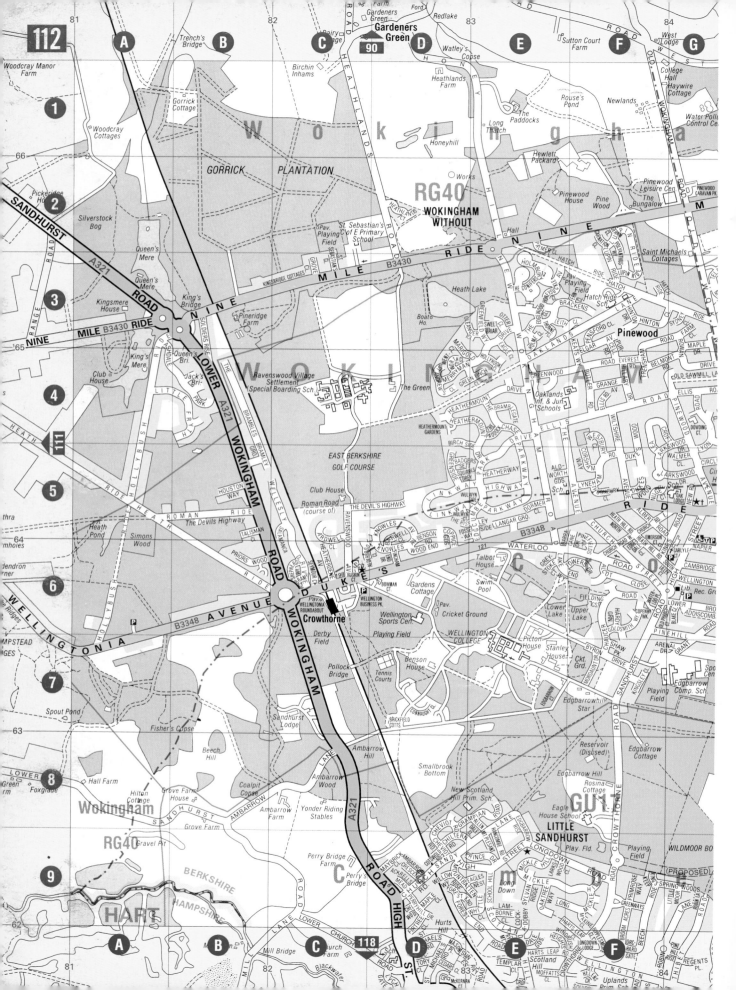

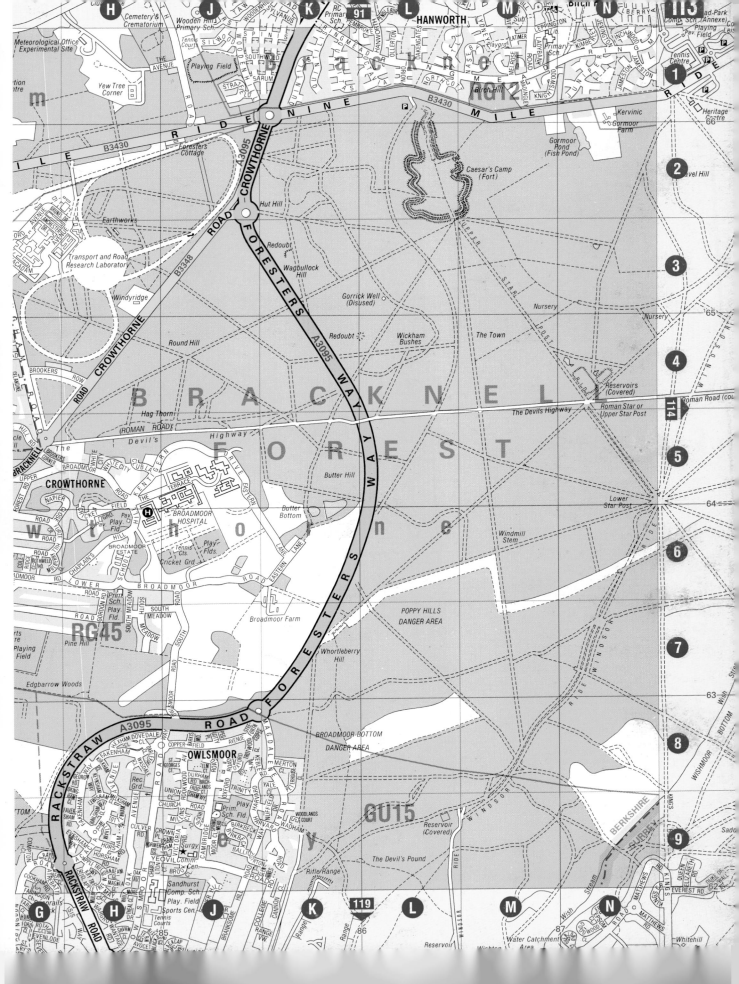

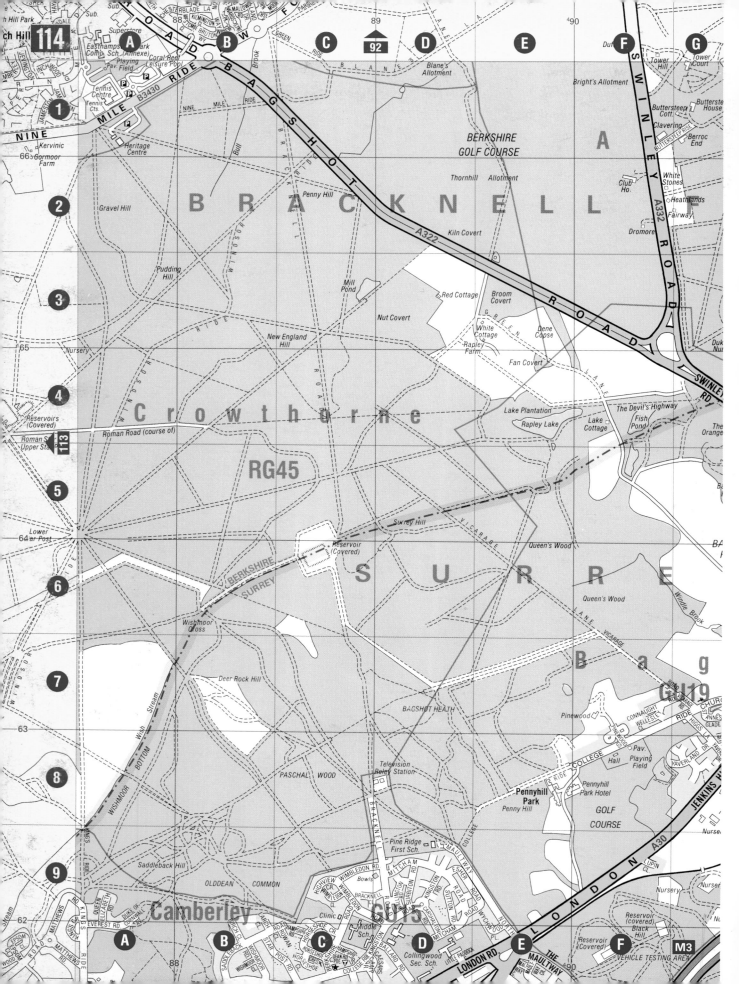

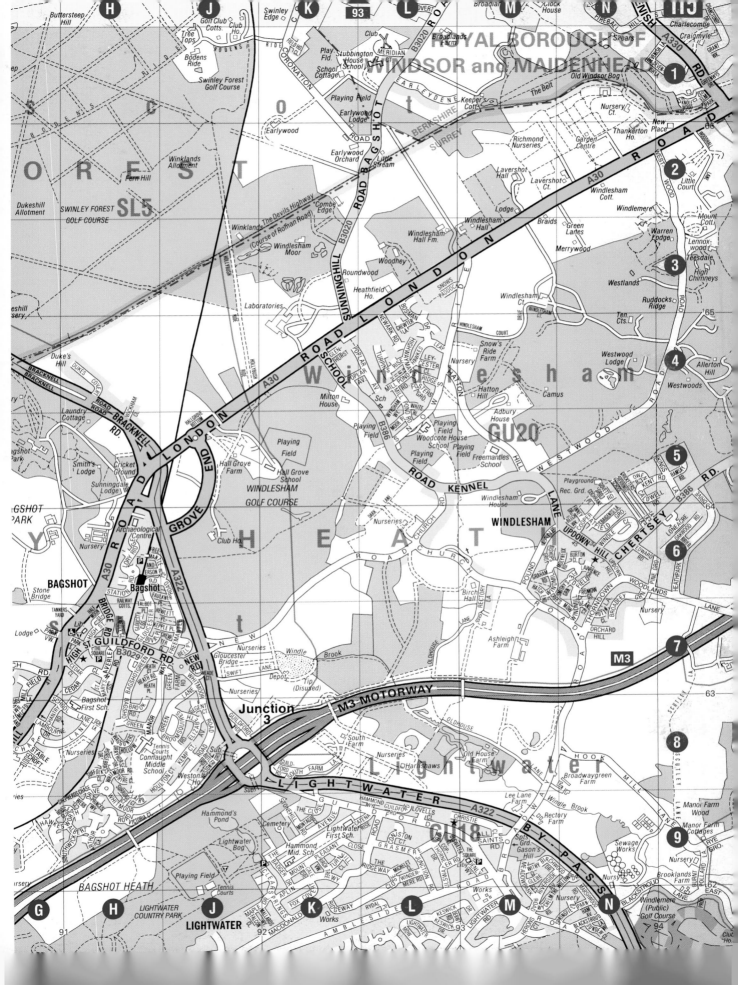

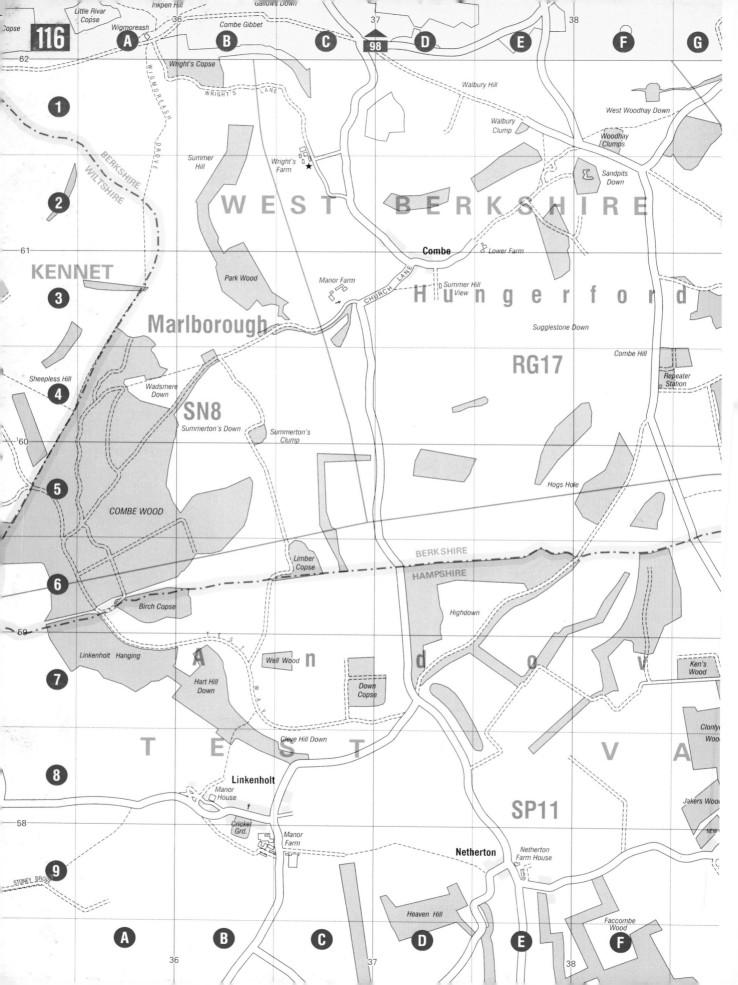

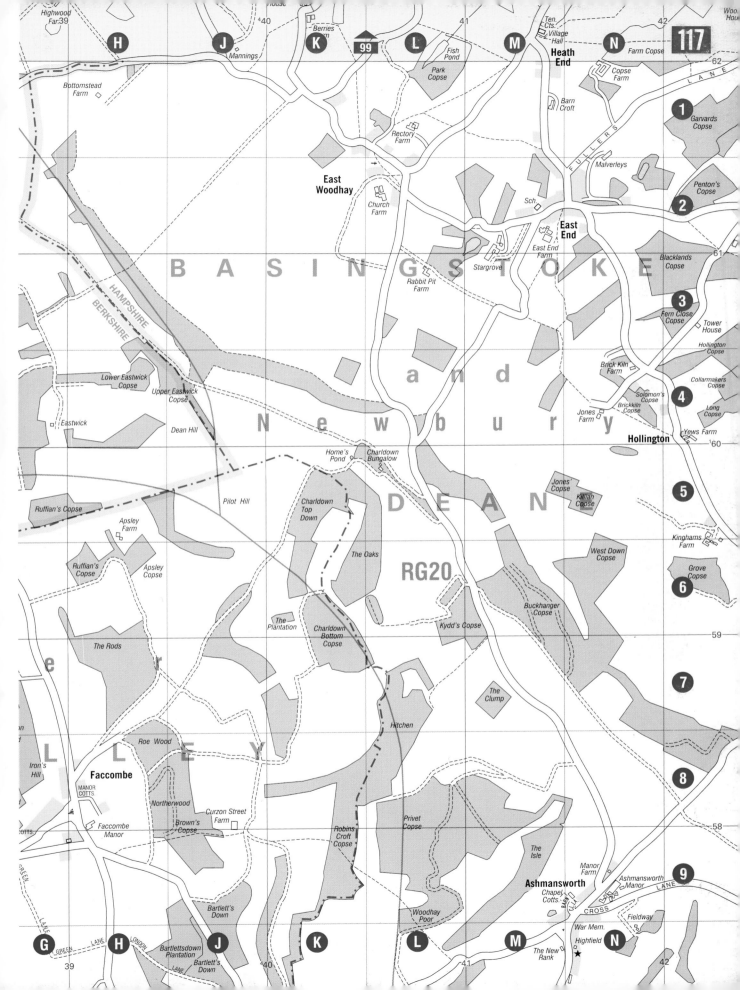

H **J** **K** **99** **L** **M** **N**

Highwood
Far.39   40   41   42

Mannings

Berries
Fm

Fish
Pond

Ten.
Cts.
Village
Hall

**Heath
End**

Farm Copse

62

Bottomstead
Farm

Park
Copse

Copse
Farm

1

Garvards
Copse

Barn
Croft

Malverleys

Rectory
Farm

2

Penton's
Copse

**East
Woodhay**

Sch.

**East
End**

61

Church
Farm

East End
Farm

Blacklands
Copse

Stargrove

3

Fern Close
Copse

Tower
House

B A S I N G S T O K E

Rabbit Pit
Farm

Hollington
Copse

HAMPSHIRE

Brick Kiln
Farm

Collarmakers
Copse

BERKSHIRE

Lower Eastwick
Copse

a   **n**   **d**

Solomon's
Copse

4

Upper Eastwick
Copse

Jones
Farm

Brickkiln
Copse

Long
Copse

Eastwick

Dean Hill

N   **e**   **w**   **b**   **u**   **r**   **y**

Yews Farm

Hollington

60

Home's
Pond

Charldown
Bungalow

5

Ruffian's Copse

Charldown
Top
Down

Jones'
Copse

Killan
Copse

Kinghams
Farm

Apsley
Farm

Pilot Hill

D   **E**   **A**   **N**

The Oaks

6

Grove
Copse

Ruffian's
Copse

Apsley
Copse

RG20

West Down
Copse

The
Plantation

Charldown
Bottom
Copse

Kydd's Copse

Buckhanger
Copse

59

The Rods

7

L   **L**   **E**   **Y**

Hitchen

The
Clump

Iron's
Hill

Roe Wood

8

Faccombe

MANOR
COTTS.

Northerwood

Curzon Street
Farm

Privet
Copse

58

Brown's
Copse

Robins
Croft
Copse

The
Isle

Faccombe
Manor

Manor
Farm

9

Ashmansworth
Manor

Ashmansworth

Chapel
Cotts.

Bartlett's
Down

Woodhay
Poor

War Mem.

Fieldway

G   **H**   **J**   **K**   **L**   **M**   Highfield   **N**

LONDON

Bartlettsdown
Plantation

Bartlett's
Down

The New
Rank

CROSS

39   40   41   42

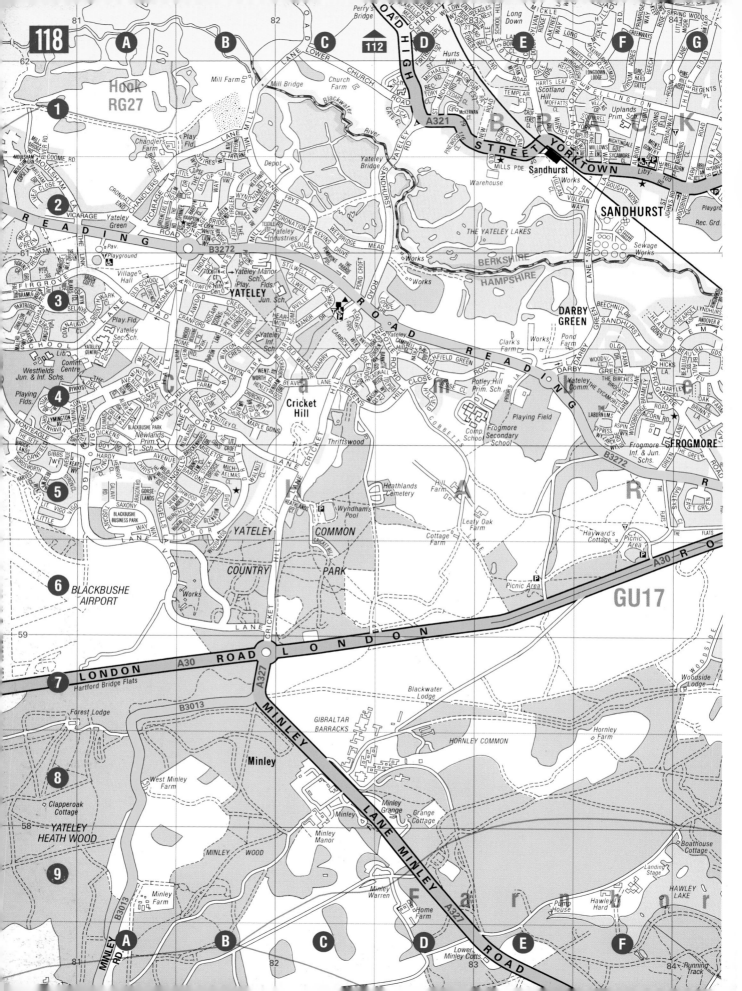

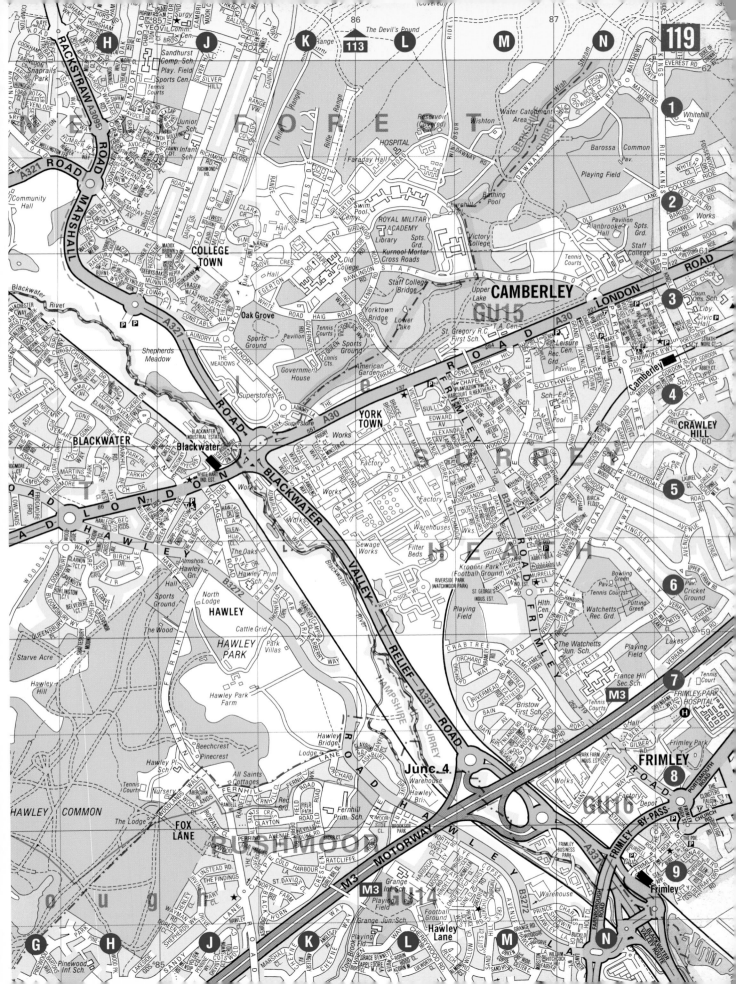

INDEX TO STREETS

HOW TO USE THIS INDEX

1. Each street name is followed by its Posttown or Postal Locality and then by its map reference; e.g. Abattoirs Rd. *Read* —4G **62** is in the Reading Posttown and is to be found in square 4G on page **62**. The page number being shown in bold type.
A strict alphabetical order is followed in which Av., Rd., St., etc. (though abbreviated) are read in full and as part of the street name; e.g. Ashcroft Clo. appears after Ash Ct. but before Ashcroft Ct.

2. Streets and a selection of Subsidiary names not shown on the Maps, appear in the index in *Italics* with the thoroughfare to which it is connected shown in brackets;
e.g. *Abbotsbury Ho. Read —3J **87** (off Lulworth Rd.)*

3. With the now general usage of Postcodes for addressing mail, it is not recommended that this index is used for such a purpose.

GENERAL ABBREVIATIONS

All : Alley
App : Approach
Arc : Arcade
Av : Avenue
Bk : Back
Boulevd : Boulevard
Bri : Bridge
B'way : Broadway
Bldgs : Buildings
Bus : Business
Cen : Centre
Chu : Church
Chyd : Churchyard
Circ : Circle
Cir : Circus
Clo : Close
Comn : Common
Cotts : Cottages
Ct : Court
Cres : Crescent
Dri : Drive
E : East
Embkmt : Embankment
Est : Estate
Gdns : Gardens
Ga : Gate
Gt : Great
Grn : Green
Gro : Grove
Ho : House
Ind : Industrial
Junct : Junction
La : Lane
Lit : Little
Lwr : Lower
Mnr : Manor
Mans : Mansions
Mkt : Market
M : Mews
Mt : Mount
N : North
Pal : Palace
Pde : Parade
Pk : Park
Pas : Passage
Pl : Place
Rd : Road
S : South
Sq : Square
Sta : Station
St : Street
Ter : Terrace
Up : Upper
Vs : Villas
Wlk : Walk
W : West
Yd : Yard

POSTTOWN AND POSTAL LOCALITY ABBREVIATIONS

Aldermaston : *Aldm*
Aldworth : *Aldw*
Arborfield : *Arbor*
Arborfield Cross : *Arbor X*
Ascot : *Asc*
Ashampstead : *Ash'd*
Ashampstead Common : *Ash'd C*
Ashford : *Ashf*
Ashford Hill : *Ash H*
Ashmansworth : *Ashmw*
Ashmore Green : *Ashm G*
Aston : *Ast*
Bagnor : *Bagn*
Bagshot : *Bag*
Ball Hill : *Bal H*
Barkham : *B'ham*
Baughurst : *Baug*
Baydon : *Bay*
Beech Hill : *B Hill*
Beedon : *Beed*
Beenham : *Been*
Benham Hill : *Ben H*
Binfield : *Binf*
Binfield Heath : *Bin H*
Bisham : *Bish*
Bishops Green : *Bis G*
Blackwater : *B'water*
Blewbury : *Blew*
Bourne End : *Bour*
Boxford : *Box*
Bracknell : *Brack*
Bradfield : *Brad*
Bray : *Bray*
Brightwalton : *Bright*
Brimpton : *Brimp*
Brimpton Common : *Brimp C*
Bucklebury : *Bckby*
Burchetts Green : *Bur G*
Burghclere : *Burc*
Burghfield : *Bfld*
Burghfield Common : *Bfld C*
Burnham : *Burn*
Calcot : *Calc*
Camberley : *Camb*
Catmore : *Catm*
Caversham : *Cav*
Chaddleworth : *Chadw*
Chadwell Heath : *Chad*
Chalkhouse Green : *Chalk*
Chalvey : *Chalv*
Chapel Row : *Chap R*
Charvil : *Charv*
Chavey Down : *Chav D*
Chazey Heath : *Chaz H*
Chieveley : *Chvly*
Chilton Foliat : *Chilt F*
Cholsey : *Chol*
Cippenham : *Cipp*
Cockpole Green : *C Grn*
Cold Ash : *Cold A*
College Town : *Col T*
Colnbrook : *Coln*
Colthrop : *Colt*
Combe : *Combe*
Compton : *Comp*
Cookham : *Cook*
Cookham Dean : *Cook D*
Cowley : *Cow*
Crays Pond : *Cray P*
Crockham Heath : *Croc H*
Crookham Common : *Crook C*
Crowt : Crowthorne : *Crowt*
Curridge : *Cur*
Datchet : *Dat*
Denham : *Den*
Donnington : *Don*
Dorney : *Dor*
Dorney Reach : *Dor R*
Dunsden : *D'den*
Earley : *Ear*
East Garston : *E Gar*
East Ilsley : *E Ils*
East Woodhay : *E Wood*
Eastbury : *E'bury*
Easton : *E'ton*
Ecchinswell : *Ecc*
Eddington : *Edd*
Egham : *Egh*
Elcot : *Elc*
Emmer Green : *Emm G*
Enborne : *Enb*
Englefield : *Eng*
Eton : *Eton*
Eton College : *Eton C*
Eton Wick : *Eton W*
Eversley : *Eve*
Faccombe : *Fac*
Farley Hill : *Far H*
Farnborough (Hampshire) : *Farn*
Farnborough (Oxfordshire) : *Farnb*
Farnham Common : *Farn C*
Farnham Royal : *Farn R*
Feltham : *Felt*
Fifield : *Fif*
Finchampstead : *Finch*
Flackwell Heath : *F Hth*
Frilsham : *Fril*
Frimley : *Frim*
Frogmore (Surrey) : *Frogm*
Froxfield : *Frox*
Fulmer : *Ful*
Gallowstree Common : *Gall C*
George Green : *G Grn*
Goring : *Gor*
Goring Heath : *Gor H*
Grazeley : *Graz*
Great Shefford : *Gt Shef*
Greenham : *Green*
Halfway : *Half*
Ham : *Ham*
Hampstead Norreys : *Hamp N*
Hamstead Marshall : *Ham M*
Hare Hatch : *Hare H*
Harmondsworth : *Harm*
Harpsden : *Harp*
Hawley : *Hawl*
Headley (Berkshire) : *Hdly*
London Heathrow Airport : *H'row A*
Hedgerley : *Hedg*
Henley-on-Thames : *Hen T*
Henwick : *Henw*
Hermitage : *Herm*
Hillingdon : *Hil*
Holyport : *Holyp*
Hook : *Hook*
Horton : *Hort*
Hounslow : *Houn*
Hungerford : *Hung*
Hurley : *Hur*
Hurst : *Hurst*
Inkpen : *Ink*
Inkpen Common : *Ink C*
Iver : *Iver*
Kidmore End : *Kid E*
Kiln Green : *Kiln G*
Kintbury : *Kint*
Kintbury Holt : *Kint H*
Knowl Hill : *Know H*
L Bedwyn : *L Bed*
Lambourn : *Lamb*
Lambourn Woodlands : *Lamb W*
Lands End : *Land E*
Langley : *Langl*
Leckhampstead : *Leck*
Letcombe Bassett : *Let B*
Lightwater : *Light*
Linkenholt : *Link*
Little Marlow : *L Mar*
Little Sandhurst : *L Sand*
Littlewick Green : *L Grn*
Lockinge : *Lock*
Lower Basildon : *Lwr B*
Lower Earley : *Lwr Ear*
Lower Padworth : *Lwr P*
Lower Shiplake : *Lwr S*
Maidenhead : *M'head*
Mapledurham : *Map*
Marlow : *Mar*
Medmenham : *Medm*
Middlegreen : *Mid*
Midgham : *Midg*
Mortimer : *Mort*
Mortimer Common : *Mort C*
Mortimer West End : *Mort W*
Moulsford : *Moul*
Newbury : *Newb*
Newtown : *Newt*
Newtown Common : *Newt C*
North Ascot : *N Asc*
North End : *N End*
Nuptown : *Nup*
Oakley Green : *Oak G*
Old Windsor : *Old Win*
Owlsmoor : *Owl*
Padworth : *Pad*
Padworth Common : *Pad C*
Pamber Heath : *Pam H*
Pangbourne : *Pang*
Peasemore : *P'mre*
Penwood : *Pen*
Pingewood : *Ping*
Playhatch : *Play*
Purley on Thames : *Pur T*
Reading : *Read*
Remenham : *Rem*
Riseley : *Rise*
Ruscombe : *Rusc*
Sandhurst : *Sand*
Shalbourne : *Shalb*
Shaw : *Shaw*
Shefford Woodlands : *Shef W*
Shinfield : *Shin*
Shiplake : *S'lake*
Shiplake Cross : *S'lake X*
Shurlock Row : *Shur R*
Silchester : *Sil*
Sindlesham : *Sind*
Slough : *Slou*
Sonning : *Son*
Sonning Common : *Son C*
South Ascot : *S Asc*
South Fawley : *S Faw*
South Stoke : *S Sto*
Southend : *South*
Speen : *Speen*
Spencers Wood : *Spen W*
Staines : *Stai*
Stanford Dingley : *Stan D*
Stanwell : *Stanw*
Stockcross : *Stcks*
Stoke Poges : *Stoke P*
Stratfield Saye : *Strat S*
Streatley : *Streat*
Sulham : *Sul*
Sulhamstead : *Sul'd*
Sunningdale : *S'dale*
Sunninghill : *S'hill*
Swallowfield : *Swal*
Tadley : *Tadl*
Taplow : *Tap*
Thatcham : *That*
Theale : *Thea*
Three Mile Cross : *Three M*
Tidmarsh : *Tid*
Tilehurst : *Tile*
Tokers Green : *Tok G*
Tutts Clump : *Tut C*
Twyford : *Twy*
Ufton Nervet : *Uft N*
Upper Basildon : *Up Bas*
Upper Bucklebury : *Up Buck*
Upper Culham : *Up Cul*
Upper Lambourn : *Up Lamb*
Upper Woolhampton : *Up Wool*
Uxbridge : *Uxb*
Virginia Water : *Vir W*
Waltham St Lawrence : *Wal L*
Wantage : *Want*
Warfield : *Warf*
Warfield Park : *Warf P*
Wargrave : *Warg*
Warren Row : *War R*
Wash Water : *Wash W*
Water Oakley : *Water*
Wellington College : *Wel C*
West Drayton : *W Dray*
West Ilsley : *W Ils*
West Woodhay : *W Wood*
Weston : *W'ton*
Wexham : *Wex*
Whistley Green : *Whis G*
Whitchurch Hill : *Whit H*
Whitchurch on Thames : *Whit T*
White Waltham : *White*
Wickham : *Wick*
Windlesham : *W'sham*
Windsor : *Wind*
Winkfield : *Wink*
Winkfield Row : *Wink R*
Winnersh : *Winn*
Winterbourne : *Wint*
Wokingham : *Wokgm*
Wooburn Green : *Wbrn G*
Woodcote : *Woodc*
Woodlands St Mary : *Wood M*
Woodley : *Wdly*
Woodspeen : *Woods*
Woolhampton : *Woolh*
Woolton Hill : *Wool H*
Woosehill : *Woos*
Wraysbury : *Wray*
Yateley : *Yat*
Yattendon : *Yatt*
Yiewsley : *Yiew*

INDEX TO STREETS

Abattoirs Rd. Read —4G **62**
Abberbury Clo. Don —5J **79**
Abbetts La. Camb —6M **119**
Abbey Clo. Brack —7A **92**
Abbey Clo. Newb —2L **101**
Abbey Clo. Slou —8A **22**
Abbey Clo. Wokgm —4A **90**
Abbey Ct. Camb —4N **119**
Abbey Pk. Bfld C —8G **84**
Abbey Rd. Bour —2K **5**
Abbey Rd. Vir W —7M **95**
Abbey Sq. Read —5H **63**
Abbey St. Read —4H **63**
Abbey Way. Mar —9B **4**
Abbey Wood. S'dale —9C **94**
Abbotsbury. Brack —7K **91**
*Abbotsbury Ho. Read —3J **87***
(off Lulworth Rd.)
Abbots Dri. Vir W —7K **95**
*Abbots Ho. Read —4H **63***
(off Abbey St.)
Abbot's Rd. Bfld C —9G **84**
Abbots Rd. Newb —1L **101**
Abbots Wlk. Read —4H **63**
Abbots Wlk. Wind —8A **46**
Abbott's Clo. Uxb —6L **25**
Abbotts Way. Slou —9N **21**
Aberaman. Cav —7F **38**
Abercorn Ho. Hawl —8J **119**
Aberdeen Av. Slou —8C **22**
Aberford Clo. Read —5C **62**
Abex Rd. Newb —8L **79**
Abingdon Clo. Brack —7B **92**
Abingdon Clo. Uxb —2N **25**
Abingdon Dri. Cav —7J **39**
Abingdon Rd. E Ils —7B **12**
Abingdon Rd. Sand —1G **119**
Abingdon Wlk. M'head —3B **20**
Abney Ct. Dri. Bour —5L **5**
Abrahams Rd. Hen T —3B **16**
Abury La. Brack —8D **92**
Acacia Av. Owl —9H **113**
Acacia Av. W Dray —8N **25**
Acacia Av. Wray —1N **71**
Acacia Ct. Brack —6M **91**
Acacia Ho. Slou —9H **23**
Acacia M. W Dray —5K **49**
Acacia Rd. Read —6J **63**
Acacia Rd. Stai —9J **73**
Accommodation La. W Dray —7H **49**
Ackrells Mead. Sand —9D **112**
Acorn Dri. Wokgm —4A **90**
Acorn M. Farn —9L **119**
Acorn Rd. B'water —4F **118**
Acorn Wlk. Calc —7K **61**
Acre Bus. Pk. Read —3H **87**
Acre Pas. Wind —7F **46**
Acre Rd. Read —3G **86**
Acre, The. Mar —5D **4**
Adam Clo. Baug —9G **105**
Adam Clo. Slou —9C **22**
Adam Ct. Hen T —4D **16**
Adams Way. Ear —1M **87**
Adder's La. Up Bas —9H **35**
Addington Clo. Wind —9C **46**
Addington Rd. Read —6K **63**
Addiscombe Chase. Tile —1J **61**
Addiscombe Rd. Crowt —6G **112**
Addison Clo. Iver —8F **24**
Addison Ct. M'head —5E **20**
Addison Rd. Read —3G **62**
Adelaide Clo. Slou —1C **46**
Adelaide Rd. Ashf —9L **73**
Adelaide Rd. Read —7N **63**
Adelaide Sq. Wind —8F **46**
Adelphi Gdns. Slou —1G **46**
Adey's Clo. Newb —1M **101**
Adkins Rd. Wal L —6C **42**
Admiral Kepple Ct. Asc —2H **93**
Admiral's Ct. Read —7G **62**
Admiralty Way. Camb —5K **119**
Admoor La. South —1K **83**
Adwell Dri. Lwr Ear —2B **88**
Adwell Sq. Hen T —4C **16**
Adwood Ct. That —8H **81**
Agar Cres. Brack —2M **91**
Agars Pl. Dat —5J **47**
Agate Clo. Wokgm —4K **89**
Aggisters La. Wokgm —8H **89**
Agincourt. Asc —5M **93**
Agincourt Clo. Wokgm —5K **89**
Agricola Way. That —9H **81**
Ainsdale Cres. Read —8A **62**
Aintree. Lamb —3H **27**
Aintree Clo. Coln —7F **48**
Aintree Clo. Green —1N **101**
Aird Clo. Wool H —9C **100**
Airport Way. Stai —1H **73**
Ajax Av. Slou —8D **22**
Alandale Clo. Read —3K **87**
Alan Pl. Read —7A **62**
Alan Way. G Grn —7N **23**
Albain Cres. Ashf —6M **73**
Albany Pk. Coln —6E **48**
Albany Pk. Frim —8N **119**
Albany Pk. Dri. Winn —9F **64**
Albany Pl. Egh —8C **72**
Albany Rd. Old Win —2J **71**
Albany Rd. Read —5D **62**
Albany Rd. Wind —8F **46**
Alben Rd. Binf —9G **66**
Albert Clo. Slou —2H **47**
Albert Pl. Eton W —4C **46**
Albert Rd. Ashf —9N **73**
Albert Rd. Bag —9H **115**
Albert Rd. Brack —3M **91**
Albert Rd. Cav —9E **38**
Albert Rd. Crowt —5F **112**
Albert Rd. Egh —1M **95**
Albert Rd. Hen T —5D **16**
Albert Rd. Newb —7L **79**
Albert Rd. Old Win —9F **46**
Albert Rd. W Dray —9M **25**
Albert Rd. Wokgm —5N **89**
Albert St. M'head —8C **20**
(in two parts)
Albert St. Slou —2H **47**
Albert St. Wind —7D **46**
Albion Clo. Slou —9J **23**
Albion Ho. Langl —4C **48**
Albion Rd. Sand —1F **118**
Albion Ter. Read —6J **63**
Albury Clo. Read —3C **62**
Albury Gdns. Calc —9M **61**
Alcot Clo. Crowt —6F **112**
Aldborough Spur. Slou —7G **22**
Aldbourne Av. Ear —8N **63**
Aldbourne Rd. Burn —6L **21**
Aldeburgh Clo. Cav —5J **39**
Aldebury Rd. M'head —4B **20**
Aldenham Clo. Cav —7J **39**
Aldenham Ter. Brack —8N **91**
Alden View. Wind —7N **45**
Alderbrook Clo. Crowt —6C **112**
Alderbury Rd. Slou —1A **48**
Alderbury Rd. W. Slou —1A **48**
Alder Clo. Egh —9N **71**
Alder Clo. Slou —9B **22**
Alder Dri. Bfld C —8G **84**
Alder Dri. Tile —6K **61**
Alderfield Clo. Thea —8G **60**
Alder Gro. Yat —4A **118**
Alderley Clo. Wdly —3E **64**
Alderman Willey Clo. Wokgm —5N **89**
Alder Rd. Den —1K **25**
Alder Rd. Iver —3E **24**
Aldershot La. Baug —8D **104**
Alderside Wlk. Egh —9N **71**
Alders, The. That —7G **80**
Aldin Av. N. Slou —1J **47**
Aldin Av. S. Slou —1J **47**
Aldridge Pk. Wink R —1D **92**
Aldridge Rd. Slou —5C **22**
Aldwick Dri. M'head —8A **20**
Aldworth Clo. Brack —6L **91**
Aldworth Clo. Read —7C **62**
Aldworth Gdns. Crowt —5E **112**
Aldworth Rd. Comp —1H **33**
Aldworth Rd. Up Bas —7J **35**
Alexander Ct. Read —5F **62**
Alexander Rd. Egh —9D **72**
Alexander Rd. That —9H **81**
Alexander Wlk. Brack —7M **91**
Alexandra Av. Camb —4L **119**
Alexandra Clo. Stai —9L **73**
Alexandra Rd. Egh —1L **95**
Alexandra Rd. M'head —6A **20**
Alexandra Rd. Read —5K **63**
Alexandra Rd. Slou —2F **46**
Alexandra Rd. Uxb —3L **25**
Alexandra Rd. Wind —8F **46**
Alford Clo. Tile —4L **61**
Alfred St. Read —5F **62**
Alice Gough Homes. Brack —5M **91**
Alice La. Burn —5L **21**
Alison Clo. Bfld C —9G **85**
Alison Wlk. Cav —2K **63**
Allanson Rd. Mar —4D **4**
Allcroft Rd. Read —7J **63**
Allenby Rd. Camb —3L **119**
Allenby Rd. M'head —7M **19**
Allendale Clo. Sand —8E **112**
Allendale Rd. Ear —9A **64**
Allerds Rd. Farn R —2B **22**
Alleyns La. Cook —7H **5**
All Hallows Rd. Cav —1K **63**
Allington Ct. Slou —7H **23**
Allison Ct. Read —5F **62**
Allison Gdns. Pur T —8K **37**
Allnatt Av. Winn —2H **89**
Allonby Clo. Lwr Ear —1C **88**
All Saints Av. M'head —6N **19**
All Saints Clo. Wokgm —4A **90**
All Saints Cres. Farn —8J **119**
All Saints Rise. Warf —1A **92**
All Saints Rd. Light —9M **115**
Allsmore La. Brack —5C **92**
All Soul's Rd. Asc —6K **93**
Alma Ct. Burn —4M **21**
Alma Rd. Eton W —3B **46**
Alma Rd. Wind —8E **46**
Alma St. Read —4C **62**

Almond Av.—Bedford La.

Almond Av. Newb —6L **79**
Almond Av. W Dray —2N **49**
Almond Clo. Egh —1K **95**
Almond Clo. Farn —9M **119**
Almond Clo. Wind —8D **46**
Almond Clo. Wokgm —7H **89**
Almond Dri. Cav —9M **39**
Almond Rd. Burn —3L **21**
Almond Ville. Burn —4M **21**
Almons Way. Slou —6K **23**
Almshouses. Read —5G 62
(off Castle St.)
Almswood Rd. Tadl —8J **105**
Alpha St. N. Slou —1J **47**
Alpha St. S. Slou —2H **47**
Alpine St. Read —6H **63**
Alsace Wlk. Camb —8M **119**
Alston Gdns. M'head —7B **20**
Alston M. That —9F **80**
Alston Wlk. Cav —2K **63**
Altona Way. Slou —7D **22**
Alton Ride. B'water —3G **119**
Altwood Bailey. M'head —9M **19**
Altwood Clo. M'head —9M **19**
Altwood Clo. Slou —6A **22**
Altwood Dri. M'head —9M **19**
Altwood Rd. M'head —9L **19**
Alvista Av. Tap —7L **21**
Alwyn Rd. M'head —6M **19**
Alyson Ct. M'head —5C **20**
Amanda Ct. Slou —2M **47**
Ambarrow Cres. Sand —9D **112**
Ambarrow La. Sand —8B **112**
Ambassador. Brack —7K **91**
Amberley Clo. Newb —7K **79**
Amberley Ct. M'head —3F **20**
Amberley Dri. Twy —7J **41**
Amberley Rd. Slou —6A **22**
Amberley Way. Uxb —3M **25**
Amblecote Rd. Tile —5B **62**
Ambleside Clo. Wdly —5D **64**
Ambleside Rd. Light —9K **115**
Ambleside Wlk. Uxb —2L 25
(off Cumbrian Way)
Ambrook Rd. Read —3H **87**
Ambrose Pl. Read —5F **62**
Ambrose Rd. Tadl —9K **105**
Ambury Rd. Aldw —9A **14**
Amen Corner Bus. Pk. Binf —4J **91**
Amerden Clo. Tap —7G **21**
Amerden La. Bray —1H **45**
Amerden La. Tap —7G **21**
Amerden Way. Slou —1C **46**
Amersham Clo. Calc —8K **61**
Amersham Rd. Cav —2K **63**
Amethyst Clo. Wokgm —4J **89**
Amethyst La. Read —6C **62**
Amherst Rd. Read —6N **63**
Amity Rd. Read —5L **63**
Amity St. Read —4L **63**
Ammanford. Cav —8F **38**
Ampere Rd. Newb —8M **79**
Ancaster Dri. Asc —3H **93**
Ancastle Grn. Hen T —5B **16**
Andermans. Wind —7N **45**
Anderson Av. Ear —6N **63**
Anderson Cres. Arbor X —9D **88**
Anderson Pl. Bag —6H **115**
Andover Clo. Tile —3L **61**
Andover Clo. Uxb —3J **25**
Andover Drove. Wash W —6F **100**
Andover Rd. B'water —3G **118**
Andover Rd. Newb —5H **101**
Andover Rd. Pen —8F **100**
Andrew Clo. Wokgm —6C **90**
Andrew's Clo. Thea —9F **60**
Andrews Rd. Ear —9A **64**
Angel Ct. Newb —7L **79**
Angel Mead. Woolh —9E **82**
Angel Pl. Binf —1G **90**
Angle Clo. Uxb —2N **25**
Angle Field Rd. Cav —1J **63**
Anglers Way. Read —5K **63**
Anglesey Av. Farn —9K **119**
Angus Clo. Calc —8M **61**
Anne Clo. M'head —4B **20**
Anneforde Pl. Brack —2L **91**
Annerdale. Cold A —2F **80**
Annesley Gdns. Winn —1H **89**
Annett's La. Hung —3F **96**
Ansculf Rd. Slou —4C **22**
Anslow Gdns. Iver —3E **24**
Anslow Pl. Slou —6M **21**
Anson Cres. Read —4K **87**
Anson Wlk. Read —4K **87**
Anstey Pl. Bfld C —8H **85**
Anstey Rd. Read —5F **62**
Anston Clo. Lwr Ear —3N **87**
Antares Clo. Wokgm —5L **89**
Anthian Clo. Wdly —4G **65**
Anthony Way. Slou —8N **21**
Antrim Rd. Wdly —6C **64**
Anvil Ct. Langl —3B **48**
Apex Plaza. Read —4H **63**
Aplin Way. Light —9K **115**
Appleby End. Read —5B **62**
Apple Clo. Tile —9J **37**
Apple Clo. Wokgm —6L **89**
Apple Croft. M'head —2N **43**
Appledore. Brack —8K **91**
Appledore M. Farn —9L **119**
Appleford Clo. That —9G **81**
Appleford Rd. Read —8A **62**
Apple Tree Av. Uxb & W Dray —6N **25**
Appletree Clo. Brack —3L **91**
Appletree La. Slou —2L **47**
Appletree La. Spen W —9H **87**
Appletree Pl. Brack —3L **91**
Apple Tree Way. Owl —9H **113**
Appley Ct. Camb —4M **119**
Appley Dri. Camb —3M **119**
Approach Rd. Tap —7H **21**
April Clo. Camb —7N **119**
Apsey Ct. Binf —2J **91**
Aquila Clo. Wokgm —5K **89**
Aragon Ct. Brack —6N **91**
Aragon Rd. Yat —5A **118**
Arborfield Clo. Slou —2G **47**
Arborfield Rd. Shin —7M **87**
Arbor La. Winn —9G **64**
Arbor Meadows. Winn —9G **64**
Arbour Clo. Read —7F **62**
Arcade, The. Newb —8L **79**
Arcade, The. Wokgm —5A **90**
Archangel Way. That —7J **81**
Archer Clo. M'head —6A **20**
Archers Ct. Mar —6C **4**
Archer Ter. W Dray —8M **25**
Arch Hill. Bin H —3N **39**
Archway Rd. Cav —2G **63**
Arden Clo. Brack —4C **92**
Ardingly. Brack —7L **91**
Ardler Rd. Cav —2J **63**
Ardwell Clo. Crowt —5C **112**
Arenal Dri. Crowt —7F **112**
Argosy La. Stai —4L **73**
Argyle Rd. Newb —9K **79**
Argyle Rd. Read —5E **62**
Argyle St. Read —5E **62**
Argyll Av. Slou —8C **22**
Arix Ho. Twy —8J **41**
Arkle Av. That —8C **80**
Arkley Ct. M'head —4F **44**
Arkwright Dri. Brack —4H **91**
Arkwright Rd. Coln —8F **48**
Arkwright Rd. Read —9H **63**
Arlington Bus. Pk. Thea —9H **61**
Arlington Clo. Brack —3L **91**
Arlington Clo. M'head —6K **19**
Arlington La. Nehw —9J **55**
Arlington Rd. Ashf —9N **73**
Arlington Sq. Brack —4L **91**
Armadale Ct. Read —6D **62**
Armitage Ct. Asc —8M **93**
Armour Hill. Tile —2L **61**
Armour Rd. Tile —3L **61**
Armour Wlk. Tile —3L **61**
Armstrong Rd. Egh —1L **95**
Armstrong Way. Wdly —5F **64**
Arncliffe. Brack —7L **91**
Arndale Way. Egh —9B **72**
Arnett Av. Wokgm —3K **111**
Arnhem Rd. Newb —8M **79**
Arnside Clo. Twy —6J **41**
Arrowhead Rd. Thea —1F **84**
Arrowsmith Way. That —9J **81**
Arthur Clark Home, The. Cav —1F **62**
Arthur Clo. Bag —9H **115**
Arthur Pl. Read —5J **63**
Arthur Rd. Newb —9J **79**
Arthur Rd. Slou —1F **46**
Arthur Rd. Wind —7E **46**
Arthur Rd. Wokgm —5M **89**
Arthurstone Birches. Binf —9H **67**
Arun Clo. Winn —2G **89**
Arundel Clo. M'head —6L **19**
Arundel Ct. Slou —3M **47**
Arundel Ho. Uxb —5K **25**
Arundel Rd. Uxb —3J **25**
Arundel Rd. Wdly —6D **64**
Ascot Clo. Green —2N **101**
Ascot Rd. M'head & Brack —2N **67**
Ascot Wood Pl. Asc —5K **93**
Ashampstead Rd. Read —8A **62**
Ashampstead Rd. Up Bas —8J **35**
Ashbourne. Brack —8K **91**
Ashbourne Gro. M'head —2N **43**
Ashbourne Ho. Chalv —1G **47**
Ashbourne Way. That —8E **80**
Ashbrook Rd. Old Win —4K **71**
Ashburton Rd. Read —1J **87**
Ashbury Dri. B'water —8L **119**
Ashbury Dri. Tile —5K **61**
Ashby Ct. Read —4H **87**
Ash Clo. B'water —4G **119**
Ash Clo. Bright —2B **30**
Ash Clo. Slou —2C **48**
Ash Ct. Newb —7L **79**
Ash Ct. Wokgm —5A **90**
Ashcroft Clo. Cav —8E **38**
Ashcroft Ct. Burn —3L **21**
Ashcroft Rd. M'head —6N **19**
Ashdale Clo. Stai —6M **73**
Ashdale Pk. Wokgm —4A **112**
Ashdown. M'head —3E **20**
Ashdown Clo. Brack —4D **92**
Ashdown Rd. Uxb —3N **25**
Asher Dri. Asc —3F **92**
Ashfield Grn. Yat —4D **118**
Ashford Av. Son C —1E **38**
Ashford Clo. Ashf —8M **73**
Ashford Cres. Ashf —7M **73**
Ashford Hill Rd. Hdly —8G **102**
Ashford La. Dor —1L **45**
Ashford Rd. Iver —1D **24**
Ash Ga. That —7J **81**
Ash Grn. Read —3K **87**
Ash Gro. Stai —9K **73**
Ash Gro. Stoke P —1H **23**
Ash Gro. W Dray —8N **25**
Ash La. Baug —9G **104**
Ash La. Bfld C —7H **85**
Ash La. Wind —8N **45**
Ashley Clo. Ear —1A **88**
Ashley Ct. M'head —7E **20**
Ashley Dri. Yat —5G **119**
Ashley Hill Pl. C Grn —6L **17**
Ashley Pk. M'head —4E **20**
Ashley Rd. Read —7E **62**
Ashley Rd. Uxb —3J **25**
Ashman Rd. That —8K **81**
Ashmere Clo. Calc —8K **61**
Ashmere Ter. Read —4E **62**
Ashmore Grn. Rd. Cold A —4E **80**
Ashmore La. Wind —4C **68**
Ashmore Rd. Read —2J **87**
Ashridge. Farn —9K **119**
Ashridge Ct. Newb —9L **79**
Ashridge Grn. Brack —3M **91**
Ashridge Rd. Wokgm —3B **90**
Ash Rd. Bis G —7C **102**
Ash Rd. Tile —5M **61**
Ash Ter. Ashm G —3E **80**
Ashton Clo. Tile —4K **61**
Ashton Pl. Kint —9G **76**
Ashton Pl. M'head —8L **19**
Ashton Rd. Wokgm —2L **89**
Ash Tree Gro. Ham M —3N **99**
Ashtrees Rd. Wdly —4E **64**
Ash View Clo. Ashf —9M **73**
Ash View Gdns. Ashf —9M **73**
Ashville Way. Wokgm —6N **89**
Ash Way. Wokgm —8H **89**
Ashwood. Wdly —7C **64**
Ashwood Av. Uxb —7N **25**
Ashwood Clo. Tile —6J **61**
Ashwood Dri. Newb —7A **80**
Ashwood Rd. Egh —1K **95**
Ashworth Dri. That —9F **80**
Askew Dri. Spen W —8H **87**
Aspen Clo. Slou —6D **22**
Aspen Clo. Stai —7G **73**
Aspen Clo. W Dray —9N **25**
Aspin Way. B'water —4F **118**
Astley Clo. Wokgm —4L **89**
Aston Av. Tile —4J **61**
Aston Clo. Pang —8E **36**
Aston Ct. Read —7B **62**
Aston Ferry La. Ast —1H **17**
Aston La. Rem —4H **17**
Aston Mead. Wind —6A **46**
Astor Clo. M'head —8E **20**
Astor Clo. Winn —9J **65**
Astra Mead. Wink R —1E **92**
Atfield Gro. W'sham —6N **115**
Atherton Clo. Stai —3L **73**
Atherton Clo. Tile —4N **61**
Atherton Ct. Wind —6F **46**
Atherton Cres. Hung —6K **75**
Atherton Pl. Lamb —2H **27**
Atherton Rd. Hung —6K **75**
Athlone Clo. M'head —5B **20**
Athlone Sq. Wind —7E **46**
Athol Way. Uxb —4N **25**
Atkinson's All. M'head —6C **20**
Atlantic Ho. Read —3G **87**
Atrebatti Rd. Sand —9G **113**
Attle Clo. Uxb —3N **25**
Auburn Ct. Cav —2G **62**
Auckland Clo. M'head —6E **20**
Auckland Rd. Read —6N **63**
Auclum Clo. Bfld C —9J **85**
Auclum La. Bfld C —9J **85**
Audley Clo. Newb —6A **80**
Audley Dri. M'head —8M **19**
Audley St. Read —4D **62**
Audley Way. Asc —5G **92**
Augur Clo. Stai —9G **73**
August End. G Grn —7N **23**
August End. Read —4C **62**
Augustine Clo. Coln —9F **48**
Augustine Wlk. Warf —2B **92**
Austen Gdns. Newb —2M **101**
Austin Rd. Wdly —6E **64**
Austin Waye. Uxb —2K **25**
Australia Av. M'head —6C **20**
Australia Rd. Slou —1K **47**
Auton Pl. Hen T —6C **16**
Autumn Clo. Cav —6K **39**
Autumn Clo. Slou —9B **22**
Autumn Wlk. M'head —9L **19**
Autumn Wlk. Warg —3J **41**
Avalon Rd. Bour —2M **5**
Avalon Rd. Ear —9B **64**
Avebury. Brack —8L **91**
Avebury. Slou —8C **22**
Avebury Sq. Read —7K **63**
Aveley Wlk. Read —7H **63**
Avenue Clo. W Dray —2L **49**
Avenue Rd. M'head —9E **20**
Avenue Rd. Stai —9E **72**
Avenue Sucy. Camb —5M **119**
Avenue, The. Asc —1K **93**
Avenue, The. Bour —3K **5**
Avenue, The. Camb —4M **119**
Avenue, The. Cow —5L **25**
Avenue, The. Crowt —5F **112**
Avenue, The. Dat —7K **47**
Avenue, The. Egh —8C **72**
Avenue, The. Light —9K **115**
Avenue, The. M'head —3F **20**
Avenue, The. Mort —5J **107**
Avenue, The. Old Win —2K **71**
Avenue, The. Wokgm —1J **113**
Avenue, The. Wray —1N **71**
Averil Ct. Tap —7M **21**
Avington Clo. Tile —4J **61**
Avocet Cres. Col T —1H **119**
Avon Clo. Calc —7N **61**
Avon Clo. Slou —8A **22**
Avon Ct. Binf —1G **91**
Avondale. M'head —5N **19**
Avondale Rd. Ashf —7L **73**
Avon Gro. Brack —2N **91**
Avon Pl. Read —4K **63**
Avon Way. Newb —7A **80**
Avon Way. Pad —5N **83**
Axbridge. Brack —7B **92**
Axbridge Rd. Read —1J **87**
Aylesbury Cres. Slou —7F **22**
Aylesford Vs. Whis G —3K **65**
Aylesworth Av. Slou —4D **22**
Aylesworth Spur. Old Win —4K **71**
Aylsham Clo. Tile —4M **61**
Ayrton Senna Rd. Tile —5K **61**
Aysgarth. Brack —8K **91**
Aysgarth Pk. M'head —4E **44**
Azalea Way. G Grn —7N **23**

Bachelors Acre. Wind —7F **46**
Back La. Been —5J **83**
Back La. Brimp C —7D **104**
Back La. Kint —2E **98**
Back La. Spen W —2G **109**
Back La. Stan D —8F **58**
Back La. Tile —3J **61**
Backsideans. Warg —3J **41**
Back St. E Gar —7B **28**
Bacon Clo. Col T —2H **119**
Bader Ct. Farn —9K **119**
Bader Gdns. Slou —1C **46**
Bader Way. Wdly —7F **64**
Badgebury Rise. Mar —1A **4**
Badgemore La. Hen T —3C **16**
Badger Clo. M'head —1A **44**
Badger Dri. Light —9K **115**
Badger Dri. Twy —6J **41**
Badgersbridge Ride. Wind —4L **69**
Badgers Clo. Ashf —9N **73**
Badgers Croft. Mort C —4H **107**
Badgers Glade. Bfld C —9H **85**
Badgers Hill. Vir W —7L **95**
Badgers Rise. Cav —8G **38**
Badgers Sett. Crowt —5D **112**
Badgers Wlk. S'lake —2F **40**
Badgers Way. Brack —3C **92**
Bad Goodesberg Way. M'head —7C **20**
Badminton Rd. M'head —8M **19**
Bagley Clo. W Dray —1M **49**
Bagnols Way. Newb —9J **79**
Bagshot Grn. Bag —7H **115**
Bagshot Rd. Asc —2L **115**
Bagshot Rd. Brack & Crowt —5M **91**
Bagshot Rd. Egh —2L **95**
Baigents La. W'sham —6N **115**
Bailey Clo. M'head —7C **20**
Bailey Clo. Wind —8C **46**
Baileys Clo. B'water —5G **118**
Bailey's La. Wal L —9C **42**
Baily Av. That —7E **80**
Bain Av. Camb —7M **119**
Bainbridge Rd. Calc —8J **61**
Baird Clo. Slou —1D **46**
Baird Rd. Arbor X —2D **110**
Bakeham La. Egh —2M **95**
Bakers La. M'head —6K **19**
Bakers Rd. Uxb —1L **25**
Baker St. Read —5F **62**
Bakers Yd. Uxb —1L **25**
Baldwin Rd. Burn —4M **21**
Baldwins Shore. Eton —5F **46**
Balfour Cres. Brack —7M **91**
Balfour Cres. Newb —5G **100**
Balfour Dri. Calc —8J **61**
Balfour Pl. Mar —3B **4**
Balintore Ct. Col T —1H **119**
Ballamoor Clo. Calc —9H **61**
Ballard Grn. Wind —6A **46**
Ballard Rd. Camb —9D **114**
Ballencrief Rd. S'dale —9B **94**
Balliol Rd. Cav —1D **62**
Balliol Way. Owl —9J **113**
Ball Pit Rd. E Ils —2L **31**
Ball Pit Rd. W Ils —9M **11**
Balmoral. M'head —5M **19**
Balmoral Clo. Slou —7A **22**
Balmoral Gdns. Wind —9F **46**
Balmore Dri. Cav —9H **39**
Balmore Pk. Cav —9H **39**
Bamburgh Clo. Read —9J **63**
Bamford Pl. Calc —8J **61**
Banbury. Brack —9B **92**
Banbury Av. Slou —6B **22**
Banbury Gdns. Cav —1J **63**
Band La. Egh —9A **72**
Bandon Clo. Uxb —3N **25**
Bangors Clo. Iver —7F **24**
Bangors Rd. N. Iver —2E **24**
Bangors Rd. S. Iver —4F **24**
Bankside. Wokgm —4L **111**
Bankside Clo. Read —1K **87**
Banks Spur. Chalv —1D **46**
Bank View. Hen T —4E **16**
Bannard Rd. M'head —9L **19**
Bannister Clo. Slou —1N **47**
Bannister Gdns. Yat —4D **118**
Bannister Rd. Bfld C —9G **84**
Barbara's Meadow. Tile —2J **61**
Barber Clo. Hurst —5K **65**
Barberry Way. B'water —7K **119**
Barbrook Clo. Tile —1L **61**
Barchester Clo. Uxb —4K **25**
Barchester Rd. Slou —1A **48**
Barclay Rd. Calc —8K **61**
Barclose Av. Cav —1J **63**
Bardney Clo. M'head —2A **44**
Bardolph's Clo. Tok G —5D **38**
Bardown. Chvly —1L **55**
Barfield Rd. That —7D **80**
Barge La. Swal —7F **108**
Bargeman Rd. M'head —1B **44**
Bargeway, The. Blew —1B **12**
Barholme Clo. Lwr Ear —1D **88**
Barkby. Lwr Ear —1B **88**
Barker Ct. Hurst —4L **65**
Barker Grn. Brack —7M **91**
Barkham Ride. Wokgm —1H **111**
Barkham Rd. B'ham & Wokgm —9G **89**
Barkham St. B'ham —9H **89**
Barkhart Dri. Wokgm —4A **90**
Barkhart Gdns. Wokgm —4A **90**
Barkis Mead. Owl —8J **113**
Barkwith Clo. Lwr Ear —1D **88**
Barlee Cres. Uxb —6K **25**
Barley Clo. That —9J **81**
Barley Mead. Warf —2B **92**
Barley Mow Rd. Egh —9L **71**
Barley Wlk. Tile —6J **61**
Barnacre Clo. Uxb —7L **25**
Barnard Clo. Cav —8J **39**
Barnards Hill. Mar —5A **4**
Barn Clo. Brack —4A **92**
Barn Clo. Kint —9G **76**
Barn Clo. M'head —4C **20**
Barn Clo. Read —8D **62**
Barn Clo. La. Ashmw —9M **117**
Barn Cres. Newb —3H **101**
Barn Dri. M'head —1L **43**
Barnes Way. Iver —8G **25**
Barnett Ct. Brack —4A **92**
Barnett Grn. Brack —8M **91**
Barnfield. Iver —7F **24**
Barnfield. Slou —9N **21**
Barn Field. Yat —4B **118**
Barnfield Clo. Cook —1C **20**
Barnhill Clo. Mar —3B **4**
Barnhill Gdns. Mar —3B **4**
Barnhill Rd. Mar —3B **4**
Barn La. Hen T —2B **16**
Barn Owl Way. Bfld C —8J **85**
Barnsdale Rd. Read —9K **63**
Barnsfield Pl. Uxb —1K **25**
Barnway. Egh —9L **71**
Barnwood Clo. Read —4E **62**
Baron Ct. Read —5D **62**
Baronsmead. Hen T —4C **16**
Barons Way. Egh —9E **72**
Barony Ho. Brack —3J **91**
Barossa Rd. Camb —2N **119**
Barracane Dri. Crowt —5F **112**
Barrack La. Wind —7E **46**
Barracks La. Spen W —9H **87**
Barracks Rd. Green —5C **102**
Barrett Cres. Wokgm —5B **90**
Barrett's La. Arbor —5C **88**
Barrington Clo. Ear —6A **64**
Barrington Ho. Read —4H **87**
Barrow Lodge. Slou —5E **22**
Barr's Rd. Tap —7L **21**
Barry Av. Wind —6E **46**
Barry Pl. Read —4G **62**
Bartelotts Rd. Slou —5N **21**
Bartholomew Pl. Warf —2A **92**
Bartholomew St. Newb —9K **79**
Bartlemy Clo. Newb —2J **101**
Bartlemy Rd. Newb —2J **101**
Bartletts La. Holyp —6C **44**
Barton Rd. Slou —1A **48**
Barton Rd. Tile —6J **61**
Bartons Dri. Yat —5B **118**
Bartons Way. Farn —9G **119**
Barwell Clo. Crowt —5D **112**
Basemoors. Brack —4B **92**
Basford Way. Wind —9N **45**
Basil Clo. Ear —2M **87**
Basingstoke Rd. Aldm —2H **105**
Basingstoke Rd. Hook —9H **109**
Basingstoke Rd. Read —5H **87**
Basingstoke Rd. Rise —8H **109**
Basingstoke Rd. Spen W & Swal —1G **109**
Basingstoke Rd. Three M —6G **87**
Baskerville La. S'lake —2F **40**
Baskerville Rd. Son C —1E **38**
Baslow Rd. Winn —1G **88**
Basmore Av. Lwr S —1G **40**
Bassett Clo. Lwr Ear —3B **88**
Bassett Rd. Uxb —1K **25**
Bassett Way. Slou —5B **22**
Bass Mead. Cook —1C **20**
Batcombe Mead. Brack —9B **92**
Bates Clo. G Grn —7N **23**
Bath Ct. M'head —8N **19**
Bath Rd. Calc & Read —8H **61**
Bath Rd. Camb —3N **119**
Bath Rd. Coln —5C **48**
(Brands Hill)
Bath Rd. Coln —7F **48**
(Poyle)
Bath Rd. Colt —8J **81**
Bath Rd. Edd —5L **75**
Bath Rd. Frox —7A **74**
Bath Rd. Hare H —5M **41**
Bath Rd. Hung —6E **74**
Bath Rd. M'head —8J **19**
Bath Rd. Newb —6D **78**
Bath Rd. Slou —7L **21**
Bath Rd. Son —3B **64**
Bath Rd. Tap —7F **20**
Bath Rd. That —7C **80**
Bath Rd. Thea —1D **84**
Bath Rd. W Dray & Hay —7J **49**
Bathurst Clo. Iver —1G **49**
Bathurst Rd. Winn —1G **89**
Bathurst Wlk. Iver —1F **48**
Battery End. Newb —4H **101**
Battle Clo. Speen —7H **79**
Battlemead Clo. M'head —3F **20**
Battle Rd. Gor —7N **15**
Battle Rd. Newb —4G **101**
Battle St. Read —4F **62**
Batty's Barn Clo. Wokgm —6B **90**
Baughurst Rd. Aldm —4A **106**
Baughurst Rd. Baug —9F **104**
Bawtree Rd. Uxb —1L **25**
Baxendales, The. Green —1N **101**
Bay Clo. Ear —2M **87**
Baydon Dri. Read —7E **62**
Baydon Rd. Lamb W —7B **26**
Baydon Rd. Shef W —5B **52**
Bay Dri. Brack —4B **92**
Bayer Ho. Newb —7K **79**
Bayford Clo. B'water —8L **119**
Bayford Dri. Calc —8N **61**
Bay Ho. Brack —4B **92**
Bayley Ct. Winn —2G **89**
Bayley Cres. Burn —6K **21**
Baylis Pde. Slou —7G **22**
Baylis Rd. Slou —8F **22**
Bayliss Rd. Warg —4J **41**
Bay Rd. Brack —3B **92**
Baysfarm Ct. W Dray —7K **49**
Baytree Ct. Burn —4M **21**
Bay Tree Rise. Calc —7K **61**
Beacon Ct. Read —5D **62**
Beaconsfield Rd. Farn R —3E **22**
Beaconsfield Way. Ear —1N **87**
Beacontree Plaza. Read —1H **87**
Beales Farm Rd. Lamb —3H **27**
Beals La. Tile —5H **61**
Beancroft Rd. That —9G **81**
Bean Oak Rd. Wokgm —5C **90**
Bearfield La. Hung —4H **51**
Bear La. Newb —8L **79**
Bearwood Path. Winn —9F **64**
Bearwood Rd. Sind —3G **88**
Beatty Dri. Read —4M **61**
Beauchief Clo. Lwr Ear —3M **87**
Beaudesert Rd. W Dray —1M **49**
Beaufield Clo. Wdly —5C **64**
Beaufort Clo. Mar —5C **4**
Beaufort Gdns. Asc —3H **93**
Beaufort Gdns. Mar —5C **4**
Beaufort Pl. Bray —1G **44**
Beauforts. Egh —9L **71**
Beaulieu Clo. Brack —5C **92**
Beaulieu Clo. Dat —7K **47**
Beaulieu Gdns. B'water —4G **118**
Beaumaris Ct. Slou —6D **22**
Beaumont Clo. M'head —2L **43**
Beaumont Gdns. Brack —7B **92**
Beaumont Rise. Mar —5C **4**
Beaumont Rd. Slou —5F **22**
Beaumont Rd. Wind —8E **46**
Beaver La. Yat —4C **118**
Beavers Clo. Tadl —9J **105**
Beaver Way. Wdly —5G **64**
Beckett Clo. Wokgm —5C **90**
Beckford Av. Brack —8M **91**
Beckfords. Up Bas —7J **35**
Beckings Way. F Hth —1N **5**
Bec Tithe. Whit H —2F **36**
Bede Wlk. Read —9J **63**
Bedfont Ct. Stai —9H **49**
Bedfont Rd. Stai —3M **73**
Bedford Av. Slou —7B **22**
Bedford Clo. M'head —2L **43**
Bedford Clo. Newb —5G **100**
Bedford Gdns. Wokgm —4L **89**
Bedford La. Asc —7D **94**

Bedford Rd.—Briars Clo.

Bedford Rd. Read —4F 62
(in two parts)
Bedfordshire Down. Warf —1C 92
Bedfordshire Way. Wokgm —5J 89
Bedwins La. Cook —9F 4
Beecham Rd. Read —5C 62
Beechbrook Av. Yat —4C 118
Beech Clo. Bfld —7J 85
Beech Clo. Stai —4L 73
Beech Clo. W Dray —2N 49
Beechcroft. Hamp N —8K 33
Beechcroft Clo. Asc —6N 93
Beechcroft Ct. Brack —5M 91
Beech Dri. B'water —5H 119
Beeches Rd. Bis G —7D 102
Beeches, The. Gor —9K 15
Beeches, The. Tile —1L 61
Beechfield. Fril —5N 57
Beech Glen. Brack —6M 91
Beech Hill Rd. Asc —8B 94
Beech Hill Rd. B Hill —5D 108
Beechingstoke. Mar —4D 4
Beech La. Ear —9N 63
Beech La. Woodc —5N 15
Beech Lodge. Stai —9F 72
Beechmont Av. Vir W —7M 95
Beechnut Clo. Wokgm —6L 89
Beechnut Dri. B'water —3F 118
Beech Ride. Sand —1F 118
Beech Rd. Farn —9L 119
Beech Rd. Pur T —8H 37
Beech Rd. Read —1L 87
Beech Rd. Slou —1N 47
Beech Rd. Tok G —6D 38
Beechtree Av. Egh —1K 95
Beechtree Av. Mar —2B 4
Beech Wlk. Hung —1D 96
Beech Wlk. That —9H 81
Beech Wlk. W'sham —6N 115
Beechwood Av. Tile —4L 61
Beechwood Av. Uxb —7N 25
Beechwood Av. Wdly —5C 64
Beechwood Clo. Asc —2H 93
Beechwood Dri. M'head —8L 19
Beechwood Rd. Slou —6F 22
Beechwood Rd. Vir W —9J 95
Beedon Dri. Brack —8H 91
Beehive Clo. Uxb —1N 25
Beehive La. Binf —4G 91
Beehive Rd. Binf —4H 91
Beehive Rd. Stai —9G 73
Beggars Hill Rd. Land E —2G 64
Beighton Clo. Lwr Ear —3M 87
Belfast Av. Slou —7E 22
Belgrave Ct. B'water —6H 119
Belgrave M. Uxb —5L 25
Belgrave Pl. Slou —1J 47
Belgrave Rd. Slou —8G 23
Belgravia Ct. Read —6D 62
Bell Av. W Dray —3N 49
Bell Clo. Slou —6K 23
Bellclose Rd. W Dray —1M 49
Bell Ct. Hur —3D 18
Bell Ct. Twy —8J 41
Belle Av. Read —7N 63
Belleisle. Pur T —8J 37
Belleisle Ct. Pur T —8J 37
(off Trenthams Clo.)
Belle Vue Rd. Hen T —6C 16
Belle Vue Rd. Read —5F 62
Belle Vue Ter. Read —5E 62
Bell Foundry La. Wokgm —2N 89
Bell Hill. Newb —5G 100
Bell Holt. Newb —5G 100
Bell Ho. Gdns. Wokgm —5N 89
Bellingham Wlk. Cav —8G 39
Bell La. Aldw —1B 34
Bell La. B'water —4G 118
Bell La. Eton W —3B 46
Bell La. Hen T —4D 16
Bell La. Ink —7C 98
Bell Pde. Wind —8B 46
Bell Pl. Bag —7J 115
Bells Hill. Stoke P —2J 23
Bells Hill Grn. Stoke P —1J 23
Bells La. Hort —9C 48
Bell St. Hen T —4D 16
Bell St. M'head —8C 20
Bellswood La. Iver —6C 24
Bell View. Wind —9B 46
Bell View Clo. Wind —8B 46
Bellvue Pl. Slou —2H 47
Bellweir Clo. Stai —6C 72
Belmont. Slou —6C 22
Belmont Clo. Uxb —1L 25
Belmont Cres. M'head —6N 19
Belmont Dri. M'head —6A 20
Belmont M. Camb —6N 119
Belmont Pk. Av. M'head —5A 20
Belmont Pk. Rd. M'head —6A 20
Belmont Rd. Camb —5N 119
Belmont Rd. Crowt —4F 112
Belmont Rd. M'head —6A 20
Belmont Rd. Read —5D 62
Belmont Rd. Uxb —1L 25
Belmont Vale. M'head —6A 20
Belvedere Ct. B'water —6H 119
Belvedere Dri. Newb —2L 101
Belvedere Dri. Winn —9F 64
Belvedere Mans. Chalv —1F 46
Bembridge Ct. Slou —2H 47
Bembridge Pl. Read —5J 63
Benbow Waye. Uxb —6K 25
Benbricke Grn. Brack —2L 91
Bencombe Rd. Mar —2C 4
Benedict Grn. Warf —2B 92
Benen-Stock Rd. Stai —2H 73
Benetfield Rd. Binf —1F 90
Benham La. Rise —7K 109
Bennet Ct. Camb —4N 119
Bennet Ct. Read —2G 87
Bennet Rd. Read —2G 86
Bennet's Hill. Bfld —4J 85
Bennett Clo. Newb —6K 79
Bennett Clo. Gdns. Newb —6K 79
Bennetts Clo. Slou —9C 22
Bennett's Yd. Uxb —1K 25
Benning Clo. Wind —9N 45
Bennings Clo. Brack —2L 91
Benning Way. Wokgm —3A 90
Benson Clo. Read —9K 63
Benson Clo. Slou —9J 23
Benson Clo. Uxb —6M 25
Bensonholme. Pad —8L 83
Benson Rd. Crowt —5D 112
Bentinck Rd. W Dray —9L 25
Bentley Pk. Burn —3N 21
Bentley Rd. Slou —9C 22
Benyon Ct. Read —6E 62
(in two parts)
Benyon M. Read —6E 62
Berberis Wlk. W Dray —3M 49
Bere Ct. Rd. Pang —2A 60
Bere Rd. Brack —8B 92
Beresford Av. Slou —8L 23
Beresford Rd. Read —4E 62
Berkeley Av. Read —6E 62
Berkeley Clo. M'head —6L 19
Berkeley Ct. Read —6F 62
Berkeley Dri. Wink —5K 69
Berkeley M. Burn —7N 21
Berkeley Rd. Newb —9K 79
Berkley Clo. Stai —6E 72
Berkshire Av. Slou —7D 22
Berkshire Bus. Cen. That —9K 81
Berkshire Ct. Brack —4K 91
Berkshire Dri. That —9K 81
Berkshire Dri. Tile —5K 61
Berkshire Rd. Camb —9C 114
Berkshire Rd. Hen T —6C 16
Berkshire Way. Wokgm & Brack —5F 90
Bernadine Clo. Warf —2B 92
Bernard Ct. Camb —5M 119
Berners Clo. Slou —8A 22
Bernersh Clo. Sand —9G 113
Berries Rd. Cook —8L 5
Berrybank. Col T —3J 119
Berrycroft. Brack —3A 92
Berryfield. Slou —7L 23
Berry Hill. Tap —7G 21
Berrylands Rd. Cav —1H 63
Berry La. Brack —4C 68
Berrys La. Read —2N 85
Berrys Rd. Up Buck —5M 81
Berstead Clo. Lwr Ear —2A 88
Berwick Av. Slou —7D 22
Berwick La. Mar —4B 4
Berwick Rd. Mar —4A 4
Beryl Clo. Wokgm —4K 89
Bestobell Rd. Slou —7E 22
Beswick Gdns. Brack —3C 92
Betam Rd. Read —5K 63
Betchworth Av. Ear —9N 63
Bethesda St. Up Bas —7J 35
Betjeman Ct. W Dray —9L 25
Betjeman Wlk. Yat —5A 118
Betteridge Rd. That —9J 81
Bettles Clo. Uxb —3K 25
Bettoney Vere. Bray —1F 44
Beverley Clo. Mar —5A 4
Beverley Clo. That —7F 80
Beverley Ct. Slou —1K 47
Beverley Gdns. M'head —5M 19
Beverley Gdns. Warg —4K 41
Beverley Rd. Tile —3K 61
Bevers, The. Mort C —4H 107
Bexley Ct. Read —6D 62
Bexley St. Wind —7E 46
Bibury Clo. Wdly —8C 64
Bideford Clo. Farn —9K 119
Bideford Clo. Wdly —7B 64
Bideford Spur. Slou —4D 22
Bietigheim Way. Camb —3N 119
Big Barn Gro. Warf —2B 92
Bigbury Gdns. Read —9J 63
Bigfrith La. Cook —9E 4
Biggs La. Arbor & Finch —1E 110
Big La. Lamb —2H 27
Biko Clo. Uxb —6K 25
Biko Ct. Read —5J 63
Billet La. Iver & Slou —4C 24
Billet Rd. Stai —7H 73
Billing Av. Finch —4K 111
Billingbear La. Binf —7F 66
Bilton Clo. Coln —8F 48
Bilton Ind. Est. Brack —6J 91
Binbrook Clo. Lwr Ear —1C 88
Binfield Rd. Brack —1K 91
Binfield Rd. Wokgm —1E 90
Bingham Rd. Burn —6K 21
Binghams, The. M'head —2E 44
Bingley Gro. Wdly —3E 64
Binstead Dri. B'water —4H 119
Birch Av. Tile —4A 62
Birch Av. W Dray —7N 25
Birch Clo. Camb —9B 114
Birch Clo. Iver —3E 24
Birch Clo. Son C —1F 38
Birch Cres. Uxb —2N 25
Birch Dri. B'water —6H 119
Birches, The. B'water —4F 118
Birches, The. Gor —8K 15
Birchetts Clo. Brack —3M 91
Birchfields. Camb —5N 119
Birch Grn. Stai —8H 73
Birch Gro. Brack —6N 91
Birch Gro. Slou —6D 22
Birch Gro. Wind —7N 45
Birch Hill Rd. Brack —9M 91
Birchington Rd. Wind —8C 46
Birchland Clo. Mort W —4F 106
Birchlands Ct. Owl —8J 113
Birch La. Asc —3D 92
Birch La. Mort C —5G 106
Birchmead. Winn —1J 89
Birch Rd. Bfld C —8G 85
Birch Rd. Tadl —8G 105
Birch Rd. W'sham —6N 115
Birch Rd. Wokgm —3L 111
Birch Side. Crowt —4D 112
Birch Tree View. Light —9K 115
Birch View. Read —1K 87
Birchview Clo. Yat —5A 118
Birchwood Clo. Cav —7J 39
Birchwood Dri. Light —9M 115
Birchwood Rd. Newb —7A 80
Birchwoods, The. Tile —4J 61
Birdhill Av. Read —1K 87
Bird M. Wokgm —5N 89
Birds La. Midg —7N 81
Bird Wood Ct. Son C —1G 39
Birdwood Rd. Col T —2K 119
Birdwood Rd. M'head —7L 19
Birkbeck Pl. Owl —9J 113
Birkdale. Brack —9J 91
Birkhall Clo. Calc —7K 61
Birley Rd. Slou —7F 22
Bisham Ct. Bish —9C 4
Bisham Ct. Slou —1H 47
Bishop Ct. M'head —8A 20
Bishopdale. Brack —6L 91
Bishops Clo. Uxb —3N 25
Bishop's Dri. Wokgm —4A 90
Bishops Farm Clo. Oak G —8L 45
Bishopsgate Rd. Egh —7J 71
Bishops Gro. W'sham —6M 115
Bishop's La. Brack —4D 68
Bishops Orchard. Farn R —4D 22
Bishop's Rd. Read —6N 63
Bishops Rd. Slou —1J 47
Bishops Rd. Tut C —1G 83
Bishops Way. Egh —9E 72
Bishopswood Ct. Baug —9H 105
Bishopswood La. Baug —9G 104
Bishopswood Rd. Tadl —9H 105
Bispham Ct. Read —6J 63
Bissley Dri. M'head —2K 43
Bitham La. Hung —5H 97
Bitham Rd. Lock —1N 9
Bittern Clo. Col T —1H 119
Bitterne Av. Tile —6J 61
Bix La. M'head —5K 19
Blackamoor La. M'head —5D 20
Blackbird Clo. Bfld C —8J 85
Blackbird Clo. Col T —1H 119
Blackbird La. Bis G —7D 102
Blackbird La. M'head —9C 44
Black Boy La. Hur —3A 18
Blackbushe Airport. B'water —6A 118
Blackbushe Bus. Pk. Yat —5A 118
Blackbushe Pk. Yat —4A 118
Blackcap Pl. Col T —1J 119
Blackdown Way. That —9F 80
Black Horse Clo. Wind —8N 45
Blacklands Rd. Up Buck —6M 81
Blackley Clo. Ear —9D 64
Blackmeadows. Brack —8N 91
Blackmoor Clo. Asc —4G 92
Blackmoor Wood. Asc —4G 92
Blackmore La. Son C —1G 38
Blackmore Way. Uxb —1L 25
Blacknest Ga. Rd. Asc —5D 94
Blacknest Rd. S'dale & Vir W —5F 94
Black Pk. Rd. Wex —3N 23
Blackpond La. Farn C —1D 22
Blacksmith Row. Slou —3B 48
Blackstroud La. E. Light —9N 115
Blackstroud La. W. Light —9N 115
Blackthorn Av. W Dray —3N 49
Blackthorn Clo. Tile —3J 61
Blackthorn Cres. Farn —9K 119
Blackthorn Dell. Slou —2L 47
Blackthorne Cres. Coln —8F 48
Blackthorne Ind. Est. Coln —9F 48
Blackthorne Rd. Coln —9F 48
Blackwater Clo. Cav —9L 39
Blackwater Clo. Spen W —9H 87
Blackwater Ind. Est. B'water —4J 119
Blackwater Rise. Calc —8H 61
Blackwater Valley Relief Rd. Camb —5K 119
Blackwater Valley Route. Farn —9N 119
Blaenant. Cav —8F 38
Blaenavon. Cav —8F 38
Blagdon Rd. Read —1J 87
Blagrave Farm La. Cav —8C 38
Blagrave La. Cav —1C 62
Blagrave Rise. Tile —6K 61
Blagrave St. Read —4H 63
Blagrove Dri. Wokgm —7L 89
Blagrove La. Wokgm —7L 89
Blair Rd. Slou —9G 22
Blake Clo. Crowt —6G 112
Blake Clo. Wokgm —3C 90
Blakeney Ct. M'head —5C 20
Blakeney Fields. Gt Shef —9G 28
Blakes Cotts. Read —5J 63
Blakes La. Hare H —3L 41
Blake's La. Tadl —9K 105
Blakes Ride. Yat —3A 118
Blakes Rd. Warg —3J 41
Blanchard Clo. Wdly —4G 64
Blandford Clo. Slou —2M 47
Blandford Ct. Slou —2M 47
Blandford Rd. Read —3J 87
Blandford Rd. N. Slou —2M 47
Blandford Rd. S. Slou —2M 47
Bland's Clo. Bfld C —9G 85
Blandy Rd. Hen T —7B 16
Blandys Hill. Kint —2G 99
Blandy's La. Up Bas —6K 35
Blane's La. Brack & Asc —1C 114
Blatches Clo. Thea —9E 60
Blay's Clo. Egh —1L 95
Blay's La. Egh —2K 95
Bledlow Clo. Newb —5H 101
Blenheim Clo. Wokgm —5K 89
Blenheim Gdns. Read —6L 63
Blenheim Pl. Read —6G 62
(off Castle St.)
Blenheim Rd. Cav —9G 38
Blenheim Rd. M'head —6M 19
Blenheim Rd. Newb —9K 79
Blenheim Rd. Read —5K 63
Blenheim Rd. Slou —3M 47
Blenheim Ter. Read —6G 62
(off Castle St.)
Blewburton Wlk. Brack —6B 92
Blewbury Dri. Tile —5J 61
Blinco La. G Grn —7N 23
Blind La. Bour & F Hth —3L 5
Blind La. Holyp —5D 44
Blind La. Lamb —3H 27
Blomfield Dale. Brack —4H 91
Blondell Clo. W Dray —5L 49
Bloomfield Dri. Brack —2A 92
Bloomfieldhatch La. Graz —2B 108
Bloomfield Rd. M'head —9L 19
Bloomsbury Way. B'water —6G 119
Blossom Av. Thea —9F 60
Blossom La. Thea —9F 60
Blossom Way. Uxb —1N 25
Blossom Way. W Dray —3N 49
Blount Cres. Binf —2J 91
Blount's Ct. Rd. Son C —1H 39
Bloxworth Clo. Brack —6C 92
Blue Ball La. Egh —9A 72
Bluebell Dri. Bfld C —8G 84
Bluebell Hill. Brack —3B 92
Bluebell Meadow. Winn —9H 65
Bluecoats. That —7G 80
Blue Coat Wlk. Brack —7A 92
Bluethroat Clo. Col T —1J 119
Blumfield Ct. Slou —5N 21
Blumfield Cres. Slou —6N 21
Blundell's Rd. Tile —4M 61
Blunts Av. W Dray —6N 49
Blyth Av. That —9H 81
Blythe Clo. Iver —7G 24
Blythewood La. Asc —5H 93
Blyth Wlk. Read —7H 63
(off Charndon Clo.)
Boames La. Enb —4D 100
Board La. Half —6L 77
Boarlands Clo. Slou —8B 22
Boarlands Path. Cipp —8B 22
Boathouse Reach. Hen T —5D 16
Bobgreen Ct. Read —5J 87
Bobmore La. Mar —3C 4
Bockhampton Rd. Lamb —3H 27
Bockmer La. Medm —1N 17
Boden's Ride. Asc —2G 115
Bodmin Av. Slou —6C 22
Bodmin Clo. That —9F 80
Bodmin Rd. Wdly —7B 64
Body Rd. Read —5G 62
Bog La. Brack —7C 92
Bolderwood. Bfld C —8G 85
Boleyn Clo. Stai —9F 72
Bolingbroke Way. That —8J 81
Bolney Rd. Lwr S —9G 16
Bolney Trevor Dri. Lwr S —1F 40
Bolton Av. Wind —9F 46
Bolton Cres. Wind —9E 46
Bolton Pl. Newb —8L 79
Bolton Rd. P'mre —6H 31
Bolton Rd. Wind —9E 46
Boltons La. Binf —1J 91
Bolwell Clo. Twy —9L 41
Bomer Clo. W Dray —6N 49
Bomford Clo. Herm —6C 56
Bond Clo. W Dray —7N 25
Bond St. Egh —9K 71
Bone La. Newb —8M 79
Bonemill La. Enb —9H 79
Bones La. Bin H —2N 39
Bonsey's Yd. Uxb —1L 25
Borderside. Slou —7J 23
Borrowdale Rd. Winn —8G 64
Bosanquet Clo. Uxb —5L 25
Boscawen Way. That —8K 81
Bosham Clo. Ear —3A 88
Bosman Dri. W'sham —3L 115
Bostock La. Thea —1C 84
Boston Av. Read —7F 62
Boston Dri. Bour —4M 5
Boston Gro. Slou —7E 22
Boston Rd. Hen T —6D 16
Bosworth Gdns. Wdly —8D 64
Botany Clo. That —8J 81
Bothy, The. Warg —3J 41
Botmoor Way. Chad —7K 29
Bottisham Clo. Lwr Ear —3B 88
Bottle La. L Grn —1D 42
Bottle La. Warf —4J 67
Bottom Ho. Son C —1F 38
Bottom La. Sul'd —4D 84
Bouldish Farm Rd. Asc —7J 93
Boulmer Rd. Uxb —4K 25
Boulters Clo. M'head —5F 20
Boulters Clo. Slou —1C 46
Boulters Clo. Wdly —4E 64
Boulters Ct. M'head —5F 20
Boulters Gdns. M'head —5F 20
Boulters Ho. Brack —6B 92
Boulters La. M'head —5F 20
Boulton Rd. Read —9G 63
Boult St. Read —5J 63
Boult's Wlk. Read —7H 63
Boundary Clo. Tile —6K 61
Boundary La. Cav —1E 62
Boundary Rd. Ashf —9K 73
Boundary Rd. Newb —8M 79
Boundary Rd. Tap —5H 21
Boundary Vs. B'water —5J 119
Bourn Clo. Lwr Ear —2B 88
Bourne Arch. That —7E 80
Bourne Av. Read —8H 63
Bourne Av. Wind —9E 46
Bourne Clo. Bour —2M 5
Bourne Clo. Calc —8J 61
Bourne Cotts. Wool H —7D 100
Bourne End Bus. Cen. Bour
(off Cores End Rd.) —4M 5
Bourne Rd. Pang —8E 36
Bourne Rd. Slou —1F 46
Bourne Rd. That —7E 80
Bourne Rd. Vir W —7M 95
Bourneside. Vir W —9J 95
Bourne Vale. Hung —6J 75
Bourton Clo. Tile —5N 61
Bouverie Way. Slou —4N 47
Boveney Clo. Slou —1C 46
Boveney New Rd. Eton W —3A 46
Boveney Rd. Dor —4M 45
Bowden Rd. Asc —7M 93
Bower Cres. Wokgm —3A 90
Bower Way. Slou —8A 22
Bowes-Lyon Clo. Wind —7E 46
(off Alma Rd.)
Bowes Rd. Stai —9F 72
Bowes Rd. That —9G 80
Bowfell Clo. Tile —2K 61
Bowland Dri. Brack —9B 92
Bowling Clo. Uxb —2N 25
Bowling Ct. Hen T —3C 16
Bowling Grn. La. Pur T —8J 37
Bowling Grn. Rd. That —6D 80
Bowlings, The. Camb —3N 119
Bowman Ct. Wel C —6D 112
Bowmans Clo. Burn —3L 21
Bowry Dri. Wray —3A 72
Bowyer Cres. Wokgm —3A 90
Bowyer Dri. Slou —9A 22
Bowyer's La. Brack —6M 67
Boxford Ridge. Brack —5M 91
Boxwood Clo. W Dray —1N 49
Boyd Ct. Brack —3L 91
Boyle Clo. Uxb —3N 25
Boyndon Rd. M'head —7A 20
Boyn Hill Av. M'head —8A 20
Boyn Hill Clo. M'head —8A 20
Boyn Hill Rd. M'head —9N 19
Boyn Valley Rd. M'head —9N 19
Bracebridge. Camb —4L 119
Bracken Bank. Asc —3F 92
Bracken Clo. Tile —3K 61
Bracken Copse. Ink —5D 98
Brackendale Rd. Camb —4N 119
Brackendale Way. Read —7N 63
Brackenforde. Slou —1L 47
Bracken Rd. M'head —1N 43
Brackens, The. Crowt —3E 112
Bracken Way. Bfld C —9H 85
Bracken Way. F Hth —1M 5
Brackenwood Dri. Tadl —9J 105
Bracknell Beeches. Brack —5M 91
Bracknell Clo. Camb —9C 114
Bracknell Enterprise Cen. Brack —4L 91
Bracknell Rd. Bag —4G 115
Bracknell Rd. Camb —8D 114
Bracknell Rd. Crowt —5G 113
Bracknell Rd. Crowt —1C 114
(Penny Hill)
Bracknell Rd. Warf —9B 68
Bradcutts La. Cook —6H 5
Bradenham La. Mar —1G 18
Bradfields. Brack —7A 92
Bradford Rd. Slou —7C 22
Brading Way. Pur T —8L 37
Bradley Clo. Kint —1G 98
Bradley Rd. Slou —8F 22
Bradmore Way. Lwr Ear —3N 87
Bradshaw Clo. Wind —7A 46
Bradshawe Waye. Uxb —6N 25
Bradwell Rd. Tile —1K 61
Braemar Gdns. Slou —1C 46
Braemore Clo. That —1G 102
Bramber Ct. Slou —9C 22
Bramber M. Cav —9L 39
Bramble Clo. Uxb —7N 25
Bramble Cres. Tile —4M 61
Bramble Dri. M'head —1L 43
Bramblegate. Crowt —4E 112
Brambles, The. Crowt —4B 112
Brambles, The. Newb —2J 101
Brambles, The. W Dray —3M 49
Bramblings. Cav —7E 38
Bramley Clo. Ear —9N 63
Bramley Clo. M'head —2N 43
Bramley Clo. Stai —9K 73
Bramley Ct. Crowt —6C 112
Bramley Gro. Crowt —5B 112
Bramley La. B'water —4F 118
Bramley Rd. Camb —7M 119
Bramley Rd. Sil —9C 106
Bramling Av. Yat —3A 118
Brammas Clo. Slou —2E 46
Brampton Chase. Lwr S —1F 40
Brampton Ct. M'head —6E 20
Brampton M. Mar —6B 4
Bramshaw Rd. Read —3A 62
Bramshill Clo. Arbor —2D 110
Bramwell Clo. That —9J 81
Bran Clo. Tile —4M 61
Brandon Av. Wdly —3F 64
Brands Rd. Slou —5C 48
Brandville Rd. W Dray —1M 49
Branksome Ct. Read —5F 62
Branksome Hill Rd. Col T —2J 119
Brant Clo. Arbor X —9D 88
Brants Bri. Brack —4B 92
Braunfels Wlk. Newb —9J 79
Braybank. Bray —1F 44
Braybourne Clo. Uxb —1K 25
Braybrook Dri. Hurst —4L 65
Braybrooke Gdns. Warg —4J 41
Braybrooke Rd. Brack —2M 91
Braybrook Rd. Warg —4J 41
Bray Clo. Bray —2F 44
Bray Ct. M'head —3F 44
Braye Clo. Sand —9G 113
Brayfield Rd. Bray —1F 44
Brayford Rd. Read —3J 87
Bray Rd. M'head —8E 20
Bray Rd. Read —8B 62
Braywick Rd. M'head —8C 20
Braywood Av. Egh —9A 72
Braziers La. Wink R —9G 68
Breach Cotts. Ham —7L 97
Breach Sq. Hung —7K 75
Breadcroft La. M'head —1J 43
Breadcroft Rd. M'head —2K 43
Bream Clo. Mar —7A 4
Brean Wlk. Ear —1N 87
Brearley Clo. Uxb —1M 25
Brechin Ct. Read —6J 63
(off Kendrick Rd.)
Brecon Ct. Chalv —1E 46
Brecon Rd. Wdly —4E 64
Bredon Rd. Wokgm —2L 89
Bredward Clo. Burn —4L 21
Breech, The. Col T —2J 119
Breedon's Hill. Pang —8D 36
Bremer Rd. Stai —7H 73
Brendon Clo. Tile —3M 61
Brent Clo. That —9G 80
Brent Gdns. Read —9H 63
Brent Rd. Bour —3L 5
Brerewood. Ear —1M 87
Brewery Comn. Mort —4J 107
Brewhouse Hill. Frox —7B 74
Briant's Av. Cav —2J 63
Briants Piece. Herm —6E 56
Briar Clo. Cav —8G 38
Briar Clo. Tap —7L 21
Briardene. M'head —5N 19
Briar Glen. Cook —9J 5
Briarlea Rd. Mort C —4G 107
Briars Clo. Pang —8F 36

A-Z Berkshire 123

Briars, The—Cedar Ct.

Briars, The. Slou —4A **48**
Briars, The. Stai —3H **73**
Briar Way. Slou —6D **22**
Briar Way. Tadl —9L **105**
Briar Way. W Dray —1N **49**
Briarwood. Finch —4K **111**
Brickfield Cotts. Crowt —7D **112**
Brickfield La. Burn —2K **21**
Brickiln Ind. Est. Tadl —9L **105**
Bridge Av. Cook —1B **20**
Bridge Av. M'head —7D **20**
Bridge Clo. Slou —8B **22**
Bridge Clo. Stai —8F **72**
Bridge End. Camb —5M **119**
Bridge Ho. Read —4H **63**
Bridge La. Vir W —7N **95**
Bridgeman Dri. Wind —8C **46**
Bridgemead. Frim —9N **119**
Bridge Rd. Asc —7N **93**
Bridge Rd. Bag —7H **115**
Bridge Rd. Camb —6M **119**
Bridge Rd. M'head —7D **20**
Bridge Rd. Uxb —3K **25**
Bridges Clo. Wokgm —4L **89**
Bridges Hall. Read —7M **63**
Bridges, The. Mort W —5D **106**
Bridgestone Dri. Bour —4M **5**
Bridge St. Cav —2G **62**
Bridge St. Coln —6E **48**
Bridge St. Hung —5K **75**
Bridge St. M'head —7D **20**
Bridge St. Newb —8L **79**
Bridge St. Read —5G **63**
Bridge St. Stai —8F **72**
Bridge St. Plaza. Read —5G **63**
Bridge View. S'dale —9D **94**
Bridge Wlk. Yat —2B **118**
Bridgewater Clo. Read —3C **62**
Bridgewater Ct. Slou —3B **48**
Bridgewater Ter. Wind —7F **46**
Bridle Clo. M'head —5B **20**
Bridle Rd. M'head —5B **20**
Bridle Rd. Whit H —3F **36**
Bridlington Spur. Slou —2D **46**
Bridport Clo. Lwr Ear —1C **88**
Bridport Way. Slou —5D **22**
Brierly Pl. Tile —9K **37**
Briff La. Been —5L **81**
Briff La. Up Buck —5L **81**
Brigham Rd. Read —3G **63**
Brighton Pl. Read —6N **63**
Brighton Rd. Read —6N **63**
Brighton Spur. Slou —5D **22**
Brill Clo. Cav —9G **38**
Brill Clo. M'head —1A **44**
Brill Clo. Mar —5A **4**
Brimblecombe Clo. Wokgm —2M **89**
Brimpton Rd. Baug —9F **104**
Brimpton Rd. Brimp —1A **104**
Brimpton Rd. Read —8B **62**
Brinn's La. B'water —4G **118**
Briony Ho. Read —4H **87**
Brisbane Rd. Read —4B **62**
Bristol Clo. Stai —3M **73**
Bristol Ct. Stanw —3M **73**
Bristol Way. Slou —9H **23**
Bristow Ct. Cav —2H **63**
Bristow Rd. Camb —6M **119**
*Britannia Ct. W Dray —2L **49***
(off Green, The)
Britannia Ind. Est. Coln —8F **48**
Britannia Way. Stai —4L **73**
Brittain Ct. Sand —2G **118**
Britten Rd. Read —8H **63**
Britwell Rd. Burn —4M **21**
Brixham Rd. Read —1H **87**
Broadacre. Stai —9H **73**
Broadcommon Rd. Hurst —4M **65**
Broadhalfpenny La. Tadl —9L **105**
Broad Hinton. Twy —1L **65**
Broadlands Clo. Calc —7L **61**
Broadlands Ct. Brack —3J **91**
Broadlands Dri. S Asc —9M **93**
Broad La. Brack —5N **91**
Broad La. Up Buck —5M **81**
Broadley Grn. W'sham —7N **115**
Broadmark Rd. Slou —8K **23**
Broadmeadow End. That —7J **81**
Broadmoor Est. Crowt —6H **113**
Broadmoor La. Son —9D **40**
Broadmoor La. Wal L & White —8E **42**
Broad Oak. Slou —5E **22**
Broadoak. Tadl —9M **105**
Broadoak Ct. Slou —5E **22**
Broad Platts. Slou —2M **47**
Broadpool Cotts. Asc —2K **93**
Broadrick Heath. Warf —2A **92**
Broad St. E Ils —7B **12**
Broad St. Read —5G **62**
Broad St. Wokgm —5A **90**
Broad St. Mall, The. Read —5G **62**
Broad St. Wlk. Wokgm —5A **90**
Broadwater Clo. Wray —4N **71**
Broadwater La. Twy —2K **65**
Broadwater Pk. M'head —4H **45**
Broadwater Rd. Twy —1K **65**
Broadway. Brack —4M **91**
Broadway. M'head —7C **20**
Broadway. Stai —9J **73**
Broadway. That —8G **80**
Broadway. Wink —5L **69**
Broadway Courtyard. That —8G **81**
Broadway Rd. Light & W'sham —9M **115**
Broadway, The. Lamb —2H **27**
Broadway, The. P'mre —2K **31**
Broadway, The. Sand —1F **118**
Brocas Rd. Bfld C —1G **106**
Brocas St. Eton —6F **46**
Brockenhurst Dri. Yat —5B **118**
Brockenhurst Rd. Asc —6K **93**
Brockenhurst Rd. Brack —5C **92**
Brock Gdns. Read —4C **62**
Brocklands. Yat —5A **118**
Brock La. M'head —7C **20**
Brockley Clo. Tile —4A **62**
Brockmer La. Medm —1N **17**
Brocks La. Fril & Bckby —7L **57**
Brocks Way. S'lake —2F **40**
Brock Way. Vir W —7L **95**
Brockway Ho. Langl —4C **48**
Broken Furlong. Eton —4D **46**
Broken Way. Newt —8N **101**
Bromley Wlk. Tile —5N **61**
Brompton Clo. Lwr Ear —2C **88**
Brompton Dri. M'head —5N **19**
Bromycroft Rd. Slou —4C **22**
Bronte Rise. Green —2M **101**
Brookbank. Wbrn G —4N **5**
Brook Bus. Cen. Cow —3J **25**
Brook Clo. Owl —9J **113**
Brook Clo. Stai —4N **73**
Brook Clo. Wokgm —3M **89**
Brook Cotts. Yat —3A **118**
Brook Cres. Slou —7A **22**
Brookdene Clo. M'head —4C **20**
Brook Dri. Brack —6B **92**
Brooke Pl. Binf —9H **67**
Brookers Corner. Crowt —5G **113**
Brooker's Hill. Shin —5K **87**
Brookers Row. Crowt —4G **113**
Brookfield Rd. Wbrn G —4N **5**
Brook Grn. Brack —3K **91**
(in two parts)
Brookhouse Dri. Wbrn G —4N **5**
Brook La. Wal L —2C **66**
Brook Lea. Cav —3J **63**
Brooklyn Dri. Emm G —6H **39**
Brooklyn Way. W Dray —2L **49**
Brookmill, The. Read —8E **62**
Brook Path. Slou —8B **22**
(in two parts)
Brook Rd. Bag —8H **115**
Brook Rd. Camb —5M **119**
Brooksby Clo. B'water —4F **118**
Brooksby Rd. Tile —2L **61**
*Brookside. Calc —8N **61***
(off Millers Gro.)
Brookside. Coln —6D **48**
Brookside. Sand —2G **118**
Brookside. Uxb —1N **25**
Brookside. Wokgm —4L **89**
Brookside Av. Ashf —9K **73**
Brookside Av. Wray —9N **47**
Brookside Clo. Ear —9C **64**
Brookside Pk. Farn —8L **119**
Brooks Rd. That —7H **81**
Brook St. Twy —9J **41**
Brook St. Wind —8F **46**
Brook St. W. Read —6G **62**
Brookway. Newb —9B **80**
Broom Acres. Sand —1F **118**
Broom Clo. Calc —7K **61**
Broome Clo. Yat —2A **118**
Broomfield Clo. Asc —9D **94**
Broomfield Dri. Asc —8D **94**
Broomfield Pk. Asc —9D **94**
Broomfield Rd. Tile —4N **61**
Broom Gro. Wokgm —7J **89**
Broomhall La. Asc —8C **94**
Broom Hill. Cook —3J **5**
Broom Hill. Stoke P —1J **23**
Broom Ho. Langl —3A **48**
Broomsquires Rd. Bag —8J **115**
Broom Way. B'water —5J **119**
Broughton Clo. Read —3C **62**
Brownfield Gdns. M'head —9B **20**
Browning Clo. That —7F **80**
Brownlow Dri. Brack —2N **91**
Brownlow Rd. Read —5E **62**
Brownrigg Cres. Brack —3B **92**
Brownrigg Rd. Ashf —8N **73**
Brownsfield Rd. That —7F **80**
Brown's La. Bright —9B **10**
Bruan Rd. Newb —2K **101**
Bruce Clo. Slou —9C **22**
Bruce Rd. Wdly —5C **64**
Bruce Wlk. Wind —8N **45**
Brucewood Pde. Mar —2C **4**
Brudenell. Wind —9B **46**
Brummell Rd. Newb —7J **79**
Brunel Arc. Read —4H **63**
Brunel Clo. M'head —9B **20**
Brunel Dri. Crowt —2G **113**
Brunel Dri. Wdly —3E **64**
Brunel Rd. M'head —9A **20**
Brunel Rd. Read —8A **62**
Brunel Rd. Thea —1F **84**
Brunel Way. Slou —9H **23**
Brunswick. Brack —9L **91**
Brunswick Hill. Read —5E **62**
*Brunswick Lodge. Read —5E **62***
(off Brunswick Hill)
Brunswick St. Read —5E **62**
Bruton Way. Brack —9B **92**
Bryant Av. Slou —6F **22**
Bryants La. Yatt —3A **58**
Brybur Clo. Read —2K **87**
Bryer Pl. Wind —9N **45**
Bryony Clo. Uxb —6N **25**
Bryony Ho. Brack —3J **91**
Buccaneer Clo. Wdly —4G **64**
Buccleuch Rd. Dat —6J **47**
Buchanan Sq. That —1J **103**
Buchan Clo. Uxb —4K **25**
Buchannan Dri. Wokgm —3K **111**
Buckden Clo. Wdly —6F **64**
Buckham Hill. Gt Shef & Chadw —7H **29**
Buckhurst Gro. Wokgm —6D **90**
Buckhurst Hill. Brack —6C **92**
Buckhurst La. Asc —5B **94**
Buckhurst Rd. Asc —4B **94**
Buckhurst Way. Ear —9N **63**
Buckingham Av. Slou —7A **22**
Buckingham Av. E. Slou —7E **22**
Buckingham Dri. Emm G —9H **39**
(in three parts)
Buckingham Gdns. Slou —1H **47**
Buckingham Gro. Uxb —3N **25**
Buckingham Rd. Newb —1J **101**
Buckland Av. Slou —3K **47**
Buckland Clo. Farn —9N **119**
Buckland Cres. Wind —7B **46**
Buckland Rd. Read —9H **63**
Bucklebury. Brack —9L **91**
Bucklebury Clo. Holyp —4F **44**
Bucklebury Rd. Bckby —9N **57**
Buckle La. Warf —6L **67**
(in two parts)
Bucknell Av. Pang —8F **36**
Bucknell Clo. Read —8N **61**
Buckside. Cav —2G **62**
Buckthorn Clo. Wokgm —4C **90**
Buckthorns. Brack —2J **91**
Budebury Rd. Stai —9H **73**
Budge's Gdns. Wokgm —4B **90**
Budge's Rd. Wokgm —4B **90**
Buffins. Tap —5H **21**
Bulkeley Av. Wind —9D **46**
Bulkeley Clo. Egh —9L **71**
Bullbrook Dri. Brack —3B **92**
Bullbrook Row. Brack —4B **92**
Bullfinch Clo. Col T —1J **119**
Bull La. Brack —3M **91**
Bull La. Rise —7F **108**
(in two parts)
Bull Meadow, The. Streat —8H **15**
Bullrusgh Gro. Uxb —5K **25**
Bulmershe Rd. Read —5L **63**
Bulpit La. Hung —7K **75**
Bunby Rd. Stoke P —1H **23**
Bunce's Clo. Eton W —4D **46**
Bunces La. Bfld C —9H **85**
Bunce's La. Gor H —3H **37**
Bundy's Way. Stai —9G **72**
Bungalow Dri. Tile —4L **61**
Bungler's Hill. Far H —4A **110**
Bungum La. Ham —8N **97**
Bunkers Hill. Newb —5G **101**
Bunten Meade. Slou —9D **22**
Burbage Grn. Brack —7C **92**
Burbidge Clo. Calc —9N **61**
Burchell Rd. Newb —6J **79**
Burchett Coppice. Wokgm —2L **111**
Burchetts Grn. La. Bur G —7F **18**
Burchetts Grn. Rd. L Grn —9E **18**
Burcombe Way. Emm G —9H **39**
Burcot Gdns. M'head —3B **20**
Burdett Ct. Read —9J **63**
Burdock Clo. Bfld C —9J **85**
Burdwood Cen. That —9H **81**
Burfield Rd. Old Win —3J **71**
Burford Clo. Mar —2A **4**
Burford Ct. Read —4F **62**
Burford Ct. Wokgm —6C **90**
Burford Gdns. Slou —6M **21**
Burford Rd. Camb —5M **119**
Burford's. E Gar —7B **28**
Burgess Clo. Wdly —8C **64**
Burgess La. Kint H —5H **99**
Burges Way. Stai —9H **73**
Burgett Rd. Slou —2D **46**
Burghead Clo. Col T —2H **119**
Burghfield Rd. Read —2N **85**
Burleigh La. Asc —3H **93**
Burleigh M. Cav —7J **39**
Burleigh Rd. Asc —4H **93**
Burleigh Rd. Frim —9N **119**
Burley Way. B'water —3G **119**
Burlingham Clo. Read —5J **87**
Burlings, The. Asc —3H **93**
Burlington Av. Slou —1G **46**
Burlington Ct. B'water —6H **119**
Burlington Ct. Slou —1G **47**
Burlington Rd. Burn —5L **21**
Burlington Rd. Slou —1G **47**
Burlington Rd. Tile —5L **61**
Burlsdon Way. Brack —3B **92**
Burne-Jones Dri. Col T —3H **119**
Burness Clo. Uxb —3L **25**
Burnetts Rd. Wind —7A **46**
Burney Bit. Pam H —9N **105**
Burney Bit Rd. Tadl —9N **105**
Burnham Clo. Bour —3L **5**
Burnham Clo. Wind —8N **45**
Burnham Gro. Brack —2N **91**
Burnham La. Slou —6N **21**
Burnham Rise. Emm G —6J **39**
Burnham Rd. Tadl —8H **105**
Burnistone Clo. Lwr Ear —1D **88**
Burn Moor Chase. Brack —9B **92**
Burns Clo. Wdly —8D **64**
Burns Wlk. That —7F **80**
Burntbush La. Fril —6K **57**
Burnt Ho. Gdns. Warf —2B **92**
Burnthouse La. Ping —6B **86**
Burnthouse Ride. Brack —6H **91**
Burnt Oak. Cook —8K **5**
Burnt Oak. Wokgm —2L **111**
Burnt Pollard La. Light —9N **115**
Burn Wlk. Burn —4L **21**
Burrcroft Ct. Read —7A **62**
Burrcroft Rd. Read —7A **62**
Burrell Rd. Comp —1H **33**
Burrell Rd. Frim —9N **119**
Burr La. Shalb —8E **96**
Burroughs Cres. Bour —3L **5**
Burroway Rd. Slou —2C **48**
Burrows Hill Clo. Houn —9K **49**
Burrows Hill La. Houn —1J **73**
Burtons Hill. Kint —9G **77**
Burton Way. Wind —9A **46**
Burwell Clo. Lwr Ear —2B **88**
Bury's Bank Rd. Green —3A **102**
Bush Wlk. Wokgm —5A **90**
Business Cen., The. Wokgm —7N **89**
Business Village, The. Slou —9K **23**
Butchers La. White —4F **42**
Bute St. Read —7B **62**
Butler Rd. Bag —8J **115**
Butler Rd. Crowt —4F **112**
Butlers Clo. Wind —7N **45**
Butler's Orchard. Kid E —2D **38**
Butson Clo. Newb —8J **79**
Buttenshaw Av. Arbor —2E **110**
Buttenshaw Clo. Arbor —2F **110**
Buttercup Clo. Wokgm —5D **90**
Buttercup Sq. Stai —5L **73**
Butter Mkt. Read —5H **63**
Buttermere Av. Slou —6M **21**
Buttermere Gdns. Brack —5N **91**
Buttersteep Rise. Asc —1F **114**
*Butts Cen. Read —5G **62***
(off Castle St.)
Buttsfield Rd. Chad —4K **29**
Butts Hill Rd. Son & Wdly —2D **64**
Buxton Av. Cav —9F **38**
Buxton Rd. Ashf —9L **73**
Bybend Clo. Farn R —2D **22**
Byefield Rd. Read —8B **62**
Byeways Clo. Know H —2C **42**
Byland Dri. M'head —4E **44**
Byreton Clo. Ear —1A **88**
Byron Clo. Mar —4D **4**
Byron Clo. Newb —3K **101**
Byron Clo. Twy —9K **41**
Byron Clo. Yat —5A **118**
Byron Ct. Wind —9C **46**
Byron Dri. Crowt —7F **112**
Byron Ho. Langl —4C **48**
Byron Rd. Ear —5N **63**
Byron Rd. Twy —9K **41**
Byron Way. W Dray —3N **49**
Bythorn Clo. Lwr Ear —1D **88**
Byways. Burn —6K **21**
Byways. Yat —4A **118**
Bywood. Brack —9K **91**
Byworth Clo. Read —4H **87**

Cabbage Hill. Warf —9K **67**
Cabbagehill La. Warf —8J **67**
Cabin Moss. Brack —9B **92**
Cabrera Av. Vir W —8L **95**
Cabrera Clo. Vir W —8M **95**
Caddy Clo. Egh —9B **72**
Cadogan Clo. Cav —9K **39**
Cadogan Clo. Holyp —5D **44**
Cadogan Clo. Tile —5M **61**
Cadwell Dri. M'head —2A **44**
Caesars Camp Rd. Camb —9D **114**
Caesars Ga. Warf —3B **92**
Cain Rd. Brack —4H **91**
Cairngorm Pl. Slou —5F **22**
Cairngorm Rd. That —9G **80**
Caistor Clo. Calc —8J **61**
Calard Dri. That —6D **80**
Calbourne Dri. Calc —8L **61**
Calbroke Rd. Slou —5B **22**
Calbrooke Rd. Slou —4B **22**
Calcot Pl. Dri. Calc —8M **61**
Caldbeck Dri. Wdly —5D **64**
Calder Clo. M'head —5B **20**
Calder Clo. Tile —4N **61**
Calder Ct. Langl —4A **48**
Calder Ct. M'head —5A **20**
Calder Way. Coln —9F **48**
Caldwell Rd. W'sham —5N **115**
Caledonia Rd. Stai —5M **73**
Caleta Clo. Cav —2K **63**
Calfridus Way. Brack —5B **92**
California Caravan Pk. Finch —4J **111**
Calleva Ind. Pk. Aldm —8G **105**
Callington Rd. Read —2H **87**
Callin's La. Been —1F **66**
Callis Farm Clo. Stai —3M **73**
Callow Hill. Vir W —5L **95**
Calshot Pl. Calc —8L **61**
Camberley Rd. Houn —9N **49**
Cambourne Clo. Lwr Ear —2N **87**
Cambourne Rd. Houn —9N **49**
Cambria Ct. Slou —1L **47**
Cambria Ct. Stai —8F **72**
Cambria Gdns. Stai —4M **73**
Cambrian Clo. Camb —4M **119**
Cambrian Way. Calc —8L **61**
Cambrian Way. Wokgm —2M **111**
Cambridge Av. Burn —3L **21**
Cambridge Av. Slou —7C **22**
Cambridge Clo. W Dray —5L **49**
Cambridge Ho. Wind —7E **46**
Cambridge Rd. Crowt —6G **112**
Cambridge Rd. Mar —5B **4**
Cambridge Rd. Owl —9J **113**
Cambridge Rd. Uxb —1L **25**
Cambridgeshire Clo. Warf —2C **92**
Cambridgeshire Clo. Wokgm —5K **89**
Cambridge St. Read —4E **62**
Cambridge Wlk. Camb —3N **119**
Camden Pl. Bour —4L **5**
Camden Pl. Calc —8J **61**
Camden Rd. M'head —5A **20**
Camellia Way. Wokgm —4J **89**
Camley Gdns. M'head —6L **19**
Camley Pk. Dri. M'head —6K **19**
Camm Av. Wind —9A **46**
Campbell Clo. Yat —3D **118**
Campbell Rd. Wdly —7C **64**
Campbells Grn. Mort C —5J **107**
Camperdown. M'head —5E **20**
Campion Clo. B'water —6K **119**
Campion Clo. Uxb —6N **25**
Campion Ho. Brack —3J **91**
Campion Way. Wokgm —3C **90**
Camp Rd. Uft N —8D **84**
Canada Rd. Slou —1K **47**
Canadian Memorial Av. Asc —4H **95**
Canal Ind. Est. Langl —1B **48**
Canal Wlk. Hung —5K **75**
Canal Way. Read —5K **63**
Canal Wharf. Langl —1B **48**
Canberra Rd. Houn —9N **49**
Candleford Clo. Brack —2N **91**
Candover Clo. W Dray —6L **49**
Canford Ct. Read —5D **62**
Canhurst La. Know H —2B **42**
Cannock Clo. M'head —8E **20**
Cannock Way. Lwr Ear —2B **88**
Cannon Clo. Col T —1K **119**
Cannon Ct. Rd. M'head —3A **20**
(in two parts)
Cannondown Rd. Cook —1B **20**
Cannon Hill. Brack —8N **91**
Cannon Hill Clo. M'head —3F **44**
Cannon La. M'head —8L **19**
Cannon St. Read —4E **62**
Canon Hill Dri. M'head —2D **44**
Canon Hill Est. M'head —2E **44**
Canon Hill Way. M'head —3E **44**
Canopus Way. Stai —4M **73**
Cansfield End. Newb —4K **79**
Canterbury Av. Slou —5E **22**
Canterbury Rd. Read —9H **63**
Cantley Cres. Wokgm —3M **89**
Caraway Rd. Ear —2N **87**
Carbery La. Asc —5L **93**
Carbinswood La. Woolh —5B **82**
Cardiff M. Read —3F **62**
Cardiff Rd. Read —3E **62**
Cardigan Gdns. Read —7L **63**
Cardigan Rd. Read —6L **63**
Cardinal Clo. Cav —2H **63**
Cardinals, The. Brack —6M **91**
Cardinals Wlk. Tap —7M **21**
Cardwell Cres. Asc —7M **93**
Carew Clo. Tile —9J **37**
Carey Clo. Wind —9D **46**
Carey Rd. Wokgm —6A **90**
Carey St. Read —5F **62**
Cariad Ct. Gor —7K **15**
Carisbrooke Clo. Cav —7J **39**
Carisbrooke Clo. M'head —9N **19**
Carisbrooke Ct. Slou —8H **23**
Carland Clo. Lwr Ear —2N **87**
Carlile Gdns. Twy —6J **41**
Carlisle Rd. Slou —8F **22**
Carlisle Rd. Tile —2M **61**
(in two parts)
Carlton Clo. Wdly —6D **64**
Carlton Ct. Stai —9H **73**
Carlton Ct. Uxb —6L **25**
Carlton Rd. Cav —8D **38**
Carlton Rd. Slou —8K **23**
Carlyle Ct. Crowt —6G **112**
Carmarthen Rd. Slou —8G **22**
Carnarvon Rd. Read —5L **63**
Carnation Clo. Crowt —2F **112**
Carnation Dri. Wink R —1D **92**
Carnegie Rd. Newb —9L **79**
Carnoustie. Brack —9J **91**
*Carnoustie Ct. Read —5K **63***
(off Muirfield Clo.)
Carolina Pl. Wokgm —3K **111**
Caroline Clo. W Dray —1L **49**
Caroline Ct. Mar —4C **4**
Caroline Ct. Read —6E **62**
Caroline Dri. Wokgm —4M **89**
Caroline St. Read —4F **62**
Carrick Gdns. Wdly —5B **64**
Carrick La. Yat —3C **118**
Carrington Rd. Slou —8G **23**
Carroll Cres. Asc —7J **93**
Carron Clo. Tile —5A **62**
Carsdale Clo. Read —7F **62**
Carshalton Rd. Camb —9D **114**
Carshalton Way. Lwr Ear —2B **88**
Carston Gro. Calc —8N **61**
Carter Clo. Wind —8C **46**
Carter's Hill. Wokgm & Brack —8C **66**
Cartershill La. Arbor —7C **88**
Carters Rise. Calc —8M **61**
Cartmel Dri. Wdly —6C **64**
Carvers Hill. Shalb —8D **96**
Cary Clo. Newb —4H **101**
Casey Ct. South —9F **58**
Cassia Dri. Ear —2M **87**
Castle Av. Dat —5J **47**
Castle Av. W Dray —8M **25**
Castle Cotts. Newt —7M **101**
Castle Ct. M'head —7A **20**
Castlecraig Ct. Col T —2H **119**
Castle Cres. Read —6F **62**
Castle Dri. M'head —7A **20**
Castle End Rd. Rusc —7L **41**
Castle Farm Caravan Site. Wind
*(off White Horse Rd.) —8N **45***
Castle Gro. Newb —6K **79**
Castle Hill. Far H —3A **110**
Castle Hill. M'head —7B **20**
Castle Hill. Read —6F **62**
Castle Hill. Wind —7F **46**
Castle Hill Rd. Egh —7K **71**
Castle Hill Ter. M'head —7B **20**
Castle La. Don —5J **79**
Castle M. M'head —7B **20**
Castle St. Read —5G **62**
Castle St. Slou —2H **47**
Castleton Ct. Mar —5C **4**
Castleview Pde. Slou —3M **47**
Castleview Rd. Slou —3L **47**
Caswall Clo. Binf —1G **90**
Caswall Ride. Yat —4D **118**
Catalina Clo. Wdly —5G **65**
Catcliffe Way. Lwr Ear —3M **87**
Catena Rise. Light —9K **115**
Catherine Rd. Newb —9L **79**
Catherines Clo. W Dray —1L **49**
Catherine's Hill. Mort —5F **106**
Catherine St. Read —4D **62**
Catmore Rd. W Ils —7G **11**
Caunter Rd. Speen —7H **79**
Causeway. Cook —8L **5**
Causeway Est. Stai —8C **72**
Causeway, The. Bray —1E **44**
(in two parts)
Causeway, The. Mar —6C **4**
Causeway, The. Stai —8E **72**
Causmans Way. Tile —3K **61**
Cavalier Clo. Thea —9E **60**
Cavalry Cres. Wind —9E **46**
Cavendish Clo. Tap —7K **21**
Cavendish Ct. B'water —6H **119**
Cavendish Ct. Coln —7F **48**
Cavendish Ct. Mar —5C **4**
Cavendish Ct. Newb —6B **80**
Cavendish Gdns. Winn —9F **64**
Cavendish Meads. Asc —8N **93**
Cavendish Pk. Col T —3J **119**
Cavendish Rd. Cav —7J **39**
Caversham Pk. Dri. Cav —8J **39**
Caversham Pk. Rd. Cav —7J **39**
Caversham Rd. Read —4G **62**
Caversham Wharf. Read —3G **63**
Caves Farm Clo. Sand —1E **118**
Cawcott Dri. Wind —7A **46**
Cawsam Gdns. Cav —9J **39**
Caxton Clo. Read —3C **62**
Caxton Ct. Hen T —5D **16**
Caxton Dri. Uxb —3L **25**
Cecil Aldin Dri. Tile —8K **37**
Cecil Rd. Iver —7F **24**
Cecil Way. Slou —5B **22**
Cedar Av. B'water —4H **119**
Cedar Av. W Dray —8N **25**
Cedar Chase. Tap —5G **21**
Cedar Clo. Bag —7H **115**
Cedar Clo. Burn —5N **21**
Cedar Clo. Wokgm —5A **90**
Cedar Ct. Egh —8B **72**
Cedar Ct. Mar —5C **4**

Cedar Ct.—Coleridge La.

Cedar Ct. Wind —8C **46**
Cedar Dri. Asc —9C **94**
Cedar Dri. Brack —2N **91**
Cedar Dri. Cook —8K **5**
Cedar Dri. Mar —1A **4**
Cedar Dri. Pang —9D **36**
Cedar Dri. S'hill —6F **94**
Cedar Gro. That —8F **80**
Cedar La. Frim —9N **119**
Cedar Lodge. Hen T —6E **16**
Cedar Mt. Newb —2K **101**
Cedar Rd. Read —2L **87**
Cedars. Brack —6C **92**
Cedars Clo. Sand —1D **118**
Cedars Dri. Uxb —3N **25**
Cedars Rd. M'head —7D **20**
Cedars, The. Tile —2L **61**
Cedar Way. Slou —4N **47**
Cedar Wood Cres. Cav —9H **39**
Celandine Clo. Crowt —4G **113**
Celandine Gro. That —7J **81**
Celia Cres. Ashf —9L **73**
Cell Farm Av. Old Win —2K **71**
Centennial Ct. Brack —4L **91**
Central Dri. Slou —8B **22**
Central La. Wink —5L **69**
Central Wlk. Wokgm —5A **90**
Central Way. Wink —5L **69**
Centre Rd. Wind —6M **45**
Centurion Clo. Col T —1H **119**
Centurion Clo. Read —6G **63**
Century Rd. Stai —9D **72**
Chaffinch Clo. Col T —1H **119**
Chaffinch Clo. Tile —5J **61**
Chaffinch Clo. Wokgm —6K **89**
Chagford Rd. Read —2H **87**
Chain St. Read —5G **63**
Chalcott. Chalv —2G **46**
Chalcraft Clo. Hen T —6B **16**
Chalfont Clo. Ear —2N **87**
Chalfont Way. Ear —2N **87**
Chalford Rd. Newb —9J **79**
Chalgrove Clo. M'head —8E **20**
Chalgrove Way. Emm G —7J **39**
Chalk Hill. Harp —9A **16**
Chalkhouse Grn. La. Chalk (in two parts) —4G **38**
Chalkhouse Grn. Rd. Kid E —2D **38**
Chalklands. Bour —3L **5**
Chalkpit Cotts. Hung —4M **51**
Chalk Pit La. Burn —1L **21**
Chalkpit La. Mar —4A **4**
Chalky La. Cur —7M **55**
Challis Pl. Brack —4J **91**
Challoner Clo. Wokgm —3L **111**
Challow Ct. M'head —5A **20**
Chalvey Gdns. Slou —1G **46**
Chalvey Gro. Slou —2D **46**
Chalvey Pk. Slou —1G **47**
Chalvey Rd. E. Slou —1G **46**
Chalvey Rd. W. Slou —1F **46**
Chamberhouse Mill La. That —1J **103**
Chamberlains Gdns. Arbor X —9D **88**
Chambers, The. Read —5H 63 (off East St.)
Champion Rd. Cav —3J **63**
Chancellor's Way, The. Ear —8L **63**
Chancery M. Read —5F **62**
Chanctonbury Dri. Asc —9A **94**
Chandlers La. Yat —2A **118**
Chandos Mall. Chalv —1H **47**
Chandos Rd. Newb —2K **101**
Chandos Rd. Stai —9E **72**
Chantry Clo. W Dray —8L **25**
Chantry Clo. Wind —7C **46**
Chantry Mead. Hung —6J **75**
Chantry Rd. Bag —8G **115**
Chantry, The. Uxb —4N **25**
Chapel Clo. S Sto —3L **15**
Chapel Ct. Hung —5L **75**
Chapel Dri. B Hill —5D **108**
Chapel Hill. Tile —4K **61**
Chapel La. Ash H —9B **104**
Chapel La. Ash'd —7C **34**
Chapel La. Bag —8G **115**
Chapel La. Binf —2G **91**
Chapel La. Cur —8B **56**
Chapel La. Farn & B'water —9K **119**
Chapel La. Herm —4F **56**
Chapel La. Lamb —2H **27**
Chapel La. Mort —5A **106**
Chapel La. Rise —7J **109**
Chapel La. Spen W —9H **87**
Chapel La. Stoke P —1K **23**
Chapel La. Yatt —3A **58**
Chapel Rd. Camb —4M **119**
Chapel Row. Twy —9J **41**
Chapel St. Mar —5B **4**
Chapel St. Slou —1H **47**
Chapel St. That —8G **81**
Chapel St. Uxb —2K **25**
Chapel View. Lamb —3H **27**
Chaplain's Hill. Crowt —6H **113**
Chapman Clo. W Dray —2N **49**
Chapman La. Bour & F Hth —2L **5**
Chapman Wlk. That —7E **80**
Chapter Clo. Uxb —1N **25**
Chapter M. Wind —6F **46**
Chard Clo. Wdly —6D **64**
Charfield Ct. Read —5L **63**
Chariots Pl. Wind —7F **46**
Charlbury Clo. Brack —6C **92**
Charles Clore Ct. Read —8A **62**
Charles Evans Way. Cav —2K **63**
Charles Gdns. Slou —7K **23**
Charles Ho. Wind —7E **46**
Charles Sq. Brack —4N **91**
Charles St. Newb —4H **101**
Charles St. Read —4F **62**
Charles St. Wind —7E **46**
Charlock Clo. That —6H **81**
Charlotte Clo. Herm —6D **56**
Charlton. Wind —8M **45**
Charlton Clo. Slou —1D **46**
Charlton Clo. Wokgm —2L **111**
Charlton Ct. Owl —9H **113**
Charlton La. Swal —4J **109**
Charlton Pl. Newb —1L **79**
Charlton Sq. Wind —8M **45**
Charlton Wlk. Wind —8M **45**
Charmwood Clo. Newb —6K **79**
Charndon Clo. Read —7H **63**
Charnham La. Hung —4K **75**
Charnham Pk. Hung —4K **75**
Charnham St. Hung —5K **75**
Charnwood. Asc —8B **94**
Charnwood Rd. Uxb —3N **25**
Charrington Rd. Calc —8J **61**
Charta Rd. Egh —9D **72**
Charter Clo. Slou —2H **47**
Charterhouse Clo. Brack —7B **92**
Charter Pl. Uxb —1L **25**
Charter Rd. Newb —3K **101**
Charter Rd. Slou —8A **22**
Charters Clo. Asc —7N **93**
Charters La. Asc —7N **93**
Charters Rd. Asc —9N **93**
Charters Way. Asc —9B **94**
Charvil Ho. Rd. Charv —8F **40**
Charvil La. Son —1D **64**
Charville Dri. Calc —8J **61**
Charwood Rd. Wokgm —5C **90**
Chase Gdns. Binf —9G **66**
Chaseside Av. Twy —6J **41**
Chase, The. Calc —8L **61**
Chase, The. Crowt —4E **112**
Chase, The. Don —4K **79**
Chase, The. Mar —4E **4**
Chatfield. Slou —6C **22**
Chatham St. Read —4F **62**
Chatsworth Av. Winn —1F **88**
Chatsworth Clo. Cav —7J **39**
Chatsworth Clo. M'head —9N **19**
Chatteris Way. Lwr Ear —2A **88**
Chatton Clo. Lwr Ear —3N **87**
Chaucer Clo. Emm G —8G **39**
Chaucer Clo. Wokgm —5D **90**
Chaucer Cres. Newb —6J **79**
Chaucer Gro. Camb —4N **119**
Chaucer Rd. Ashf —8M **73**
Chaucer Rd. Crowt —6F **112**
Chaucer Way. Wokgm —6K **89**
Chauntry Clo. M'head —8F **20**
Chauntry Rd. M'head —8E **20**
Chavey Down Rd. Wink R —9E **68**
Chawridge La. Wink —5F **68**
Chazey Clo. Chaz H —5C **38**
Chazey Rd. Cav —9D **38**
Cheam Clo. Brack —7A **92**
Cheapside. Read —4G **62**
Cheapside Rd. Asc —5M **93**
Cheap St. Comp —9H **13**
Cheap St. Newb —9L **79**
Cheddington Clo. Tile —6N **61**
Cheeseman Clo. Wokgm —4B **90**
Chelford Way. Cav —9F **38**
Chelsea Clo. Tile —3N **61**
Cheltenham Vs. Stai —3G **73**
Chelwood Dri. Sand —9D **112**
Chelwood Rd. Ear —1A **88**
Cheney Clo. Binf —1H **91**
Cheniston Ct. S'dale —9C **94**
Cheniston Gro. M'head —7K **19**
Chepstow Rd. Tile —2L **61**
Chequer La. Strat S —8D **108**
Chequers Orchard. Iver —7G **24**
Chequers Sq. Uxb —1K **25**
Chequers Way. Wdly —5B **64**
Cherbury Clo. Brack —6B **92**
Cherington Ga. M'head —5M **19**
Cherington Way. Asc —4H **93**
Cheriton Av. Twy —7J **41**
Cheriton Clo. Newb —2M **101**
Cheriton Ct. Read —6G **62**
Cheriton Pl. Son C —1F **38**
Cheriton Way. B'water —4H **119**
Cherries, The. Slou —7K **23**
Cherry Av. Slou —1M **47**
Cherry Clo. Cav —5J **39**
Cherry Clo. F Hth —1M **5**
Cherry Clo. Newb —6K **79**
Cherry Garden La. M'head —2J **43**
Cherry Garden La. White —5J **43**
Cherry Gro. Hung —6J **75**
Cherry La. W Dray —3N **49**
Cherry Orchard. Gt Shef —9G **28**
Cherry Orchard. Stai —9H **73**
Cherry Orchard. Stoke P —1K **23**
Cherry Orchard. W Dray —1M **49**
Cherry Tree Av. W Dray —7N **25**
Cherry Tree Clo. Owl —9H **113**
Cherry Tree Dri. Brack —5A **92**
Cherrytree Gro. Wokgm —7H **89**
Cherry Tree La. Ful —1A **24**
Cherrytree La. Iver —2H **25**
Cherry Tree Rd. Farn R —1E **22**
Cherry Way. Hort —9D **48**
Cherrywood Av. Egh —2K **95**
Cherrywood Rd. Farn —9L **119**
Chertsey La. Stai —9F **72**
Chertsey Rd. W'sham & Chob —6N **115**
Chervil Way. Bfld C —9J **85**
Cherwell Clo. M'head —6D **20**
Cherwell Clo. Slou —5C **48**
Cherwell Cres. Read —5F 62 (off Trinity Pl.)
Cherwell Rd. Bour —3M **5**
Cherwell Rd. Cav —7G **38**
Cheshire Ct. Slou —1K **47**
Cheshire Pk. Warf —1B **92**
Chesseridge Rd. Comp —2F **32**
Chesterblade La. Brack —9A **92**
Chester Clo. Green —2N **101**
Chesterfield Rd. Ashf —8M **73**
Chesterfield Rd. Newb —1L **101**
Chester Ho. Uxb —5K **25**
Chesterman St. Read —6H **63**
Chester Rd. Slou —7F **22**
Chester St. Cav —2G **63**
Chester St. Read —4D **62**
Chesterton Dri. Stai —5N **73**
Chesterton Rd. That —6F **80**
Chestnut Av. Cav —9L **39**
Chestnut Av. Slou —1N **47**
Chestnut Av. Vir W —6H **95**
Chestnut Av. W Dray —8N **25**
Chestnut Av. Wokgm —5H **89**
Chestnut Clo. B'water —5J **119**
Chestnut Clo. Egh —1K **95**
Chestnut Clo. M'head —5E **20**
Chestnut Clo. Thea —8F **60**
Chestnut Cotts. Streat —8J **15**
Chestnut Ct. Newb —7L 79 (off Victoria Gdns.)
Chestnut Cres. Newb —7L **79**
Chestnut Cres. Shin —7L **87**
Chestnut Dri. Bfld —7J **85**
Chestnut Dri. Egh —1M **95**
Chestnut Dri. Wind —1A **70**
Chestnut Gro. Pur T —8L **37**
Chestnut Gro. Stai —9K **73**
Chestnut Mnr. Clo. Stai —9J **73**
Chestnuts, The. S'lake —2F **40**
Chestnut Wlk. Hung —7K **75**
Chestnut Wlk. Read —5H **63**
Chestwood Gro. Uxb —1N **25**
Chetwode Clo. Wokgm —5C **90**
Chetwynd Dri. Uxb —3N **25**
Cheviot Clo. Farn —9J **119**
Cheviot Clo. M'head —8E **20**
Cheviot Clo. Newb —5G **101**
Cheviot Dri. Charv —9G **40**
Cheviot Rd. Sand —8D **112**
Cheviot Rd. Slou —4B **48**
Chevley Gdns. Burn —3M **21**
Chewter Clo. Bag —7J **115**
Chewter La. W'sham —4L **115**
Cheyne Way. Farn —9K **119**
Chichester Ct. Slou —2K **47**
Chichester Rd. Tile —4M **61**
Chicory Clo. Ear —2M **87**
Chievley Clo. Tile —4K **61**
Chilcombe Way. Lwr Ear —1C **88**
Childrey Way. Tile —4J **61**
Childs Hall. Read —7M **63**
Child St. Lamb —2G **27**
Chillingham Way. Camb —5N **119**
Chiltern Bus. Village. Uxb —3J **25**
Chiltern Clo. Hen T —6A **16**
Chiltern Clo. Mar —5A **4**
Chiltern Clo. Newb —5G **101**
Chiltern Ct. Emm G —7G **39**
Chiltern Cres. Ear —5N **63**
Chiltern Dri. Charv —9G **40**
Chiltern Rd. Burn —6L **21**
Chiltern Rd. Cav —9J **39**
Chiltern Rd. M'head —8E **20**
Chiltern Rd. Sand —9D **112**
Chilterns Pk. Bour —2M **5**
Chiltern View. Pur T —8L **37**
Chiltern View Rd. Uxb —3K **25**
Chiltern Wlk. Pang —8E **36**
Chilton Ct. Tap —7M **21**
Chilton Way. Hung —6J **75**
Chilwick Rd. Slou —5B **22**
Chippendale All. Uxb —1L **25**
Chippendale Clo. Baug —9G **105**
Chippendale Clo. B'water —6J **119**
Chippendale Waye. Uxb —1L **25**
Chippenham Clo. Lwr Ear —3M **87**
Chipstead Rd. Houn —9N **49**
Chisbury Clo. Brack —8B **92**
Chitterfield Ga. W Dray —6N **49**
Chittering Clo. Lwr Ear —2B **88**
Chive Rd. Ear —2N **87**
Chivers Dri. Wokgm —3K **111**
Chives Pl. Warf —2A **92**
Chobham Rd. S'dale & Wok —9D **94**
Choke La. M'head —2L **19**
Cholmeley Pl. Read —5L **63**
Cholmeley Rd. Read —4L **63**
Cholmeley Ter. Read —5L **63**
Cholsey Clo. That —8J **81**
Choseley Clo. Know H —1C **42**
Choseley Rd. Know H —1C **42**
Chrislaine Clo. Stai —3L **73**
Christchurch Ct. Read —7J **63**
Christchurch Dri. B'water —3G **119**
Christchurch Gdns. Read —7J **63**
Christchurch Rd. Houn —8N **49**
Christchurch Rd. Read —7J **63**
Christchurch Rd. Vir W —5J **95**
Christian Sq. Wind —7E **46**
Christie Clo. Light —9M **115**
Christie Heights. Green —2M **101**
Christie Wlk. Yat —5A **118**
Christopher Ct. Newb —9M **79**
Chudleigh Gdns. Read —1J **87**
Church App. Stanw —3L **73**
Church Av. Hen T —4D **16**
Church Clo. Croc H —4C **100**
Church Clo. Eton —5F **46**
Church Clo. Lamb —2H **27**
Church Clo. M'head —8A **20**
Church Clo. Uxb —3J **25**
Church Clo. W Dray —2M **49**
Church Clo. Winn —1H **89**
Church Cotts. Read —6M **61**
Church Croft. Hung —5K **75**
Church Dri. Bray —1F **44**
Church End La. Tile —5N **61**
Churchfield M. Slou —7J **23**
Church Ga. That —8G **80**
Church Gro. Wex —6L **23**
Church Hams. Finch —4J **111**
Church Hill. Brack —7G **67**
Church Hill. E Ils —8B **12**
Church Hill. Hurst —6K **65**
Church Hill. White —5J **43**
Churchill Clo. Farn —9M **119**
Churchill Clo. Read —1H **87**
Churchill Ct. Stai —9J **73**
Churchill Cres. Farn —9M **119**
Churchill Cres. Yat —4B **118**
Churchill Dri. Mar —3D **4**
Churchill Dri. Winn —1G **89**
Churchill Rd. Asc —4J **93**
Churchill Rd. Slou —3A **48**
Church Island. Stai —8E **72**
Church La. Arbor —7B **88**
Church La. B'ham —1H **111**
Church La. Binf —9J **67**
Church La. Bray —1F **44**
Church La. Brimp —4B **104**
Church La. Chvly —3M **55**
Church La. Combe —3C **116**
Church La. Croc H —4C **100**
Church La. Far H —4B **110**
Church La. Finch —6K **111**
Church La. Hung —5K **75**
Church La. Rusc —8L **41**
Church La. S'lake —4E **40**
Church La. Sil —9E **106**
Church La. Speen —7H **79**
Church La. Stoke P —5H **23**
Church La. Streat —7C **34**
Church La. S'dale —7D **94**
Church La. S'hill —6N **93**
Church La. That —8G **80**
Church La. Three M & Shin —7H **87**
Church La. Uft N —6C **84**
Church La. Uxb —3J **25**
Church La. Warf —7A **68**
Church La. Wex —5K **23**
Church La. Wind —7F **46**
Church La. Wink —7F **68**
Church La. Yatt —3A **58**
Church M. Pur T —8L **37**
Church M. Wdly —4E **64**
Church Pde. Ashf —8N **73**
Church Path. Bray —1F **44**
Church Path. S'hill —5A **94**
Church Rd. Aldm —3J **105**
Church Rd. Asc —6K **93**
Church Rd. Ashf —7N **73**
Church Rd. Bag —7G **114**
Church Rd. Bour —6N **5** (in two parts)
Church Rd. Brack —4N **91**
Church Rd. Cav —2F **62**
Church Rd. Chav D —3E **92**
Church Rd. Cook D —9F **4**
Church Rd. Ear —7A **64**
Church Rd. Egh —9A **72**
Church Rd. Farn R —4E **22**
Church Rd. Frim —8N **119**
Church Rd. Frox —6B **74**
Church Rd. Iver —4D **24**
Church Rd. M'head —9E **20**
Church Rd. Mar —2G **5**
Church Rd. Mort —6D **106**
Church Rd. Old Win —2J **71**
Church Rd. Owl —9J **113**
Church Rd. Pang —8D **36**
Church Rd. Sand —9D **112**
Church Rd. Shaw —6L **79**
Church Rd. S'dale —8C **94**
Church Rd. Swal —4K **109**
Church Rd. Tadl —9N **105**
Church Rd. Uxb —5L **25**
Church Rd. W Dray —2L **49**
Church Rd. W'sham —6L **115**
Church Rd. Wdly —4E **64**
Church Rd. E. Crowt —5F **112**
Church Rd. W. Crowt —6F **112**
Church Side. E Ils —8B **12**
Church St. Burn —5M **21**
Church St. Cav —2G **62**
Church St. Chalv —1E **46**
Church St. Crowt —5F **112**
Church St. Gt Shef —1F **52**
Church St. Hamp N —8J **33**
Church St. Hen T —5C **16**
Church St. Hung —5K **75**
Church St. Kint —9F **76**
Church St. L Bed —1A **96**
Church St. Read —6H **63**
Church St. Slou —1H **47**
Church St. Stai —8E **72**
Church St. Thea —9E **60**
Church St. Twy —9J **41**
Church St. Warg —3H **41**
Church St. Wind —7F **46**
Church Ter. Binf —2G **91**
Church Ter. Read —6G 62 (off Dover St.)
Church Ter. Wind —8A **46**
Church View. Been —5J **83**
Church View. White —5J **43**
Church View. Yat —2B **118**
Church View Cotts. Brad —6L **59**
Church Wlk. Burn —5L **21**
Churchward Wlk. Calc —8N **61**
Church Way. Hung —6J **75**
Churchway. W Ils —5M **11**
Churn Rd. Comp —8G **12**
Cinnamon Clo. Ear —2M **87**
Cintra Av. Read —8J **63**
Cippenham Clo. Slou —8B **22**
Cippenham La. Slou —8B **22**
Circle Hill Rd. Crowt —5G **112**
Circuit La. Read —7B **62**
City Rd. Tile —6J **61**
Clacy Grn. Brack —2L **91**
Clammas Way. Uxb —6K **25**
Clanfield Cres. Tile —2K **61**
Clanfield Ride. B'water —4H **119**
Clappers Meadow. M'head —5E **20**
Clapps Ga. Rd. Pam H —9N **105**
Clare Av. Wokgm —4A **90**
Clarefield Clo. M'head —5L **19**
Clarefield Ct. S'dale —9C **94**
Clarefield Dri. M'head —5L **19**
Clarefield Rd. M'head —5M **19**
Clare Gdns. Egh —9B **72**
Claremont Gdns. Mar —5C **4**
Claremont Rd. Mar —5C **4**
Claremont Rd. Stai —9E **72**
Claremont Rd. Wind —8E **46**
Clarence Cres. Wind —7E **46**
Clarence Dri. Egh —8L **71**
Clarence Rd. Hen T —4C **16**
Clarence Rd. Wind —7C **46**
Clarence St. Egh —9A **72**
Clarence St. Stai —8F **72**
Clarence Way. Calc —8J **61**
Clarendon Clo. Winn —1J **89**
Clarendon Ct. B'water —6H **119**
Clarendon Ct. Slou —8K **23**
Clarendon Gdns. Newb —7L **79**
Clarendon Rd. Ashf —8N **73**
Clarendon Rd. Read —6N **63**
Clare Rd. M'head —8A **20**
Clare Rd. Stai —5L **73**
Clare Rd. Tap —7M **21**
Clares Grn. Spen W —8H **87**
Clarke Cres. Col T —2J **119**
Clarkes Dri. Uxb —6M **25**
Clark's Gdns. Hung —6K **75**
Classics, The. Lamb —4H **27**
Classon Clo. W Dray —1M **49**
Claverdon. Brack —9L **91**
Clay Clo. Tile —3J **61**
Claydon Ct. Cav —3G **63**
Claydon Gdns. B'water —8L **119**
Clayhall La. Old Win —2H **71**
Clay Hill. Been —3F **108**
Clayhill Clo. Brack —5C **92**
Clay Hill Cres. Newb —6A **80**
Clayhill Rd. Bfld C & Bfld —8G **85**
Clay La. Been —5H **83**
Clay La. Stanw —4N **73**
Clay La. Wokgm —5D **90**
Clayton Ct. Langl —2B **48**
Clayton Gro. Brack —3B **92**
Clayton Rd. Farn —8K **119**
Claytons Meadow. Bour —5M **5**
Clayton Wlk. Read —8J **63**
Clayton Way. Uxb —5L **25**
Clearsprings. Light —9K **115**
Cleeve Ct. Streat —7K **15**
Cleeve Down. Gor —7M **15**
Cleeve Rd. Gor —7K **15**
Clemants Clo. Slou —1K **47**
Clements Clo. Spen W —1G **109**
Clements Mead. Tile —4J **61**
Clements Rd. Hen T —3B **16**
Clent Rd. Read —8H **63**
Cleopatra Pl. Warf —2B **92**
Clevedon Dri. Ear —1N **87**
Clevedon Rd. Tile —1M **61**
Cleve Ho. Brack —6B **92**
Cleveland. Charv —9G **41**
Cleveland Clo. M'head —8E **20**
Cleveland Gro. Newb —8K **79**
Cleveland Pk. Stai —3M **73**
Cleveland Rd. Uxb —5L **25**
Clevemede. Gor —7L **15**
Cleves Ct. Wind —9B **46**
Clewer Av. Wind —8C **46**
Clewer Ct. Rd. Wind —6D **46**
Clewer Fields. Wind —7E **46**
Clewer Hill Rd. Wind —8A **46**
Clewer New Town. Wind —8C **46**
Clewer Pk. Wind —6C **46**
Clifford Gro. Ashf —8N **73**
Cliffords Way. Bour —2L **5**
Clifton Clo. M'head —1D **44**
Clifton Ct. Stanw —3M **73**
Clifton Pk. Rd. Cav —1F **62**
Clifton Rise. Warg —4K **41**
Clifton Rise. Wind —7N **45**
Clifton Rd. Newb —9J **79**
Clifton Rd. Slou —1K **47**
Clifton Rd. Wokgm —3M **89**
Clifton St. Read —5F **62**
Clintons Grn. Brack —3L **91**
Clive Ct. Slou —1F **46**
Clivedale Rd. Wdly —8D **64**
Cliveden Mead. M'head —4E **20**
Cliveden Rd. Tap —5G **21**
Clive Grn. Brack —7M **91** (in two parts)
Clivemont Rd. M'head —5C **20**
Cloister M. Thea —9F **60**
Cloisters, The. Cav —1G **62**
Cloisters, The. Frim —8N **119**
Clonmel Way. Burn —4L **21**
Close End. Lamb —3H **27**
Close, The. Asc —4G **92**
Close, The. Bour —1L **5**
Close, The. Brack —6N **91**
Close, The. Bfld C —8H **85**
Close, The. Col T —1J **119**
Close, The. Frim —9N **119**
Close, The. Gt Shef —1F **52**
Close, The. Hamp N —8J **33**
Close, The. Hen T —6C **16**
Close, The. Iver —4D **24**
Close, The. Light —9K **115**
Close, The. Mar —5A **4**
Close, The. Shalb —7E **96**
Close, The. Slou —8N **21**
Close, The. That —7E **80**
Close, The. Uxb —2N **25** (Court Dri.)
Close, The. Uxb —1M **25** (Honeycroft Hill)
Close, The. Vir W —7M **95**
Close, The. Wdly —7D **64**
Clough Dri. Herm —6C **56**
Clove Clo. Lwr Ear —2M **87**
Clover Clo. Wokgm —4C **90**
Club La. Crowt —5H **113**
Clyde Rd. Stai —5L **73**
Coach Horse Ct. Pang —8F **36**
Coachmans Ct. Newb —6M **79**
Coach Ride. Mar —3B **4**
Coach Rd. Asc —2H **93**
Coalport Way. Tile —3M **61**
Cobb Clo. Dat —7M **47**
Cobbett's La. Yat —4D **118**
Cobblers Clo. Farn R —3D **22**
Cobden Clo. Uxb —2K **25**
Cobham Rd. Wdly —5E **64**
Cochrane Clo. That —8H **81**
Cochrane Pl. W'sham —5N **115**
Cock-A-Dobby. Sand —9E **112**
Cockett Rd. Slou —2N **47**
Cock La. South —1G **83**
Cockney Hill. Tile —6N **61**
Cockpit Path. Wokgm —6A **90**
Cock's La. Warf —6D **68**
Cody Clo. Wdly —4G **64**
Coe Spur. Slou —2D **46**
Coftards. Slou —7L **23**
Cold Ash Hill. Cold A —2F **80**
Coldborough Rise. Brack —3K **91**
Coldharbour Clo. Hen T —6B **16**
Cold Harbour La. Farn —9J **119**
Coldharbour Rd. Hung —7K **75**
Coldicutt St. Cav —3J **63**
Coldmoorholme La. Bour —4J **5**
Cole La. Arbor X —8D **88**
Colemans Moor La. Wdly —6E **64**
Colemans Moor Rd. Wdly —8E **64**
Colenorton Cres. Eton W —3A **46**
Coleridge Av. Yat —4C **118**
Coleridge Clo. Crowt —6G **113**
Coleridge Clo. Twy —1L **65**
Coleridge Cres. Coln —7F **48**
Coleridge La. Pang —1M **59**

Coleridge Rd.—Deepdale

Coleridge Rd. Ashf —8M 73
Coleridge Way. W Dray —3M 49
Coley Av. Read —7F 62
(in two parts)
Coley Hill. Read —6F 62
Coley Pk. Rd. Read —6F 62
Coley Pl. Read —6G 62
Colham Av. W Dray —9M 25
Colham Grn. Rd. Uxb —6N 25
Colham Mill Rd. W Dray —1L 49
Colham Rd. Uxb —5N 25
Colham Roundabout. Uxb —7N 25
Colin Way. Slou —2D 46
Collaroy Rd. Cold A —4F 80
College Av. Egh —9C 72
College Av. M'head —7B 20
College Av. Slou —2G 46
College Cres. Col T —1J 119
College Cres. Wind —8D 46
College Glen. M'head —7A 20
College Piece. Mort —4G 106
College Ride. Bag —9D 114
College Ride. Camb —2N 119
College Rise. M'head —7A 20
College Rd. Brack —6N 91
College Rd. Cipp —9B 22
College Rd. Col T —2J 119
College Rd. M'head —6A 20
College Rd. Read —6M 63
College Way. Ashf —8N 73
Colleton Dri. Twy —9K 41
Collier Clo. M'head —5C 20
Colliers Way. Read —5B 62
Collingwood Wlk. Tile —5J 61
Collins Clo. Newb —7N 79
Collins Dri. Herm —6C 56
Collis St. Read —7H 63
Colliston Wlk. Calc —9N 61
Colmworth Clo. Lwr Ear —3N 87
Colnbrook By-Pass. Coln & W Dray —5D 48
Colnbrook Ct. Coln —7G 48
Coln Clo. M'head —6C 20
Colndale Rd. Coln —8F 48
Colne Av. W Dray —1K 49
Colnebridge Clo. Stai —8F 72
Colne Orchard. Iver —7G 25
Colne Pk. Caravan Site. W Dray —3K 49
Colne Reach. Stai —2G 73
Colne Way. Stai —6C 72
Coln Trading Est. Coln —7G 48
Colonial Rd. Slou —1J 47
Colston Clo. Calc —8L 61
Colthrop La. That —9L 81
Coltsfoot Clo. Bfld C —8J 85
Coltsfoot Dri. W Dray —7M 25
Columbia Ct. Wokgm —2K 111
Colwyn Clo. Yat —3A 118
Colyer Clo. Herm —4F 56
Colyton Way. Pur T —8K 37
Combermere Clo. Wind —8D 46
Combe Rd. Tile —5N 61
Combe View. Hung —7K 75
Comet Rd. Stai —4L 73
Comet Way. Wdly —5F 64
Comfrey Clo. Wokgm —3C 90
Commercial Rd. Read —2G 86
Commonfield La. B'ham —2G 110
Common Hill. Eng —8A 60
Common La. Bright & Farnb —2B 30
Common La. Eton C —4E 46
Common Rd. Dor —3M 45
Common Rd. Eton W —3B 46
Common Rd. Hdly —8H 103
Common Rd. Slou —3B 48
Commons Rd. Wokgm —2L 89
Common, The. W Dray —3K 49
Communications Rd. Green —5C 102
Compton Av. Tile —5J 61
Compton Clo. Brack —8J 91
Compton Clo. Ear —8B 64
Compton Clo. Sand —9G 113
Compton Ct. Burn —7A 22
Compton Dri. M'head —6L 19
Compton Ho. Comp —9G 13
Comsaye Wlk. Brack —7N 91
Concleve Clo. Aldm —3J 105
Concorde Clo. Uxb —3M 25
Concorde Rd. M'head —1A 44
Concorde Way. Slou —1E 46
Concorde Way. Wdly —5F 64
Condor Clo. Tile —1K 61
Conduit La. Dat —5N 47
Conegar Ct. Slou —9G 22
Conifer Clo. Baug —9G 104
Conifer Crest. Newb —5G 100
Conifer Dri. Tile —2J 61
Conifer La. Egh —9D 72
Conifers, The. Crowt —3E 112
Conifer Wlk. Wind —6M 45
Coningham Rd. Read —5J 87
Coningsby. Brack —6N 91
Coningsby Clo. M'head —2A 44
Coningsby La. Fif —8F 44
Conisboro Av. Cav —8E 38
Conisboro Way. Cav —8E 38
Coniston Clo. Mar —5A 4
Coniston Clo. That —8D 80
Coniston Clo. Wdly —7E 64
Coniston Ct. Light —9L 115
Coniston Ct. Newb —7L 79
Coniston Cres. Burn —6M 21
Coniston Dri. Tile —2N 61
Connaught Av. Ashf —8M 73
Connaught Clo. Crowt —7D 112
Connaught Clo. M'head —5B 20
Connaught Clo. Read —5D 62
Connaught Clo. Yat —3A 118
Connaught Rd. Bag —7F 114
Connaught Rd. Newb —8M 79
Connaught Rd. Read —5D 62
Connaught Rd. Slou —1K 47
Constable Way. Col T —3J 119
Constitution Rd. Read —4B 62
Consul Clo. Wdly —7E 64
Convent Rd. Wind —8C 46
Conway Dri. That —6E 80
Conway Rd. Calc —7K 61
Conway Rd. Tap —7L 21
Conygree Clo. Lwr Ear —2A 88
Cookham Clo. Sand —9G 113
Cookham Dean Bottom. Cook —7G 4
Cookham Rd. Brack —4J 91
Cookham Rd. M'head —4B 20
Coombe Ct. That —8H 81
Coombe Hill. Farnb —6M 9
Coombe Hill Ct. Wind —1N 69
Coombe La. Asc —6M 93
Coombe Pine. Brack —8A 92
Coombe Rd. Comp —3J 33
Coombe Rd. Yat —2A 118
Coombesbury La. Stcks —3A 78
Coombes La. Wokgm —7F 88
Coombe, The. Streat —8H 15
Cooper Clo. Read —4J 87
Cooper Rd. Hen T —3C 16
Cooper Rd. W'sham —6N 115
Coopers Clo. Stai —9F 72
Coopers Cres. That —7F 80
Coopers Hill La. Egh —7L 71
(in three parts)
Coopers Pightle. Kid E —2D 38
Coopers Row. Iver —5D 24
Cooper Way. Slou —2D 46
Cope Hall La. Newb —3F 100
Copenhagen Clo. Read —4J 87
Copenhagen Wlk. Crowt —6F 112
Copperage Rd. Farnb —5C 10
Copper Beech Clo. Wind —7N 45
Copperdale Clo. Ear —9M 63
Copperfield Av. Owl —8J 113
Copperfield Av. Uxb —6N 25
Coppermill Rd. Wray —3B 72
Coppice Clo. Baug —9F 104
Coppice Clo. Newb —2M 101
Coppice Dri. Wray —4M 71
Coppice Gdns. Crowt —5D 112
Coppice Gdns. Yat —4A 118
Coppice Grn. Brack —2K 91
(in two parts)
Coppice Rd. Wdly —8D 64
Coppice, The. W Dray —7M 25
Coppidbeech La. Brack —5F 90
Coppins La. Iver —6G 24
Copse Av. Cav —1K 63
Copse Barnhill La. Wokgm —5E 88
Copse Clo. Mar —5A 4
Copse Clo. Tile —1L 61
Copse Clo. Up Buck —3L 81
Copse Clo. W Dray —2L 49
Copse Dri. Wokgm —4M 89
Copse La. Eve —9M 111
Copse Mead. Wdly —3E 64
Copse, The. Tadl —9J 105
Copse, The. Warg —2K 41
Copse Way. Wokgm —3K 111
Copse Wood. Iver —2E 24
Copthorn Clo. M'head —1L 43
Copthorne Chase. Ashf —8N 73
Copthorne Dri. Light —9L 115
Corbett Gdns. Wdly —5D 64
Corbridge Rd. Read —8J 63
Corby Clo. Egh —1L 95
Corby Clo. Wdly —3F 64
Corby Dri. Egh —1L 95
Cordelia Croft. Warf —3B 92
Cordelia Gdns. Stai —4M 73
Cordelia Rd. Stai —4M 73
Corderoy Clo. That —9J 81
Cordwallis Pk. M'head —6B 20
Cordwallis Rd. M'head —6B 20
Cordwallis St. M'head —6B 20
Cores End Rd. Bour —4M 5
Corey Ho. Brack —4M 91
Corfe Gdns. Slou —8C 22
Corfe M. Cav —9L 39
Corfe Pl. M'head —7N 19
Corfield Clo. Finch —7K 111
Coriander Way. Ear —2M 87
Corinne Clo. Read —2H 87
Corinthian Way. Stanw —4L 73
Cormorant Pl. Col T —2J 119
Cornbunting Clo. Col T —2H 119
Corn Croft. Warf —2B 92
Cornfield. Yat —5A 118
Cornfield Clo. Uxb —3L 25
Cornfield Grn. Wokgm —3L 89
Cornfield Rd. Wdly —4F 64
Cornflower Clo. Wokgm —4J 89
Cornwall Av. Slou —5E 22
Cornwall Clo. Eton W —4A 46
Cornwall Clo. M'head —4B 20
Cornwall Clo. Tile —9J 37
Cornwall Clo. Warf —1C 92
Cornwall Clo. Wokgm —5J 89
Cornwall Rd. Uxb —1L 25
Cornwall Way. Stai —9F 72
Cornwell Rd. Old Win —3J 71
Cornwood Gdns. Read —9J 63
Coronation Av. G Grn —6N 23
Coronation Av. Wind —8J 47
Coronation Cotts. Hurst —8J 65
Coronation Rd. Asc —9K 93
Coronation Rd. L Grn —9F 18
Coronation Rd. Yat —2C 118
Coronation Sq. Read —8B 62
Coronation Sq. Wokgm —4B 90
Corporation Cottage. Newb —7K 79
Corrie Gdns. Vir W —9L 95
Corsair Clo. Stai —4L 73
Corsair Rd. Stai —4M 73
Corsham Rd. Calc —9N 61
Corsham Way. Crowt —5F 112
Corwen Rd. Tile —4L 61
Costa Clo. Newb —6H 79
Cotswold Clo. Farn —9J 119
Cotswold Clo. M'head —8E 20
Cotswold Clo. Slou —2E 46
Cotswold Clo. Stai —9H 73
Cotswold Clo. Uxb —2K 25
Cotswold Rd. Sand —9D 112
Cotswold Way. Tile —2J 61
Cottage La. Ping —1C 86
Cotterell Clo. Brack —2M 91
Cotterell Gdns. Twy —1L 65
Cottesbrooke Clo. Coln —7E 48
Cottesmore. Brack —9L 91
Cottesmore Rd. Wdly —6C 64
Coulson Way. Burn —6L 21
County La. Warf —1A 92
Course Rd. Asc —5K 93
Court Clo. M'head —3F 44
Court Cres. Slou —7F 22
Court Dri. M'head —3F 20
Court Dri. Uxb —2N 25
Courtenay Dri. Emm G —6H 39
Courtfield Dri. M'head —8N 19
Court Gdns. Camb —4N 119
Courthouse Rd. M'head —7N 19
Courtlands. M'head —8C 20
Courtlands Av. Slou —3M 47
Courtlands Hill. Pang —9D 36
Courtlands Rd. Newb —1M 101
Court La. Burn —4N 21
Court La. Dor —2L 45
Court La. Iver —9H 25
(in two parts)
Courtney Rd. Houn —9N 49
Court Rd. M'head —4F 20
Courts Rd. Ear —8A 64
Court, The. That —7G 81
Courtyards, The. Langl —1B 48
Courtyard, The. Thea —9F 60
Courtyard, The. Wokgm —6A 90
Cousins Clo. W Dray —8M 25
Coventry Rd. Read —4L 63
Coverdale Way. Slou —5A 22
Covert La. Brack —6N 91
Covert, The. Asc —9L 93
Covert, The. Farn —9J 119
Covey Clo. Farn —9L 119
Cow La. E Ils —7B 12
Cow La. Moul —4G 15
Cow La. Read —2E 62
(in two parts)
Cowley Bus. Pk. Cow —4K 25
Cowley Cres. Uxb —6K 25
Cowley Mill Rd. Uxb —3J 25
Cowley Mill Trading Est. Uxb —3J 25
Cowley Rd. Uxb —3K 25
Coworth Clo. Asc —7D 94
Coworth Pk. S'hill —6E 94
Coworth Rd. Asc —7C 94
Cowper Rd. Slou —5C 22
Cowper Way. Read —8D 62
Cowslade. Speen —6H 79
Cowslip Clo. Tile —6J 61
Cowslip Clo. Uxb —1M 25
Cowslip Cres. That —6H 81
Coxborrow Clo. Cook —8J 5
Coxeter Rd. Newb —7J 79
Cox Grn. Col T —3H 119
Cox Grn. La. M'head —2M 43
Cox Grn. Rd. M'head —1N 43
Cox's La. Midg —9M 81
Cox's La. Shalb —7E 96
Crabtree Clo. Herm —6C 56
Crabtree La. Cur —7B 56
Crabtree Rd. Camb —7M 119
Cradock Rd. Read —8G 63
Craig Av. Read —4B 62
Crail Clo. Wokgm —8M 89
Crake Pl. Col T —1H 119
Cranberry Wlk. B'water —6K 119
Cranborne Gdns. Read —2A 62
Cranbourne Av. Calc —8K 61
Cranbourne Av. Wind —8B 46
Cranbourne Clo. Slou —9E 22
Cranbourne Cotts. Wind —7L 69
Cranbourne Hall Cotts. Wind —5L 69
Cranbourne Rd. Slou —9E 22
Cranbrook Dri. M'head —5M 19
Cranbury Rd. Read —5D 62
Crane Ct. Col T —1H 119
Crane Wharf. Read —5H 63
Cranford Av. Stai —4M 73
Cranford Clo. Hurst —4L 65
Cranford Clo. Stai —4M 73
Cranford Pk. Dri. Yat —3B 118
Cranmer Clo. Tile —1J 61
Craufurd Ct. M'head —6B 20
Craufurd Rise. M'head —6B 20
Craven Clo. Kint —1G 99
Craven Dene. Newb —7M 79
Craven Rd. Ink —3N 97
Craven Rd. Newb —9J 79
Craven Rd. Read —6K 63
Craven Way. Kint —9G 77
Crawford Clo. Ear —9A 64
Crawford Gdns. Camb —4M 119
Crawford Pl. Newb —8K 79
Crawley Chase. Wink R —1E 92
Crawshay Dri. Emm G —6H 39
Crayle St. Slou —4C 22
Craysleaze. Kid E —2D 38
Crecy Clo. Wokgm —5K 89
Creden Clo. M'head —6A 20
Crediton Clo. Wdly —6F 64
Cree's Meadow. W'sham —7M 115
Creighton Ct. Read —8K 63
Cremyll Rd. Read —3F 62
Crendon Ct. Cav —2G 63
Crescent Dri. M'head —7B 20
Crescent Ho. Wdly —7D 64
Crescent Rd. Read —6L 63
Crescent Rd. Tile —3L 61
Crescent Rd. Wokgm —6A 90
Crescent, The. Ashf —9N 73
Crescent, The. B'water —5H 119
Crescent, The. Brack —6N 91
Crescent, The. Ear —8B 64
Crescent, The. Egh —1N 95
Crescent, The. Kint —9F 76
Crescent, The. Lwr P —7L 83
Crescent, The. M'head —7B 20
Crescent, The. Mort —4H 107
Crescent, The. S'lake —1G 40
Crescent, The. Slou —1G 46
Crescent, The. Thea —8F 60
Cressex Clo. Binf —1G 91
Cressida Chase. Warf —3B 92
Cressingham Rd. Read —9J 63
Cressington Pl. Bour —3L 5
Cress Rd. Slou —1D 46
Cresswell Rd. Newb —7A 80
Cresswells Mead. M'head —4E 44
Crest Clo. Rusc —7K 41
Creswell Clo. Read —5J 87
Cricketers La. Warf —9D 68
Cricketers La. W'sham —5N 115
Cricket Field Gro. Crowt —6H 113
Cricket Field Rd. Uxb —2L 25
Cricketfield Rd. W Dray —3K 49
Cricket Hill. Finch —8L 111
Cricket Hill. Yat —6C 118
Cricket Hill La. Yat —6B 118
Crimp Hill. Old Win & Egh —4H 71
Crisp Gdns. Binf —2J 91
Crispin Clo. Cav —8D 38
Crisp Rd. Hen T —3B 16
Crocker Clo. Asc —3J 93
Crockford Pl. Binf —2K 91
Crockhamwell Rd. Wdly —6D 64
Crocus Way. Wokgm —4J 89
Croft Clo. Uxb —1N 25
Croft Clo. Wokgm —9M 89
Crofters Clo. Sand —1E 118
Crofters, The. Old Win —3J 71
Crofthill Rd. Slou —5D 22
Croft La. Newb —7J 79
Croft La. Yat —2A 118
Crofton Clo. Brack —7B 92
Croft Rd. Gor —8L 15
Croft Rd. Hung —5K 75
Croft Rd. Mort —4G 107
Croft Rd. Newb —2K 101
Croft Rd. Spen W —9J 87
Croft Rd. Wokgm —9M 89
Croft, The. Brack —2M 91
Croft, The. Kint —9F 76
Croft, The. M'head —9N 19
Croft, The. Mar —4E 4
Croft, The. Wokgm —6B 90
Croft, The. Yat —2B 118
Cromer Clo. Tile —3K 61
Cromer Rd. W. Houn —9N 49
Cromwell Clo. Hen T —6C 16
Cromwell Dri. Slou —7G 23
Cromwell Gdns. Mar —5C 4
Cromwell Pl. Newb —8L 79
Cromwell Rd. Asc —6L 93
Cromwell Rd. Camb —2N 119
Cromwell Rd. Cav —2H 63
Cromwell Rd. Hen T —6D 16
Cromwell Rd. M'head —7A 20
Cromwell Rd. Mar —5C 4
Cromwell Rd. Newb —6N 79
Cromwell Ter. Speen —6H 79
Crondall End. Yat —2A 118
Crondell Ct. Camb —5M 119
Cropper Clo. That —8K 81
Crosfields Clo. Read —3J 87
Cross Fell. Brack —6L 91
Cross Gates Clo. Brack —5C 92
Cross Keys Rd. S Sto —2L 15
Crossland Rd. Read —5H 63
Cross La. Ashmw —9N 117
Cross La. Graz —2B 108
Cross Oak. Wind —8C 46
Cross Rd. Asc —9B 94
Cross Rd. Uxb —1K 25
Cross St. Read —4H 63
Cross St. Uxb —1K 25
Cross St. Wokgm —5A 90
Crossway. Brack —4N 91
Crossways. Egh —9E 72
Crossways. Wdly —7D 64
Crossway, The. Uxb —3N 25
Crosthwaite Way. Slou —6N 21
Crouch La. Wink —4H 69
Crowfield Dri. That —8E 80
Crowle Rd. Lamb —3G 27
Crown Acre Clo. That —8F 80
Crown Ct. That —8F 80
Crown La. Farn R —3C 22
Crown La. M'head —7D 20
Crown La. Thea —9F 60
Crown La. Vir W —8M 95
Crown Mead. That —8F 80
Crown Meadow. Coln —6C 48
Crown Pl. Owl —9J 113
Crown Pl. Read —6J 63
Crown Rd. Mar —5B 4
Crown Rd. Vir W —8L 95
Crown Row. Brack —8A 92
Crown St. Egh —9B 72
Crown St. Read —6H 63
Crown Wlk. Uxb —1K 25
Crown Way. W Dray —9N 25
Crow Piece La. Farn R —1B 22
Crowsley Rd. S'lake —1F 40
Crowsley Way. Son C —1E 38
Crowthorne Rd. Brack —7L 91
Crowthorne Rd. Crowt & Brack —4H 113
Crowthorne Rd. Sand —1E 118
Crowthorne Rd. N. Brack —5M 91
Croxley Rise. M'head —8A 20
Cruch La. Tap —3B 68
Cruikshank Lea. Col T —3J 119
Crummock Clo. Slou —7M 21
Crutchley Rd. Wokgm —4B 90
Culford Clo. Lwr Ear —1C 88
Culham Dri. M'head —4B 20
Culham Ho. Brack —6B 92
Cullen Clo. Yat —4A 118
Cullerns Pas. M'head —8C 20
Culley Way. M'head —1L 43
Culloden Way. Wokgm —5K 89
Culvercroft. Binf —2J 91
Culver La. Ear —5N 63
Culver Rd. Newb —2K 101
Culver Rd. Owl —9H 113
Culver Rd. Read —6M 63
Culvert La. Uxb —3J 25
Cumberland Av. Slou —5E 22
Cumberland Dri. Brack —3A 92
Cumberland Rd. Ashf —7L 73
Cumberland Rd. Read —4K 63
Cumberland St. Stai —9E 72
Cumberland Way. Wokgm —5J 89
Cumbrae Clo. Slou —9J 23
Cumbria Clo. M'head —1N 43
Cumbrian Way. Uxb —1L 25
Cumnor Way. Brack —6B 92
Cunworth Ct. Brack —8K 91
Curlew Clo. That —8F 80
Curlew Dri. Tile —6K 61
Curling Way. Newb —7N 79
Curls La. M'head —1B 44
Curls Rd. M'head —1A 44
Curl Way. Wokgm —6M 89
Curly Bri. Clo. Farn —9K 119
Curnock Ct. Newb —1J 101
Curran Clo. Uxb —5K 25
Curridge Grn. Cur —8B 56
Curridge Piece. Cur —7C 56
Curridge Rd. Cur —9L 55
Curtis Rd. Calc —7K 61
Curzon Mall. Slou —1H 47
Curzon St. Read —4D 62
Cusden Wlk. Read —5G 62
(off Castle St.)
Cutbush Clo. Lwr Ear —3A 88
Cutbush La. Lwr Ear —3N 87
Cutbush La. Shin —5L 87
Cutting Hill. Hung —7F 96
Cuttings, The. Hamp N —8J 33
Cwmcarn. Cav —7F 38
Cygnet Clo. That —8E 80
Cygnet Way. Hung —4K 75
Cypress Clo. Wokgm —2M 111
Cypress Ho. Langl —4C 48
Cypress Rd. Wdly —6F 64
Cypress Wlk. Egh —1K 95
Cypress Way. B'water —4F 118
Cyril Vokins Rd. Newb —9B 80

Dacre Av. Cav —9L 39
Dagmar Rd. Wind —8F 46
Dagnall Cres. Uxb —6K 25
Dalby Cres. Green —2M 101
Dalcross. Brack —8B 92
Dale Clo. Asc —7C 94
Dale Ct. Chalv —1E 46
Dale Gdns. Sand —1E 118
Daleham Av. Egh —9B 72
Dale Lodge Rd. Asc —7C 94
Dale Rd. Read —7H 63
Dalley Ct. Col T —2H 119
Dalton Clo. Tile —4M 61
Damer Gdns. Hen T —6D 16
Danbridge Dri. Bour —4N 5
Dandridge Clo. Slou —3M 47
Danehill. Lwr Ear —3A 88
Danes Gdns. Cook —9K 5
Daniel's La. Hung —5G 96
Danvers Clo. That —9G 81
Danywern Dri. Winn —1H 89
Darby Grn. La. B'water —4F 118
Darby Grn. Rd. B'water —4E 118
Darell Rd. Cav —1F 62
Dark Dale. Asc —7D 92
Darkhole Ride. Wind —1K 69
Dark La. Brad —5L 59
Dark La. E Ils —9K 11
Dark La. Hung —5N 75
Dark La. Pang —4N 59
Dark La. Tile —2J 61
Dark La. W'sham —6L 115
Darleydale Clo. Owl —8H 113
Darling's La. M'head —6J 19
Darrel Clo. Langl —3A 48
Darrell Charles Ct. Uxb —1M 25
Dart Clo. Finch —4L 111
Dart Clo. Slou —5C 48
Dart Clo. That —6E 80
Dartington Av. Wdly —8C 64
Dartington Clo. Tile —4N 61
Dartmouth Clo. Brack —5B 92
Dartmouth Ter. Read —6H 63
Darvills La. Read —3D 66
Darvill's La. Slou —1F 46
Darwall Dri. Asc —4G 93
Darwin Clo. Read —2G 87
Darwin Rd. Slou —1A 48
Dashwood Clo. Brack —3A 92
Dashwood Clo. Slou —3L 47
Datchet Pl. Dat —7K 47
Datchet Rd. Hort —9A 48
Datchet Rd. Old Win —1J 71
Datchet Rd. Slou —3H 47
Datchet Rd. Wind —6F 46
Dauntless Rd. Bfld C —7J 85
Davenport Rd. Brack —3B 92
Daventry Clo. Coln —7G 48
Daventry Ct. Brack —3M 91
David Smith Ct. Calc —7N 61
Davis Clo. Mar —6C 4
Davis Clo. Winn —2G 89
Davis Gdns. Col T —2J 119
Davis St. Hurst —9H 65
Davis Way. Hurst —8J 65
Davy Clo. Wokgm —6A 90
Dawes E. Rd. Burn —5M 21
Dawes Moor Clo. Slou —7L 23
Dawe's Rd. Uxb —3M 25
Dawley Ride. Coln —7F 48
Dawlish Rd. Read —1J 87
Dawnay Clo. Asc —3J 93
Dawnay Rd. Camb —1M 119
Dawn Redwood Clo. Hort —9B 48
Dawson Clo. Wind —8C 46
Deacon Clo. Wokgm —3A 90
Deaconfield. S Sto —3L 15
Deacon's La. Herm —5F 56
Deacon Way. Tile —2A 62
Deadman's La. Gor H —2J 37
Deadmans La. Green —4M 101
Deadman's La. Thea —8E 60
Deadmoor La. Newt —8J 101
Deal Av. Slou —7B 22
Dean Clo. Uxb —1N 25
Dean Clo. Wind —9N 45
Deanfield Av. Hen T —5C 16
Deanfield Clo. Mar —4B 4
Deanfield Rd. Hen T —5B 16
Dean Gro. Wokgm —4A 90
Dean La. Cook —7F 4
Dean Pde. Camb —9C 114
Deans Clo. Stoke P —2K 23
Deans Ct. W'sham —7N 115
Deansgate. Brack —9M 91
Deansgate Rd. Read —6H 63
Dean St. Mar —5B 4
Deanswood Rd. Tadl —9J 105
Deanwood Ho. Stcks —6F 78
De Beauvoir Rd. Read —5L 63
De Bohun Rd. Read —3H 63
Decies Way. Stoke P —2J 23
Dedmere Ct. Mar —5D 4
Dedmere Rise. Mar —5C 4
Dedmere Rd. Mar —5C 4
Dedworth Dri. Wind —7B 46
Dedworth Rd. Wind —8M 45
Deena Clo. Slou —8A 22
Deepdale. Brack —6L 91

Garston Clo.—Hangman's Stone La.

Garston Clo. Read —8A 62
Garston Cres. Calc —7J 61
Garston Gro. Wokgm —1K 111
Garston's Pk. Caravan Site. Tile —6J 61
Garswood. Brack —8A 92
Garth Clo. Winn —1H 89
Garthlands. M'head —4A 20
Garth Rd. Mort C —5H 107
Garth Sq. Brack —2M 91
Gascon's Gro. Slou —5C 22
Gas Ho. Hill. Lamb —2J 27
Gaskell M. Newb —2M 101
Gaskells End. Tok G —5D 38
Gas La. M'head —2D 44
Gas Works Rd. Read —5J 63
Gatcombe Clo. Calc —8K 61
Gatehampton Rd. Gor —8L 15
Gatewick Clo. Slou —9G 23
Gatward Av. M'head —2M 43
Gaveston Rd. Slou —4B 22
Gayhurst Clo. Cav —7K 39
Gays La. M'head —5E 44
Gaywood Dri. Newb —7A 80
Gazelle Clo. Winn —9F 64
Geffers Ride. Asc —4H 93
Geoffreyson Rd. Cav —8D 38
George Clo. Mar —3D 4
George Grn. Dri. G Grn —7N 23
George Grn. Rd. G Grn —7M 23
Georgeham Rd. Owl —8H 113
Georges Dri. F Hth —1N 5
George St. Cav —3H 63
George St. Read —4F 62
George St. Stai —8G 73
George St. Uxb —1L 25
Georgian Clo. Stai —8J 73
Geranium Clo. Crowt —2F 112
Gerrards Cross Rd. Stoke P —1J 23
Gibbins La. Warf —9A 68
Gibbons Clo. Sand —1G 118
Gibbs Clo. Wokgm —4K 111
Gibbs Way. Yat —5A 118
Gibraltar Barracks. B'water —7C 118
Gibraltar La. Cook —6F 4
Gibson Ct. Dat —4A 48
Gibson Pl. Stai —3K 73
Gidley La. Chvly —3J 55
Giffard Ho. Cav —3J 63
Gifford Clo. Cav —8L 39
Gilbert Rd. Camb —8N 119
Gilby Wlk. Wbrn G —3N 5
(off Stratford Dri.)
Gilchrist Way. L Grn —9F 18
Gillette Way. Read —1H 87
Gilliat Rd. Slou —8G 23
Gillotts Clo. Hen T —6A 16
Gillotts Hill. Harp —7B 16
Gillott's La. Hen T —7A 16
Gilman Cres. Wind —9N 45
Gilmore Clo. Slou —1L 47
Gilroy Clo. Newb —4G 101
Gingells Farm Rd. Charv —8G 40
Gipsy La. Brack —4A 92
Gipsy La. Edd —3L 75
Gipsy La. Lwr Ear —2C 88
(in three parts)
Gipsy La. Tile —3M 61
Gipsy La. Wokgm —6A 90
Girton Clo. Owl —9J 113
Glade Rd. Mar —5C 4
Glade, The. Asc —7M 93
Glade, The. Newb —2K 101
Glade, The. Pur T —9K 37
Gladridge Clo. Ear —8A 64
Gladstone Clo. Kint —9G 76
Gladstone La. Cold A —3F 80
Gladstone Way. Slou —9C 22
Glaisdale. That —9F 80
Glaisyer Way. Iver —3E 24
Glamis Way. Calc —8J 61
Glanmor Rd. Slou —8K 23
Glanty, The. Egh —8D 72
Glasgow Rd. Slou —7C 22
Glebe Clo. Light —9M 115
Glebe Clo. Moul —1H 15
Glebe Clo. Tap —9J 21
Glebe Cotts. S Sto —3L 15
Glebe Field. Chadw —5M 29
Glebe Fields. Newb —6M 79
Glebeland Rd. Camb —5K 119
Glebelands. That —8F 80
Glebelands Rd. Wokgm —4A 90
Glebe La. Son —1D 64
Glebe Ride. Gor —8K 15
Glebe Rd. Egh —9D 72
Glebe Rd. M'head —9E 20
Glebe Rd. Old Win —2K 71
Glebe Rd. Pur T —8J 37
Glebe Rd. Read —7J 63
Glebe Rd. Stai —9J 73
Glebe Rd. Uxb —3K 25
Glebe, The. Aldw —2B 34
Glebe, The. B'water —5J 119
Glebe, The. W Dray —3N 49
Glebewood. Brack —7N 91
Glenapp Grange. Mort C —4G 107
Glen Av. Ashf —8N 73
Glenavon Gdns. Slou —3L 47
Glenavon Gdns. Yat —5B 118
Glenbeigh Ter. Read —6E 62
Glendale Av. Newb —4G 101
Glendale Rd. Tadl —9J 105
Glendevon Rd. Wdly —4E 64
Gleneagles Clo. Stai —3L 73
Gleneagles Ct. Read —5K 63
(off Muirfield Clo.)
Gleneagles Ho. Brack —8J 91
Glenfield Ho. Brack —6N 91
Glenhurst. W'sham —4K 115
Glenhurst Clo. B'water —5J 119
Glenilnnes. Col T —9K 113
Glenmore Clo. That —9G 80
Glennon Clo. Read —8C 62
Glenrhondda. Cav —8F 38
Glenrosa Rd. Tile —4A 62
Glen, The. Pam H —9N 105
Glen, The. Slou —3L 47
Glenthorne Clo. Uxb —4N 25
Glenwood. Brack —6A 92
Glenwood Dri. Tile —5K 61
Glenworth Pl. Slou —9E 22
Glisson Rd. Uxb —3N 25
Globe Farm La. B'water —4F 118
Gloucester Av. Slou —6E 22
Gloucester Ct. Read —5D 62
Gloucester Dri. Stai —7D 72
Gloucester Gdns. Bag —7H 115
Gloucester Pl. Wind —8F 46
Gloucester Rd. Bag —7H 115
Gloucester Rd. M'head —4B 20
Gloucester Rd. Newb —9J 79
Gloucester Rd. Read —5D 62
Gloucestershire Lea. Warf —2C 92
Glyme Wlk. Calc —9N 61
Glyncastle. Cav —8F 38
Goaters Rd. Asc —4F 92
Goddard Clo. Shin —6L 87
Goddard Ct. Winn —2G 89
Goddard Dri. Midg —8B 82
Goddards La. Camb —6M 119
Goddington Rd. Bour —2L 5
Godolphin Rd. Slou —8F 22
Godstow Clo. Wdly —4D 64
(in two parts)
Goffs Hill. Cray P —1E 36
Goldcrest Way. Tile —6J 61
Goldcup La. Asc —3G 93
Golden Ball La. M'head —3K 19
Golden Orb Wood. Binf —3H 91
Goldfinch La. Bis G —7C 102
(off Linden Rd.)
Golding Clo. That —8J 81
Goldsmid Rd. Read —5F 62
Goldsmith Clo. That —6F 80
Goldsmiths Clo. Finch —1K 111
Goldsmith Way. Crowt —6F 112
Goldsworthy Way. Slou —7M 21
Goldthorpe Gdns. Lwr Ear —3M 87
Goldwell Dri. Newb —7K 79
Gooch Clo. Twy —1L 65
Goodboys La. Graz —8N 85
Goodchild Rd. Wokgm —5B 90
Goodings Grn. Wokgm —5D 90
Goodliffe Gdns. Tile —9K 37
Goodman Pk. Slou —9L 23
Goodman Pl. Stai —8G 72
Goodrich Clo. Cav —8L 39
Goodways Dri. Brack —4N 91
Goodwin Clo. Calc —8M 61
Goodwin Rd. Slou —4B 22
Goodwood Clo. Bfld C —9G 85
Goodwood Clo. Camb —1N 119
Goodwood Way. Green —1N 101
Goose Corner. Warf —9C 68
Goose Grn. Farn R —3D 22
Goose Grn. Lamb —2H 27
Goose Grn. Way. That —8H 81
Goose La. Leck —8C 30
Gordon Av. Camb —5M 119
Gordon Clo. Stai —9J 73
Gordon Ct. Camb —4N 119
Gordon Ct. Newb —9M 79
Gordon Cres. Camb —5N 119
Gordon Cres. Comp —1H 33
Gordon Lodge. Read —5E 62
Gordon Palmer Ct. Read —4C 62
Gordon Pl. Read —4C 62
Gordon Rd. Ashf —7M 73
Gordon Rd. Camb —5N 119
Gordon Rd. Crowt —7H 113
Gordon Rd. M'head —7A 20
Gordon Rd. Newb —9M 79
Gordon Rd. Stai —8D 72
Gordon Rd. That —6D 80
Gordon Rd. W Dray —8M 25
Gordon Rd. Wind —8B 46
Gordon Wlk. Yat —4C 118
Gore End Rd. Bal H —6N 99
Gore End Vs. Bal H —6N 99
Gore Rd. Burn —4L 21
Gore, The. Burn —4K 21
Goring La. Bfld C —1G 107
Goring Rd. Stai —9E 72
Goring Sq. Stai —8F 72
Gorrick Sq. Wokgm —8N 89
Gorse Dri. Wdly —4F 64
Gorse Hill La. Vir W —6M 95
Gorse Hill Rd. Vir W —6M 95
Gorselands. Cav —7G 39
Gorselands. Newb —5H 101
Gorselands. Tadl —9K 105
Gorselands. Yat —5A 118
Gorse Meade. Slou —9D 22
Gorse Pl. Wink R —2E 92
Gorse Ride N. Wokgm —3K 111
Gorse Ride S. Wokgm —3K 111
Gorse Rd. Cook —9J 5
Gorse Wlk. W Dray —7M 25
Gosbrook Houses. Cav —3J 63
(off Star Rd.)
Gosbrook Rd. Cav —2G 63
(in two parts)
Gosforth Clo. Lwr Ear —1B 88
Goslar Way. Wind —8D 46
Gosling Grn. Slou —2N 47
Gosling Rd. Slou —2N 47
Gossage Rd. Uxb —1N 25
Gossmore Clo. Mar —6D 4
Gossmore La. Mar —6D 4
Gossmore Wlk. Mar —6D 4
Goswell Hill. Wind —7F 46
Goswell Rd. Wind —7F 46
Gough's Barn La. Brack —4L 67
(in two parts)
Gough's La. Brack —2A 92
Gough's Meadow. Sand —2F 118
Governor's Rd. Col T —3K 119
Govett Gro. W'sham —5N 115
Gower Pk. Col T —2H 119
Gower St. Read —4E 62
Grace Bennett Clo. Farn —9L 119
Grace Ct. Slou —9E 22
Grace Reynolds Wlk. Camb —3N 119
Graces La. Chvly —4M 55
Graffham Clo. Lwr Ear —3A 88
Grafton Clo. G Grn —7N 23
Grafton Clo. M'head —4B 20
Grafton Rd. Tile —5L 61
Graham Clo. Calc —8M 61
Graham Clo. M'head —9N 19
Grahame Av. Pang —8E 36
Graham Rd. Cook —9J 5
Graham Rd. W'sham —6M 115
Grainges Yd. Uxb —1K 25
Grampian Rd. Sand —8E 112
Grampian Way. Slou —4B 48
Gramp's Hill. Let B —2C 8
Granby Ct. Read —5L 63
Granby End. Bfld C —8J 85
Granby Gdns. Read —5L 63
Grand Av. Camb —3N 119
Grand Union Office Pk., The. Uxb —7K 25
Grange Av. Crowt —4F 112
Grange Av. Read —6M 63
Grange Clo. Gor —9K 15
Grange Clo. Stai —9H 73
Grange Clo. Wray —3N 71
Grange Ct. Ear —4A 64
Grange Ct. Egh —9A 72
Grange Ct. Newb —9M 79
Grange Ct. Stai —9H 73
Grange Dri. Wbrn G —4N 5
Grange La. Cook —7K 5
Grange Lodge. Wind —6N 45
Grangely Clo. Calc —8L 61
Grange Rd. Brack —3N 91
Grange Rd. Cook —8K 5
Grange Rd. Egh —9A 72
(in two parts)
Grange Rd. Farn —9M 119
Grange Rd. Hen T —5D 16
Grange, The. Burn —4M 21
(off Green La.)
Grange Way. Iver —7G 24
Grangewood. Wex —6L 23
Grant Av. Slou —7G 23
Grantham Clo. Owl —9J 113
Grantham Rd. Read —8N 61
Granthams, The. Lamb —2H 27
Grant Rd. Crowt —7G 112
Grant Wlk. Asc —1N 115
Granville Av. Slou —6F 22
Granville Rd. Read —7A 62
Grasmere Av. Slou —8J 23
Grasmere Av. Tile —2N 61
Grasmere Clo. Winn —2H 89
Grasmere Pde. Slou —8K 23
Grasmere Rd. Light —9L 115
Grass Hill. Cav —1E 62
Grassington Pl. That —8G 80
Grassmead. That —9J 81
Grassy La. M'head —7B 20
Gratton Dri. Wind —1A 70
Gratton Rd. Read —3J 87
Gratwicke Rd. Tile —4M 61
Gravel Hill. Cav —7F 38
Gravel Hill. Hen T —4C 16
Gravel Hill. Stcks —6C 78
Gravelly Clo. N End —7M 99
Gravelpithill La. Wokgm —6E 88
Gravel Rd. Bin H —4M 39
Graveney Dri. Cav —1E 62
Gravett Clo. Hen T —6B 16
Grayling Clo. Mar —7A 4
Grayling Ct. Read —3G 63
(off De Montfort Rd.)
Grays All. M'head —7K 19
Grays Cres. Wdly —5B 64
Grayshot Dri. B'water —4G 119
Grays Pk. Rd. Stoke P —3J 23
Grays Pl. Slou —9H 23
Gray's Rd. Slou —9H 23
Grays Rd. Uxb —3M 25
Grazeley Rd. Three M —7G 86
Gt. Auclum Pl. Bfld C —9J 85
Gt. Barn Ct. That —8F 80
Gt. Benty. W Dray —3M 49
Greatfield Clo. Farn —9M 119
Greatfield Rd. Farn —9L 119
Greatfields Dri. Uxb —6N 25
Gt. Hill Cres. M'head —9M 19
Gt. Hollands Rd. Brack —8J 91
Gt. Hollands Sq. Brack —8K 91
Greathouse Wlk. Brad —5J 59
Gt. Knollys St. Read —4F 62
Gt. Lea Cotts. Three M —6G 86
Gt. Lea Ter. Three M —6G 86
Gt. Severals. Kint —9F 76
Greenacre. Wind —8A 46
Greenacre Ct. Egh —1L 95
Greenacre Mt. Tile —4L 61
Greenacres. Wool H —9C 100
Greenacres Av. Winn —9F 64
Greenacres La. Winn —9F 64
Greenbank Way. Camb —7N 119
Green Bus. Cen., The. Stai —8D 72
Green Clo. M'head —5C 20
Green Clo. Tap —7K 21
Green Cres. F Hth —1N 5
Green Croft. Wokgm —3C 90
Greencroft Gdns. Read —7N 61
Greendale M. Slou —8J 23
Green Dean Hill. Tok G —3B 38
Green Dragon La. F Hth —1M 5
Green Dri. Slou —3N 47
(in two parts)
Green Dri. Wokgm —7C 90
Green End. Yat —2B 118
Green End Clo. Spen W —9H 87
Green Farm Rd. Bag —7J 115
Greenfern Av. Slou —7M 21
Greenfields. M'head —8D 20
Greenfields Rd. Read —3H 87
Greenfield Way. Crowt —3E 112
Green Finch Clo. Crowt —4D 112
Greenfinch Clo. Tile —6J 61
Greenham Clo. Wdly —6F 64
Greenham Mill. Newb —8M 79
Greenham Rd. Newb & Green —9L 79
Green Hams La. Comp & Hamp N —1C 32
Greenham Wood. Brack —8N 91
Greenhaven. Yat —4A 118
Greenhow. Brack —5L 91
Greenlands. Wool H —9C 100
Greenlands Rd. Camb —8M 119
Greenlands Rd. Newb —1M 101
Greenlands Rd. Stai —8H 73
Green La. Asc —3A 94
Green La. Bag —8J 115
Green La. Bin H —4N 39
Green La. B'water —5J 119
Green La. Box —4E 54
Green La. Burn —4M 21
Green La. Chvly —5M 55
Green La. Crowt —3E 114
Green La. Dat —7K 47
Green La. Egh —9C 72
(in two parts)
Green La. Fac —9G 117
Green La. Fif —7E 44
Green La. Frogm —5F 118
Green La. Hen T —6C 16
Green La. Hurst —9K 65
Green La. L Grn —9F 18
Green La. M'head —8D 20
Green La. Mort —9M 107
Green La. Newb —9J 79
Green La. Pang —9D 36
Green La. P'mre —2K 31
Green La. Read —1A 86
Green La. Sand —2G 118
Green La. Son C —1F 38
Green La. Tap —8L 43
Green La. That —8F 80
Green La. Tut C —9H 59
Green La. Uft N —9D 84
Green La. Wind —8C 46
Green La. Wokgm —9E 66
Green La. Ct. Burn —4M 21
Greenleas Av. Emm G —6H 39
Greenleas Clo. Yat —2A 118
Green Leys. M'head —4C 20
Greenock Rd. Slou —7C 22
Green Pk. Stai —7F 72
Green Ride. Brack —9C 92
Green Rd. Read —7M 63
Greenside. Bour —2L 5
Greenside. Crowt —5D 112
Greenside. Slou —6C 22
Greensward La. Arbor —8B 88
Green, The. B'water —5G 118
Green, The. Brack —6M 91
Green, The. Burn —6L 21
Green, The. Dat —6K 47
Green, The. Kint —1G 98
Green, The. Leck —7D 30
Green, The. Slou —2F 46
Green, The. Thea —1D 84
Green, The. W Dray —2L 49
Green, The. Woos —4K 89
Green, The. Wray —3N 71
Green, The. Yat —3A 118
Green Verges. Mar —4C 4
Greenview Ct. Ashf —8N 73
Greenway. Burn —4L 21
Greenway. Wool H —9C 100
Greenways. Egh —9N 71
Greenways. Lamb —3H 27
Greenways. Sand —9F 112
Greenways Dri. Asc —1N 115
Greenways Dri. M'head —6L 19
Greenway, The. Slou —9N 21
Greenway, The. Uxb —3L 25
Green Wood. Asc —3F 92
Greenwood Gro. Winn —9J 65
Greenwood Rd. Crowt —4E 112
Greenwood Rd. Tile —7N 61
Gregory Clo. Lwr Ear —3B 88
Gregory Dri. Old Win —3K 71
Grenfell. M'head —6E 20
Grenfell Av. M'head —8C 20
Grenfell Pl. M'head —8C 20
Grenfell Rd. M'head —7B 20
Grenville Clo. Burn —3L 21
Gresham Rd. Slou —7C 22
Gresham Rd. Stai —9G 73
Gresham Rd. Uxb —3N 25
Gresham Way. Read —2A 62
Gresham Way Ind. Est. Tile —2A 62
Greyberry Copse Rd. That —2A 102
Greyfriars Dri. Asc —7L 93
Greyfriars Rd. Read —4G 63
Grey's Ct. Read —5J 63
Greys Hill. Hen T —5C 16
Greys Rd. Hen T —6A 16
Greystoke Ct. Crowt —6E 112
Greystoke Rd. Cav —9J 39
Greystoke Rd. Slou —6A 22
Griffin Clo. M'head —9B 20
Griffin Clo. Slou —1E 46
Griffiths Clo. That —9J 81
Grindle Clo. That —6F 80
Gringer Hill. M'head —5A 20
Groombridge Pl. Don —5J 79
Grosvenor Clo. Iver —4E 24
Grosvenor Ct. B'water —6H 119
Grosvenor Ct. Slou —7G 23
Grosvenor Dri. M'head —6F 20
Grosvenor Rd. Cav —1H 63
Grove Clo. Old Win —4K 71
Grove Clo. Slou —2H 47
Grove Clo. Wokgm —3C 112
Grove Cotts. Cav —8G 39
Grove Ct. Egh —9B 72
Grove End. Bag —6J 115
Grove Hill. Cav —9G 39
Groveland Pl. Read —4B 62
Groveland Rd. Speen —6H 79
Grovelands Av. Winn —1J 89
Grovelands Clo. Winn —9J 65
Grovelands Rd. Read —5B 62
Grovelands Rd. Spen W —9J 87
Grove La. Uxb —5N 25
Grove La. Wink R —9E 68
Grove Pde. Slou —1J 47
Grove Rd. Burn —4N 21
Grove Rd. Emm G —8G 39
Grove Rd. Hen T —5D 16
Grove Rd. M'head —7C 20
Grove Rd. Newb —6H 79
Grove Rd. Son C —1F 38
Grove Rd. Uxb —1L 25
Grove Rd. Wind —8E 46
Groves Clo. Bour —4N 5
Groves Lea. Mort —4G 107
Groves, The. Chilt F —1G 75
Groves Way. Cook —9J 5
Grove, The. Asc —3F 92
Grove, The. Egh —9B 72
Grove, The. Read —5J 63
Grove, The. Slou —1J 47
Grove, The. That —7G 80
Grove, The. Twy —8J 41
Grove Way. Uxb —1L 25
Grubwood La. Cook —9E 4
Guards Club Rd. M'head —7F 20
Guards Rd. Wind —8M 45
Guildford Rd. Bag —7H 115
(in two parts)
Guildford Rd. Light —9K 115
(in two parts)
Gullane Ct. Read —5K 63
(off Muirfield Clo.)
Gull Clo. Wokgm —6K 89
Gullet Path. M'head —9A 20
Gun St. Read —5G 63
Gunthorpe Rd. Mar —4D 4
Gurnard Clo. W Dray —8L 25
Gurney Clo. Cav —8D 38
Gurney Dri. Cav —9D 38
Gwendale. M'head —5N 19
Gwent Clo. M'head —1M 43
Gwyn Clo. Newb —2K 101
Gwynne Clo. Tile —1L 61
Gwynne Clo. Wind —7A 46
Gwyns Piece. Lamb —2H 27
Gypsey La. Mar —2C 4
Gypsy La. Mar —3C 4
Haddenhurst Ct. Binf —1G 90
Haddon Dri. Wdly —4D 64
Haddon Rd. M'head —9N 19
Hadfield Rd. Stai —3L 73
Hadleigh Rise. Cav —8L 39
Hadlow Ct. Slou —9E 22
Hadrian Clo. Stai —5M 73
Hadrian Wlk. E. Read —8J 63
Hadrian Wlk. W. Read —8J 63
Hadrian Way. Stai —4L 73
Hafod. Cav —7F 38
Hag Hill La. Tap —7K 21
Hag Hill Rise. Tap —7K 21
Hagley Rd. Read —8H 63
Haig Dri. Slou —1D 46
Haig Rd. Col T —3K 119
Hailey La. P'mre —5H 31
Hailsham Clo. Owl —9H 113
Halcyon Ter. Tile —4M 61
Haldane Rd. Cav —8E 38
Hale End. Brack —6C 92
Hale St. Stai —8F 72
Hale Way. Frim —9N 119
Halewood. Brack —8K 91
Halfacre Clo. Spen W —8H 87
Half Mile Rd. Hung —3G 50
Half Moon St. Bag —7H 115
Halfpenny Catch La. Beed —3N 31
Halfpenny La. Asc —9D 94
Halfpenny La. Chol —2E 14
Halifax Clo. M'head —6L 19
Halifax Pl. That —7F 80
Halifax Rd. M'head —6L 19
Halifax Way. M'head —6L 19
Halkingcroft. Slou —1L 47
Hallbrooke Gdns. Binf —2J 91
Hall Clo. Leck —8D 30
Hall Ct. Dat —6K 47
Halldore Hill. Cook —8J 5
Halley Dri. Asc —4G 93
Hall Farm Cres. Yat —4B 118
Hallgrove Bottom. Bag —5J 115
Hall La. Yat —4A 118
Hall Meadow. Burn —3M 21
Hall Pl. La. Bur G —6F 18
Halls La. Shin —2L 87
Halls La. Wal L —6E 42
Hallsmead Ct. Read —3G 63
(off De Montfort Rd.)
Halls Rd. Tile —6K 61
Halpin Clo. Calc —8K 61
Halstead Clo. Wdly —5D 64
Halstead Ho. Baug —9H 105
Hamble Av. B'water —4H 119
Hambleberry Ct. Tile —4K 61
Hamble Ct. Read —6H 63
Hambleden Wlk. M'head —3B 20
Hambledon Clo. Lwr Ear —2D 88
Hambledon Ct. Brack —6B 92
Hamble Dri. Tadl —9M 105
Hamblin Meadow. Edd —4L 75
Hambridge La. Newb —9B 80
Hambridge Rd. Newb —9M 79
Hamilton Av. Hen T —5D 16
Hamilton Clo. Newb —2L 101
Hamilton Dri. Asc —9A 94
Hamilton Gdns. Burn —4L 21
Hamilton Pk. M'head —8L 19
Hamilton Rd. Read —5L 63
Hamilton Rd. Slou —7C 22
Hamilton Rd. Uxb —5L 25
Hamilton Rd. Warg —3K 41
Ham La. Egh —8K 71
Ham La. Old Win —2L 71
Hamlet St. Warf —3B 92
Hamlet, The. Gall C —1B 38
Hammond Clo. That —9J 81
Hammond's Heath. Mort —4J 107
Hammond Way. Light —9L 115
Hampden Clo. Stoke P —4J 23
Hampden Rd. Cav —2H 63
Hampden Rd. M'head —6M 19
Hampden Rd. Slou —2A 48
Hampshire Av. Slou —6E 22
Hampshire Rise. Warf —1C 92
Hampshire Rd. Camb —9C 114
Hampshire Wlk. Tile —6J 61
(off Barton Rd.)
Hampshire Way. Wokgm —5J 89
Hampstead Bottom. Son —5B 40
Hampstead Ct. Read —4B 62
Hampstead Hill. Son —5B 40
Hampstead Norreys Rd. Herm —5E 56
Hampton Towers. Read —6E 62
Ham Rd. Shalb —7F 96
Hanbury Clo. Burn —6K 21
Hanbury Dri. Calc —8L 61
Hanbury Way. Camb —6N 119
Hancocks Mt. Asc —8N 93
Hancombe Rd. Sand —9E 112
Handford La. Yat —4B 118
Hangerfield Clo. Yat —4A 118
Hanger Rd. Tadl —9H 105
Hangman's Stone La. Chad —7K 29

Hankin's La.—Hithermoor Rd.

Hankin's La. Ham M —1J 99
Hanley Clo. Wind —7N 45
Hannibal Rd. Stai —4L 73
Hanningtons Way. Bfld C —8K 85
Hanover Clo. Egh —1K 95
Hanover Clo. Slou —2J 47
Hanover Clo. Wind —7B 46
Hanover Clo. Yat —2B 118
Hanover Ct. Cav —7J 39
Hanover Gdns. Brack —9K 91
Hanover Mead. Bray —2F 44
Hanover Mead. Newb —4H 101
Hanover Way. Wind —8B 46
Hanwood Clo. Wdly —4B 64
Hanworth Clo. Brack —8N 91
Hanworth Rd. Brack —1L 113
Harborough Clo. Slou —9N 21
Harbour Clo. Farn —9L 119
Harcourt Clo. Dor R —2H 45
Harcourt Clo. Egh —9D 72
Harcourt Clo. Hen T —5B 16
Harcourt Dri. Ear —1M 87
Harcourt Rd. Brack —8M 91
Harcourt Rd. Camb —4M 119
Harcourt Rd. Dor R —2J 45
Harcourt Rd. Wind —7A 46
Hardell Clo. Egh —9B 72
Harding Rd. Wdly —4B 64
Hardings Clo. Iver —4D 24
Hardings Row. Iver —4D 24
Hardwell Way. Brack —6B 92
Hardwick Clo. M'head —6K 19
Hardwick Rd. Tile —4N 61
Hardwick Rd. Whit T —6D 36
Hardy Av. Yat —5A 118
Hardy Clo. Cav —2J 63
Hardy Clo. Slou —9C 22
Hardy Clo. That —6F 80
Hardy Grn. Crowt —6F 112
Harebell Dri. That —7H 81
Harefield Clo. Winn —1H 89
Harefield Rd. M'head —7L 19
Harefield Rd. Uxb —1K 25
Hare Shoots. M'head —9B 20
Harewood Dri. Cold A —3F 80
Harewood Pl. Slou —2J 47
Hargrave Rd. M'head —6A 20
Hargreaves Wlk. Calc —8N 61
Hargreaves Way. Calc —8N 61
(off Bayford Dri.)
Harkness Rd. Burn —6L 21
Harlech Av. Cav —8L 39
Harlech Rd. B'water —5H 119
Harleyford La. Mar —7A 4
Harley Rd. Cav —2H 63
Harlington Rd. Uxb —4N 25
Harlton Clo. Lwr Ear —3B 88
Harman Ct. Winn —1G 89
Harman's Water Rd. Brack —7A 92
Harmar Clo. Wokgm —5C 90
Harmondsworth La. W Dray —5M 49
Harmondsworth Rd. W Dray —4M 49
Harness Clo. Read —5H 87
Harold Rd. Kint —9G 77
Harpesford Av. Vir W —7K 95
Harpsden Rd. Bin H —2N 39
Harpsden Rd. Hen T —6D 16
Harpsden Way. Hen T —6D 16
Harpton Clo. Yat —2B 118
Harpton Pde. Yat —2B 118
Harrier Clo. Wdly —6F 64
Harrington Clo. Lwr Ear —1B 88
Harrington Clo. Newb —9M 79
(King's Rd.)
Harrington Clo. Newb —6B 80
(Waller Dri.)
Harrington Clo. Wind —1B 70
Harris Arc. Read —4H 63
Harris Clo. Wdly —4G 65
Harrison Clo. Twy —1L 65
Harrison Way. Slou —9N 21
Harrogate Ct. Slou —4B 48
Harrogate Rd. Cav —9E 38
Harrow Bottom Rd. Vir W —8N 95
Harrow Clo. M'head —5B 20
Harrow Ct. Read —6F 62
Harrow La. M'head —5A 20
Harrow Rd. Felt —6N 73
Harrow Rd. Slou —2A 48
Hart Clo. Brack —2M 91
Hart Clo. Farn —9J 119
Hart Dyke Clo. Wokgm —9N 89
Hartford Rise. Camb —3N 119
Hartigan Pl. Wdly —4F 64
Hartin Clo. Uxb —3M 25
Hartland Clo. Slou —9F 22
Hartland Rd. Read —2H 87
Hartley Clo. B'water —4F 118
Hartley Clo. Stoke P —2L 23
Hartley Copse. Old Win —3J 71
Hartley Ct. Rd. Three M —5E 86
Hartleys. Sil —9C 106
Hartley Way. That —7H 81
Hartmead Rd. That —8H 81
Hartsbourne Rd. Ear —9M 63
Harts Clo. Arbor —9D 88
Harts Clo. Lamb —2H 27
Hartshill Rd. Tadl —9H 105
Harts Hill Rd. That & Up Buck —7H 81
Hart's La. Uft N —6C 84
Harts Leap Clo. Sand —9F 112
Harts Leap Rd. Sand —1E 118
Hartslock Ct. Pang —7C 36
Hartslock View. Lwr B —3N 35
Hartslock Way. Tile —2K 61
Hart St. Hen T —4D 16
Hart St. Read —4E 62
Harvard Clo. Wdly —4G 64
Harvard Rd. Owl —9J 113
Harvaston Pde. Tile —5N 61
Harvest Clo. Tile —6J 61
Harvest Clo. Yat —5A 118
Harvest Grn. Newb —1J 101
Harvest Hill. Bour & Wbrn G —5N 5
Harvest Hill Rd. M'head —1B 44
Harvest Ride. Brack —1L 91
Harvest Rd. Egh —9M 71
Harvey Ho. Read —6D 62
Harvey Rd. Slou —2C 48
Harvey Rd. Uxb —3N 25
Harwich Clo. Lwr Ear —2C 88
Harwich Rd. Slou —7C 22
Harwood Dri. Uxb —2N 25
Harwood Gdns. Old Win —4K 71
Harwood Rise. Wool H —8D 100
(in two parts)
Harwood Rd. Mar —6A 4
Haslemere Rd. Wind —7C 46
Hasting Clo. M'head —3F 44
Hastings Clo. Read —4A 62
Hatch Clo. Chap R —4E 82
Hatch End. W'sham —6M 115
Hatchet La. Asc & Wind —1K 93
Hatchet La. Wink —7L 69
Hatchets La. Fril —5L 57
Hatchgate Clo. Cold A —5F 80
Hatchgate Copse. Brack —8J 91
Hatchgate Gdns. Burn —4N 21
Hatch Ga. La. C Grn —7L 17
Hatch La. Chap R —3E 82
Hatch La. W Dray —6L 49
Hatch La. Wind —9C 46
Hatch Ride. Crowt —3E 112
Hatch Rd. Bfld —5L 85
Hatch, The. Wind —6M 45
Hatchway. Read —4J 87
Hatfield Clo. M'head —8N 19
Hatfield Ct. Calc —8J 61
Hatfield Rd. Slou —1J 47
Hatford Rd. Read —8B 62
Hatherley Rd. Read —6L 63
Hatherwood. Yat —4D 118
Hatt Clo. P'mre —6H 31
Hatton Av. Slou —5F 22
Hatton Gro. W Dray —1L 49
Hatton Hill. Ash'd —6D 34
Hatton Hill. W'sham —4L 115
Haughurst Hill. Baug —9E 104
Havelock Cres. M'head —7M 19
Havelock Rd. M'head —7M 19
Havelock Rd. Wokgm —5M 89
Havelock St. Wokgm —5M 89
Haven Ct. Read —5L 63
Haven, The. Kint —9F 76
Haversham Dri. Brack —8M 91
Hawkchurch Rd. Read —3K 87
Hawkedon Way. Lwr Ear —1C 88
Hawker Ct. Langl —2B 48
Hawker Way. Wdly —6F 64
Hawkesbury Dri. Calc —9M 61
Hawkes Clo. Wokgm —4M 89
Hawkes Leap. W'sham —4L 115
Hawkesworth Dri. Bag —9G 115
Hawkins Clo. Brack —4D 92
Hawkins Way. Wokgm —5C 90
Hawk La. Brack —6A 92
Hawkridge Ct. Brack —6B 92
Hawkridge Hill. Fril —6L 57
Hawks Hill. Bour —5N 5
Hawkshill Rd. Slou —4C 22
Hawks Way. Stai —7G 73
Hawkswood Gro. Ful —1A 24
Hawkswood Ho. Brack —3K 91
Hawksworth Rd. Bfld C —8J 85
Haw La. Hamp N & Ash'd —6A 34
Hawley Clo. Calc —8K 61
Hawley Ct. Farn —9J 119
Hawley Grn. B'water —6J 119
Hawley La. Farn —8L 119
(in two parts)
Hawley Rd. B'water —5H 119
Haws La. Stai —3H 73
Hawthorn Clo. Brack —3L 91
Hawthorn Clo. Mar —3C 4
Hawthorn Cotts. Graz —8C 86
Hawthorn Dri. Den —1K 25
Hawthorne Ct. Stai —4L 73
(off Hawthorne Way)
Hawthorne Cres. B'water —5J 119
Hawthorne Cres. Slou —7G 23
Hawthorne Cres. W Dray —1N 49
Hawthorne Rd. Cav —9L 39
Hawthorne Rd. Stai —8D 72
Hawthornes. Tile —1J 61
Hawthorne Way. Gt Shef —9G 28
Hawthorne Way. Stai —4L 73
Hawthorne Way. Wink —5L 69
Hawthorn Gdns. M'head —9B 20
Hawthorn Gdns. Read —1L 87
Hawthorn Hill Rd. M'head —1N 67
Hawthorn La. Brack —4B 68
Hawthorn La. Farn C —1B 22
Hawthorn La. Wind —4A 68
Hawthorn Rd. Newb —7L 79
Hawthorns, The. Charv —1F 64
Hawthorns, The. Coln —7G 48
Hawthorn Way. Son —2D 64
Hawtrey Clo. Slou —1K 47
Hawtrey Rd. Wind —8E 46
Haydon La. E Ils —7B 12
Hayes La. Wokgm —7G 89
Hayes Pl. Mar —6B 4
Hayfield Clo. Tile —4K 61
Hayfield Ct. E'bury —7M 27
Hayley Grn. Warf —9C 68
Haymaker Clo. Uxb —1N 25
Haymill Rd. Slou —5N 21
Haynes Clo. Slou —4A 48
Hay Rd. Read —7F 62
Hayse Hill. Wind —7N 45
Haywards Clo. Hen T —5B 16
Haywards Mead. Eton W —4B 46
Haywards, The. That —7G 81
Haywood. Brack —9N 91
Haywood Ct. Read —5M 63
Haywood Way. Read —7N 61
Hazel Av. W Dray —2N 49
Hazelbank. Finch —4J 111
Hazelby Cotts. N End —6M 99
Hazel Clo. Bfld —6J 85
Hazel Clo. Egh —1K 95
Hazel Clo. Mar —1A 4
Hazel Clo. Wokgm —6L 89
Hazel Cres. Read —1L 87
Hazelcroft Clo. Uxb —1N 25
Hazeldene. Chvly —3M 55
Hazel Dri. Wdly —7B 64
Hazel Grn. Baug —9F 104
Hazel Gro. That —6G 80
Hazelhurst Rd. Burn —3M 21
Hazell Clo. M'head —6C 20
Hazell Hill. Brack —5N 91
Hazell Way. Stoke P —1H 23
Hazelmoor La. Gall C —1C 38
Hazel Rd. Pur T —8K 37
Hazelwood Clo. Tile —3K 61
Hazelwood La. Binf —9K 67
Hazlemere Rd. Slou —9K 23
Heacham Clo. Lwr Ear —3N 87
Headington Clo. M'head —7L 19
Headington Clo. Wokgm —3B 90
Headington Dri. Wokgm —3B 90
Headington Rd. M'head —6L 19
Headley Clo. Wdly —4F 64
Headley Pk. Ind. Est. Wdly —5E 64
Headley Rd. Wdly —5D 64
Headley Rd. E. Wdly —5E 64
Head's La. Ink C —5F 98
Heardman Clo. That —9J 81
Hearmon Clo. Yat —3C 118
Hearne Dri. Holyp —4D 44
Hearn Rd. Wdly —7D 64
Hearn Wlk. Brack —3B 92
Hearsey Gdns. B'water —3F 118
(in two parts)
Heathacre. Coln —7E 48
Heath Clo. Stai —3K 73
Heath Clo. Vir W —6M 95
Heath Clo. Wokgm —7N 89
Heathcote. M'head —3E 44
Heathcote Rd. Camb —4N 119
Heathcote Way. W Dray —9L 25
Heath Ct. Bag —7H 115
Heath Ct. Baug —8G 105
Heath Croft. Cav —9H 39
Heath Dri. Bin H —4N 39
Heath End Rd. Baug —9F 104
Heather Clo. Uxb —6N 25
Heather Clo. Wokgm —3K 111
Heatherdale Rd. Camb —5N 119
Heatherdene Av. Crowt —6C 112
Heatherdene Clo. Read —4J 87
Heatherden Grn. Iver —2D 24
Heather Dri. Asc —9D 94
Heather Dri. Tadl —8H 105
Heather La. W Dray —7M 25
Heatherley Clo. Camb —4M 119
Heatherley Rd. Camb —4M 119
Heathermount. Brack —6B 92
Heathermount Dri. Crowt —4D 112
Heathermount Gdns. Crowt —4D 112
Heatherside Dri. Vir W —8J 95
Heathers, The. Stai —4N 73
Heatherway. Crowt —5E 112
Heathfield. Mort C —4H 107
Heathfield Av. Asc —7A 94
Heathfield Av. Bin H —4N 40
Heathfield Av. Tile —6L 61
Heathfield Clo. Bin H —4A 40
Heathfields. Chvly —4L 55
Heath Hanger La. Hung —1B 76
Heath Hill Rd. N. Crowt —5F 112
Heath Hill Rd. S. Crowt —5F 112
Heathlands. Baug —9G 104
Heathlands. Brack —6L 91
Heathlands Ct. Wokgm —2D 112
Heathlands Ct. Yat —5C 118
Heathlands Dri. M'head —8L 19
Heathlands Rd. Wokgm —8D 90
Heath La. Henw —6F 80
Heathmoors. Brack —7N 91
Heathpark Dri. W'sham —6N 115
Heath Pl. Bag —7H 115
Heath Ride. Wokgm —4N 111
Heath Rise. Vir W —6M 95
Heath Rd. Bag —7H 115
Heath Rd. Pam H —9N 105
Heath Rd. Read —7N 63
Heath Rd. South —1J 83
Heathrow Airport. Houn —8M 49
Heathrow Clo. W Dray —7J 49
Heathrow Copse. Baug —9F 104
Heathrow Summit Cen. W Dray —6L 49
Heathway. Asc —3H 93
Heathway. Iver —3E 24
Heathway. Tile —4K 61
Heathwood Clo. Yat —2B 118
Heavens Lea. Bour —5N 5
Hedge Way. Newb —7N 79
Hedingham M. M'head —7A 20
Hedsor Hill. Bour —5N 5
Hedsor Rd. Bour —5M 5
Heelas Rd. Wokgm —5M 89
Helena Rd. Wind —8F 46
Helen Ct. Read —7A 62
Hellas Rd. Wokgm —5M 89
Hellyer Way. Bour —4M 5
Helmsdale. Brack —7B 92
Helmsdale Clo. Read —4B 62
Helson La. Wind —7D 46
Helston Gdns. Read —2H 87
Helston La. Wind —7D 46
Hemdean Hill. Cav —1G 63
Hemdean Rise. Cav —1G 62
Hemdean Rd. Cav —2G 63
Hempson Av. Slou —2L 47
Hemsdale. M'head —5M 19
Hemwood Rd. Wind —9N 45
Hencroft St. Slou —2H 47
Hendons Way. Holyp —4E 44
Hendon Way. Stai —3L 73
Hengrove Clo. Lwr Ear —1D 88
Hengrove Cres. Ashf —7L 73
Henley Bri. Hen T —4D 16
Henley Clo. Farn —9J 119
Henley Gdns. Yat —4B 118
Henley Rd. Cav —1H 63
Henley Rd. M'head —6H 19
Henley Rd. Mar —7A 4
Henley Rd. Medm —1K 17
Henley Rd. Slou —7A 22
Henley Rd. Warg —8H 17
Henley Wood Rd. Ear —8C 64
Henry Rd. Slou —1F 46
Henrys, The. That —7G 80
Henry St. Read —6H 63
Henshaw Cres. Newb —2H 101
Hensworth Rd. Ashf —9L 73
Henwick Clo. Henw —5E 80
Henwick La. That —6D 80
Henwood Copse. Up Bas —7J 35
Hepplewhite Clo. Baug —9G 105
Hepworth Croft. Col T —3J 119
Herald Way. Wdly —5F 64
Herbert Clo. Brack —7M 91
Hercies Rd. Uxb —1N 25
Herewood Clo. Newb —7K 79
Heritage Clo. Uxb —5K 25
Heritage Ct. Read —5F 62
Hermes Clo. Wokgm —4G 89
Hermitage Clo. Slou —2L 47
Hermitage Dri. Asc —4H 93
Hermitage Dri. Twy —8J 41
Hermitage La. Wind —1C 70
Hermitage Pde. Asc —5L 93
Hermitage Rd. Cold A —9E 56
Hermitage, The. E'bury —5L 27
Hermitage, The. Uxb —1M 25
Hermits Clo. Bfld C —8J 85
Hermit's Hill. Bfld —7K 85
Herndon Clo. Egh —8B 72
Heroes Wlk. Read —4H 87
Heron Clo. Asc —3G 93
Herondale. Brack —9N 91
Heron Dri. Slou —3C 48
Heron Dri. Twy —7K 41
Heronfield. Egh —1K 95
Herongate. Hung —4K 75
Heron Island. Cav —3J 63
Heron Rd. Wokgm —5K 89
Heronsbrook. Asc —4A 94
Herons Ct. Light —9M 115
Heron Shaw. Gor —7L 15
Herons Pl. Mar —5C 4
Heron's Way. Wokgm —4C 90
Heron Way. Read —8E 62
Heron Way. That —8E 80
Herrings La. W'sham —5N 115
Herriot Clo. Yat —5A 118
Herschel Pk. Dri. Slou —1H 47
Herschel St. Slou —1H 47
Hertford Clo. Cav —7K 39
Hertford Clo. Wokgm —6K 89
Hetherington Clo. Slou —4B 22
Hever Clo. M'head —8N 19
Hewett Av. Cav —9D 38
Hewett Clo. Cav —9D 38
Hewgate Ct. Hen T —5D 16
Hewlett Pl. Bag —7J 115
Hexham Clo. Owl —8H 113
Hexham Rd. Read —9J 63
Heywood Av. M'head —4L 43
Heywood Ct. M'head —4L 43
Heywood Ct. Clo. M'head —3L 43
Heywood Gdns. M'head —4L 43
Hibbert Rd. M'head —2D 44
Hibbert's All. Wind —7F 46
Hicks La. B'water —4F 118
Higgs La. Bag —7G 114
High Beech. Brack —6C 92
Highbeeches Clo. Mar —1A 4
Highbridge Clo. Cav —8L 39
High Bri. Wharf. Read —5H 63
Highbury Rd. Tile —5H 61
Highclere. Asc —7N 93
Highclere Clo. Brack —4B 92
Highdown Av. Cav —7G 38
Highdown Hill Rd. Cav —6G 38
Higher Alham. Brack —9B 92
Highfield. Brack —8K 91
Highfield. Lwr Ear —1A 88
Highfield Av. Newb —9L 79
Highfield Clo. Egh —1L 95
Highfield Clo. Wokgm —5A 90
Highfield Ct. Bfld C —8J 85
Highfield Ct. Farn R —2D 22
Highfield Ct. Twy —9K 41
Highfield La. M'head —1L 43
Highfield Pk. Mar —6A 4
Highfield Rd. Bour —4M 5
Highfield Rd. M'head —8N 19
Highfield Rd. Newb —1K 101
Highfield Rd. Tile —9J 37
Highfield Rd. Wind —9B 46
High Fields. Asc —7B 94
Highgate Rd. Wdly —7C 64
Highgrove. Farn —9M 119
Highgrove Pk. M'head —6B 20
Highgrove St. Read —7J 63
Highgrove Ter. Read —6H 63
Highland Av. Wokgm —6H 89
Highmead Clo. Read —1L 87
High Meadow. Cav —1D 62
Highmoor Rd. Cav —1E 62
High Rd. Cook —8J 5
High Rd. Uxb —6K 25
High St. Bray, Bray —1F 44
High St. Eton, Eton —5F 46
High St. Iver, Iver —7F 24
High St. Ascot, Asc —5J 93
High St. Bagshot, Bag —7H 115
High St. Boxford, Box —2M 77
High St. Bracknell, Brack —4M 91
High St. Burnham, Burn —4M 21
High St. Camberley, Camb —3N 119
High St. Chalvey, Chalv —2E 46
High St. Chieveley, Chvly —4M 55
High St. Colnbrook, Coln —6D 48
High St. Compton, Comp —1G 33
High St. Cookham, Cook —8M 5
High St. Cowley, Cow —5K 25
High St. Crowthorne, Crowt —6G 112
High St. Datchet, Dat —7K 47
High St. East Ilsley, E Ils —8B 12
High St. Egham, Egh —9A 72
High St. Goring, Gor —8K 15
High St. Harmondsworth, Harm —5L 49
High St. Hungerford, Hung —6K 75
High St. Kintbury, Kint —9E 76
High St. Lambourn, Lamb —3H 27
High St. Langley, Langl —4A 48
High St. Little Bedwyn, L Bed —2A 96
High St. Little Sandhurst, L Sand —9D 112
High St. Maidenhead, M'head —7C 20
(in two parts)
High St. Marlow, Mar —5B 4
High St. Pangbourne, Pang —8D 36
High St. Sandhurst, Sand —9D 112
High St. Slough, Slou —9H 23
High St. Sonning, Son —1C 64
High St. Staines, Stai —8G 72
High St. Stanwell, Stanw —3L 73
High St. Streatley, Streat —8H 15
High St. Sunningdale, S'dale —7C 94
High St. Sunninghill, S'hill —7N 93
High St. Taplow, Tap —5H 21
High St. Thatcham, That —8G 80
High St. Theale, Thea —9F 60
High St. Twyford, Twy —8J 41
High St. Upper Lambourn, Up Lamb —9D 6
High St. Uxbridge, Uxb —1K 25
(in two parts)
High St. Wargrave, Warg —4H 41
High St. W. Slou —1G 47
High St. Whitchurch on Thames, Whit T —6D 36
High St. Windsor, Wind —7F 46
High St. Wraysbury, Wray —3N 71
High St. Yiewsley, Yiew —8L 25
High Town Rd. M'head —8B 20
(in two parts)
High Tree Dri. Ear —6A 64
Highview. Calc —7J 61
Highview Cres. Camb —9C 114
Highway. Crowt —5E 112
Highway Av. M'head —7L 19
Highwayman's Ridge. W'sham —4L 115
Highway Rd. M'head —8M 19
Highwood. Shaw —5M 79
Highwood Clo. Yat —5B 118
Highwoods Clo. Mar —1A 4
Highwoods Dri. Mar —1A 4
Highworth Cotts. Baug —9E 104
Highworth Way. Tile —2J 61
Hilary Clo. Read —4J 87
Hilborn Way. Arbor X —1F 110
Hilbury Rd. Ear —9N 63
Hilcot Rd. Read —4D 62
Hildens Dri. Tile —5K 61
Hildesley Ct. E Ils —8B 12
Hilfield. Yat —4D 118
Hillary Dri. Crowt —4F 112
Hillary Rd. Slou —1N 47
Hillberry. Brack —9N 91
Hill Bottom Clo. Whit H —2F 36
Hillbrow. Read —2L 87
Hill Clo. Newb —3H 101
Hill Copse View. Brack —3B 92
Hill Cres. Woolh —8E 82
Hillcrest. Tadl —9K 105
Hillcrest Av. Cook —1B 20
Hillersdon. Slou —6K 23
Hill Farm La. Binf —7J 67
Hill Farm Rd. Binf —7J 67
Hill Farm Rd. Mar —1B 4
Hill Farm Rd. Tap —3H 21
Hill Gdns. Streat —8H 15
Hillgreen La. P'mre —7G 31
Hill Ho. Cav —9H 39
Hillhouse La. Hdly —9K 103
Hilliards Rd. Uxb —7L 25
Hilliary Dri. Crowt —4F 112
Hilliers Av. Uxb —4N 25
Hillingdon Av. Stai —5M 73
Hillingdon Hill. Uxb —3M 25
Hillingdon Rd. Uxb —2L 25
Hill Lands. Warg —3J 41
Hillmead Ct. Tap —6J 21
Hill Pl. Farn C —1D 22
Hill Rise. Slou —5B 48
Hill Rd. Arbor —1E 110
Hill Rd. Newb —7J 79
Hillside. Bfld C —8K 85
Hillside. Ear —9C 64
Hillside. M'head —9A 20
Hillside. Read —7J 63
Hillside. Sand —2K 119
Hillside. Slou —1G 46
Hillside. Vir W —8L 95
Hillside. Whit T —5E 36
Hillside Dri. Binf —1G 91
Hillside Pk. Asc —9B 94
Hillside Rd. Hung —7K 75
Hillside Rd. Mar —3C 4
Hills La. Cook —8G 5
Hill St. Read —6H 63
Hilltop Clo. Asc —4A 94
Hilltop Rd. Cav —8D 38
Hilltop Rd. Ear —5A 64
Hilltop Rd. Twy —6K 41
Hilltopr Rd. Ear —4A 64
Hilltop View. Yat —4A 118
Hillview Clo. Tile —2J 61
Hillview Rd. Wray —3M 71
Hilmanton. Lwr Ear —3M 87
Hilperton Rd. Slou —1G 46
Hilton Clo. Uxb —3J 25
Hindell Clo. Farn —9L 119
Hindhay La. M'head —3M 19
Hindhead Rd. Ear —9N 63
Hinksey Clo. Slou —2C 48
Hinton Clo. Crowt —3F 112
Hinton Dri. Crowt —3F 112
Hinton Rd. Hurst —4L 65
Hinton Rd. Slou —8A 22
Hinton Rd. Uxb —2K 25
Hirstwood. Tile —3M 61
Hirtes Av. Shin —6L 87
Hitcham La. Tap & Slou —4H 21
Hitcham Rd. Tap & Slou —7J 21
Hitherhooks Hill. Binf —3J 91
Hithermoor Rd. Stai —3G 73

Hobbis Dri.—Kimmeridge

Hobbis Dri. M'head —8L 19
Hobley La. Wool H —9B 100
Hocket, The. Hen T —3C 16
Hockett La. Cook —9D 4
Hocketts Clo. Whit H —2F 36
Hockford La. Brimp C —7B 104
Hockham Rd. Comp —9G 13
Hockley La. Stoke P —1K 23
Hodgedale La. Hur & War R —4A 18
Hodge La. Wink —9K 69
(in two parts)
Hodges Clo. Bag —9G 115
Hodsoll Rd. Read —4F 62
Hoe Benham La. Half —5L 77
Hogarth Av. Read —7N 61
Hogarth Clo. Col T —3J 119
Hogarth Clo. Slou —8A 22
Hogfair La. Burn —4M 21
Hogg Robinson Ho. Read (off Greyfriars Rd.) —4G 63
Hogmoor La. Hurst —3L 65
Hogoak La. Wind —4D 68
Hogwood Ind. Est. Finch —4F 110
Hogwood La. Finch —4F 110
Holbeck. Brack —8K 91
Holberton Rd. Read —3K 87
Holborne Clo. Newb —5G 101
Holford Clo. Tile —4K 61
Holkam Clo. Tile —3N 61
Holland Pines. Brack —9K 91
Holland Rd. Mar —5D 4
Holland Rd. Tile —5L 61
Hollands, The. That —8H 81
Hollicombe Clo. Read —5M 61
Hollies, The. Newb —5H 101
Hollington Pl. That —8F 80
Hollins Wlk. Read —6C 62
Holloway Clo. W Dray —4M 49
Holloway La. W Dray —5L 49
Hollow Hill La. Iver —8C 24
Hollow La. Shin —5L 87
Hollow La. Vir W —5L 95
Holly Acre. Yat —4B 118
Hollybush Hill. Stoke P —1J 23
Hollybush La. Bfld C —8F 84
Hollybush La. Cook D —9E 4
Hollybush La. Iver —7C 24
Hollybush Ride. W'sham —3J 115
Hollybush Ride. Wokgm —6A 112
Holly Clo. Egh —1K 95
Hollycombe. Egh —8L 71
Holly Cres. Wind —8N 45
Hollycroft Clo. W Dray —5N 49
Hollycroft Gdns. W Dray —5N 49
Hollydale Clo. Read —2L 87
Holly Dri. M'head —6C 20
Holly Dri. Old Win —2G 71
Hollyfields Clo. Camb —4M 119
Holly Gdns. W Dray —1N 49
Hollyhock Clo. Crowt —4E 112
Holly Ho. Brack —8M 91
Holly La. Ash'd —7D 34
Holly La. Sil —2J 81
Holly La. W Wood —6H 99
Hollym Clo. Lwr Ear —1D 88
Holly Rd. Wdly —6F 64
Holly Spring Cotts. Brack —2A 92
Holly Spring La. Brack —3N 91
Hollytree Gdns. Frim —9N 119
Holly Wlk. Wind —8A 70
Holly Way. B'water —5H 119
Holmanleaze. M'head —6D 20
Holmbury Av. Crowt —3E 112
Holme Clo. Crowt —3E 112
Holmedale. Slou —8L 23
Holmedene. Bfld C —8J 85
Holmemoor Dri. Son —2C 64
Holme Pk. Farm La. Son —2B 64
Holmes Clo. Asc —8M 93
Holmes Clo. Wokgm —7M 89
Holmes Cres. Wokgm —7L 89
Holmesdale Clo. Iver —7G 25
Holmes Rd. Read —7N 63
Holmewood Clo. Wokgm —9M 89
Holmlea Rd. Dat —7L 47
Holmlea Rd. Gor —9L 15
Holmlea Wlk. Dat —7L 47
Holmwood Av. Read —7N 61
Holmwood Clo. M'head —9M 19
Holsworthy Clo. Lwr Ear —9D 64
Holt Clo. Farn —9N 119
Holt La. Bright —4B 30
Holt La. Wokgm —4N 89
Holton Heath. Brack —6C 92
Holt Rd. Kint —9G 77
Holt, The. Pur T —9L 37
Holtwood Rd. Ham M —5N 99
Holybrook Cres. Read —8A 62
Holybrook Rd. Read —7F 62
Holyport Rd. M'head —5D 44
Holyport St. Holyp —5D 44
Holyrood Clo. Cav —7K 39
Holywell Clo. Stai —5M 73
Holywell Ct. That —8G 81
Holywell Way. Stai —5M 73
Hombrook Dri. Brack —3J 91
Hombrook Ho. Brack —3J 91
Home Croft. Tile —3J 61
Home Farm Clo. Read —9H 63
Home Farm Way. Stoke P —2L 23
Homefield Way. Hung —6J 75
Homelea Clo. Farn —9M 119
Homemead Clo. Newb —2J 101
Home Meadow. Farn R —3E 22
Home Meadow Dri. F Hth —1M 5
Home Pk. Rd. Yat —3B 118
Homers Rd. Wind —7N 45
Homestead Rd. M'head —1A 44
Homestead Rd. Stai —9J 73
Homestead, The. Bin H —4A 40
Homewood. G Grn —7M 23
Hone Hill. Sand —1F 118
Honestey Bottom. Bright —3B 30
Honeybottom Rd. Tadl —9K 105
Honeycroft Hill. Uxb —1M 25
Honey End La. Read —6A 62
(in two parts)
Honeyfields. Hung —6K 75
Honey Hill. Lamb —2H 27
Honey Hill. Uxb —1N 25
Honey Hill. Wokgm —9D 90
Honeyhill Rd. Brack —3L 91
Honey La. Hur —5C 18
Honeysuckle Clo. Crowt —3E 112
Honeysuckle Clo. Iver —7D 24
Honiton Rd. Read —1J 87
Hook End La. Lwr B —7J 35
Hook Mill La. Light —8N 115
Hope Av. Brack —9B 92
Hope Cotts. Brack —5N 91
Hopeman Clo. Col T —2H 119
Hop Gdns. Hen T —4C 16
Hopwood Clo. Newb —7A 80
Horatio Av. Warf —3B 92
Horewood Rd. Brack —8M 91
Horizon W. Ind. Est. Newb —8A 80
Hormer Clo. Owl —9H 113
Hornbeam Clo. Owl —9H 113
Hornbeam Clo. Pur T —8K 37
Hornbeam Clo. Wokgm —8J 89
Hornbeam Gdns. Slou —2J 47
Hornbeams. Swal —4J 109
Hornbill Clo. Uxb —7L 25
Horncastle Dri. Read —7N 61
Horndean Rd. Brack —8C 92
Horne Rd. That —9G 81
Hornsea Clo. Tile —3M 61
Horn St. Comp —1H 33
Horsebrass Dri. Bag —8H 115
Horse Clo., The. Cav —9J 39
Horsegate Ride. Asc —7E 92
Horsegate Ride. S Asc —8K 93
Horseguards Dri. M'head —7E 20
Horsemoor Clo. Slou —3B 48
Horsepond Rd. Gall C —1A 38
Horseshoe Clo. Camb —9C 114
Horseshoe Cres. Bfld C —8H 85
Horseshoe Cres. Camb —9C 114
Horseshoe Pk. Pang —8E 36
Horseshoe Rd. Pang —8E 36
Horsham Rd. Owl —9H 113
Horsnape Gdns. Binf —1F 90
Horsneile La. Brack —2M 91
Horton Bri. Rd. W Dray —9N 25
Horton Clo. M'head —5F 20
Horton Clo. W Dray —9N 25
Horton Gdns. Hort —9A 48
Horton Grange. M'head —5F 20
Horton Ind. Pk. W Dray —9N 25
Horton Rd. Coln —9F 48
Horton Rd. Dat —7L 47
Horton Rd. Hort —8B 48
Horton Rd. Stai —1G 73
Horton Rd. W Dray —9M 25
Hose Hill. Thea —3H 85
Hosier St. Read —5G 63
Houlton Ct. Bag —8H 115
Houston Way. Crowt —5B 112
Howard Av. Slou —6F 22
Howard Rd. Ashf —8L 73
Howard Rd. Newb —1L 101
Howard Rd. Wokgm —6A 90
Howard St. Read —5F 62
Howarth Rd. M'head —8D 20
Howe La. Binf —4J 67
Howe La. M'head —1L 67
Howorth Ct. Brack —6B 92
Hows Clo. Uxb —2K 25
Hows Rd. Uxb —2K 25
Howth Dri. Wdly —5C 64
Hubberholme. Brack —5L 91
Hubert Rd. Slou —2M 47
Huckleberry Clo. Pur T —9K 37
Hudson Rd. Wdly —7E 64
Hughenden Clo. M'head —8N 19
Hughenden Rd. Slou —7F 22
Hughes Rd. Wokgm —4B 90
Hugh Fraser Dri. Tile —6K 61
Hull Clo. Slou —1E 46
Humber Clo. That —6E 80
Humber Clo. Wokgm —4K 89
Humber Way. Sand —1H 119
Humber Way. Slou —3B 48
Hummer Rd. Egh —8B 72
Humphrey's La. E Gar —7B 28
Humphries Yd. Brack —6N 91
Hungerford Av. Slou —6G 22
Hungerford Clo. Sand —1G 119
Hungerford Dri. M'head —3B 20
Hungerford Dri. Read —7E 62
Hungerford Hill. Gt Shef —4D 52
Hungerford Hill. Lamb —4G 26
Hungerford La. Shur R —2A 66
Hungerford La. South —1G 83
Hungerford Rd. Kint —9D 76
Huntercombe Clo. Tap —7L 21
Huntercombe La. N. Slou & Tap —6M 21
Huntercombe La. S. Tap —9L 21
Huntercombe Spur. Slou —9M 21
Hunter Ct. Burn —6M 21
Hunters Chase. Cav —8E 38
Hunters Hill. Bfld C —8G 85
Hunters Meadow. Gt Shef —1F 52
Hunters Way. Spen W —9H 87
Huntingdon Clo. Lwr Ear —1D 88
Huntingdonshire Clo. Wokgm —5J 89
Huntley Ct. Read —6L 63
Hunt's Cotts. Don —5J 79
Huntsgreen Ct. Brack —4N 91
Hunts La. Camb —6M 119
Hunt's La. Tap —3H 21
Huntsmans Meadow. Asc —3J 93
Huntsmoor Rd. Tadl —9H 105
Huntswood La. Tap —1H 21
Hurley Ct. Brack —6B 92
Hurley High St. Hur —1D 18
Hurley La. Hur —3E 18
Hurricane Way. Wdly —5F 64
Hursley Clo. Tile —5M 61
Hurstfield Dri. Tap —7L 21
Hurst Pk. Rd. Twy —2K 65
Hurst Rd. Farn —9M 119
Hurst Rd. Slou —6N 21
Hurst Rd. Twy —9K 41
Hurstwood. Asc —8K 93
Hurworth Rd. Slou —2L 47
Huscarle Way. Tile —9K 37
Hutsons Clo. Wokgm —3B 90
Hutton Clo. Ear —1N 87
Hutton Clo. Newb —7M 79
Hutton Clo. W'sham —7N 115
Huxley Clo. Uxb —5L 25
Hyacinth Dri. Uxb —1M 25
Hyde End La. Brimp —5N 103
Hyde End La. Three M —7H 87
Hyde End Rd. Spen W & Shin —9H 87
Hyde Grn. Mar —6D 4
Hyde La. Ecc —8D 102
Hydes, The. Tile —9K 37
Hylle Clo. Wind —7A 46
Hyperion Way. Read —9H 63
Hythe Clo. Brack —7B 92
Hythe End Rd. Wray —6A 72
Hythe Field Av. Egh —9E 72
Hythe Pk. Rd. Egh —9D 72
Hythe Rd. Stai —9E 72
Hythe, The. Stai —9F 72
Ian Mikardo Way. Cav —2K 63
Ibstock Clo. Read —5B 62
Ibstone Av. Cav —8L 39
Icknield Pl. Gor —6M 15
Icknield Rd. Gor —6M 15
Iffley Clo. Uxb —1L 25
Ilbury Clo. Shin —6L 87
Ilchester Clo. M'head —9N 19
Ilchester Ct. Newb —9L 79 (off Link Rd.)
Ilchester M. Cav —7L 39
Ilex Clo. Egh —2K 95
Ilex Clo. Pam H —9N 105
Ilex Clo. Son C —1F 38
Ilfracombe Way. Lwr Ear —9D 64
Ilkley Rd. Cav —9E 38
Ilkley Way. That —9F 80
Illingworth. Wind —9A 46
Illingworth Av. Cav —7L 39
Illingworth Gro. Brack —3C 92
Ilsey Rd. Comp —1F 32
Ilsley Clo. Son C —1F 38
Imperial Ct. Hen T —5D 16
Imperial Ct. Wind —9C 46
Imperial Rd. Wind —9C 46
Imperial Way. Read —4G 87
Impstone Rd. Pam H —9A 106
Inch's Yd. Newb —9L 79
Inchwood. Brack —1N 113
India Rd. Slou —1K 47
Ingle Glen. Wokgm —3M 111
Ingleside. Coln —7G 48
Ingleton. Brack —5L 91
Inglewood Ct. Read —6C 62
Inglewood Rd. Kint —9C 76
Inhams Way. Sil —9B 106
Inhurst Way. Tadl —9H 105
Inkerman Rd. Eton W —3B 46
Inkpen Clo. Read —8A 62
Inkpen Rd. Hung —8L 75
Inkpen Rd. Kint —9F 76
Innings La. Warf —3B 92
Innings La. White —6H 43
Institute Rd. Mar —6C 4
Institute Rd. Tap —7J 21
Instow Rd. Ear —1A 88
In-the-Ray. M'head —6E 20
Invergordon Clo. Calc —8M 61
Inverness Way. Col T —2H 119
Inwood Clo. Cook —9F 4
Iona Cres. Slou —7A 22
Ipswich Rd. Slou —7B 22
Irainworth Clo. Lwr Ear —3N 87
Iris Ct. Read —5M 61
Irish Hill Rd. Kint —9G 77
Irvine Dri. Farn —9J 119
Irvine Pl. Vir W —7N 95
Irvine Way. Lwr Ear —3B 88
Isaac Newton Rd. Arbor X —1F 110
Isambard Clo. Uxb —5L 25
Isis Clo. Winn —2G 89
Isis Ct. Read —3H 63
Isis Way. Bour —3M 5
Isis Way. Sand —1H 119
Island Clo. Stai —8F 72
Island Farm Rd. Uft N —8E 84
Island Rd. Read —1F 86
Islandstone La. Hurst —6M 65
Island, The. W Dray —6K 49
Island, The. Wray —7B 72
Islet Pk. M'head —3F 20
Islet Pk. Dri. M'head —3F 20
Islet Rd. M'head —3E 20
Ismay Ct. Slou —7G 23
Ivanhoe Clo. Uxb —6L 25
Iveagh Ct. Brack —7A 92
Iverdale Clo. Iver —8D 24
Iver La. Iver & Uxb —7H 25
Ives Clo. Yat —2A 118
Ives Rd. Slou —2A 48
Ivybank. Tile —3K 61
Ivybridge Clo. Uxb —4M 25
Ivy Clo. Holyp —6D 44
Ivy Cres. Slou —8B 22
Ivydene Rd. Read —3C 62
Jackson Clo. Brack —7M 91
Jackson Clo. Uxb —1M 25
Jackson Ind. Est. Bour —4M 5
Jackson Rd. Uxb —1M 25
Jacksons La. Cav —7C 38
Jack St. Newb —8L 79
Jacob Clo. Brack —4H 91
Jacob Clo. Wind —7A 46
Jacob Rd. Col T —2L 119
Jakes Ho. M'head —6D 20
James Butcher Dri. Thea —9F 60
James Clo. Mar —3D 4
James Ct. Read —7D 62
James Rd. Camb —7M 119
James's La. Bfld —8N 85
James St. Read —5F 62
James St. Wind —7F 46
Jameston. Brack —1N 113
James Watt Rd. Arbor X —3E 110
James Way. Camb —7M 119
Janson Ct. Read —6F 62
Japonica Clo. Wokgm —7J 89
Jaques's La. Bfld C —5H 85
Jasmine Clo. Wokgm —4J 89
Jays Nest Clo. B'water —5H 119
Jedburgh Clo. That —8J 81
Jefferson Clo. Slou —3B 48
Jeffries Ct. Bour —5L 5
Jellicoe Clo. Slou —1D 46
Jenkins Hill. Bag —8G 114
Jenner Wlk. Tile —5J 61 (off Stratford Way)
Jennery La. Burn —4M 21
Jennetts Clo. Tut C —9G 59
Jennys Wlk. Yat —3C 118
Jerome Clo. Mar —3D 4
Jerome Rd. Wdly —6C 64
Jerrymoor Hill. Wokgm —2L 111
Jesmond Dene. Newb —7K 79
Jesse Clo. Yat —4D 118
Jesse Ter. Read —5F 62
Jevington. Brack —1N 113
Jig's La. Warf —3B 92
Jig's La. N. Warf —1B 92
Jig's La. S. Warf —3B 92
Job's La. Cook —7F 4
Jock's La. Brack —3J 91
Johannes Ct. Read —6D 62
John Boys Ho. Newb —4H 101
John Childs Clo. Newb —1L 101
John Nike Way. Brack —4G 91
Johnson's La. Cold A —3F 80
Johnson's Yd. Uxb —1K 25
John Taylor Ct. Slou —9E 22
Jonathan Hill. Newt C —7M 101
Jordan Clo. Cav —8L 39
Jordan Clo. Spen W —9K 87
Jordans Clo. Stai —4K 73
Jordan's La. Bfld C —9G 85
Joseph Ct. Warf —1B 92
Josephine Ct. Read —6D 62
Jouldings La. Far H —6B 110
Journeys End. Stoke P —6G 23
Jubilee Av. Asc —3H 93
Jubilee Av. Wokgm —4M 89
Jubilee Clo. Asc —3H 93
Jubilee Clo. Pam H —9N 105
Jubilee Clo. Stai —4K 73
Jubilee Ct. Brack —5N 91
Jubilee Ct. Stai —8H 73
Jubilee Rd. Finch —5L 111
Jubilee Rd. L Grn —1F 42
Jubilee Rd. Newb —9M 79
Jubilee Rd. Read —6N 63
Jubilee Sq. Read —6H 63
Juliet Gdns. Warf —3C 92
Julius Hill. Warf —3C 92
Julkes La. Arbor —4D 88
Junction Rd. Light —9L 115
Junction Rd. Read —6L 63
Juniper. Brack —1N 113
Juniper Ct. Slou —1J 47
Juniper Dri. M'head —6E 20
Juniper Rd. Mar —2B 4
Junipers, The. Wokgm —7J 89
Juniper Way. Tile —2L 61
Jupiter Way. Wokgm —5K 89
Justice Clo. That —9J 81
Jutland Clo. Wokgm —5K 89
Jutland Pl. Egh —9D 72
Katesgrove La. Read —6G 63
Kathleen Sanders Ct. Thea —8F 60
Kaynes Pk. Asc —3H 93
Kaywood Clo. Slou —2M 47
Keane Clo. Wdly —4D 64
Kearsley Rd. Read —6C 62
Keates Grn. Brack —3M 91
Keats Clo. Wdly —8D 64
Keats La. Eton —5E 46
Keats Rd. Wdly —8D 64
Keats Way. Crowt —3F 112
Keats Way. W Dray —3N 49
Keats Way. Yat —5A 118
Keble Rd. M'head —6A 20
Keble Way. Owl —8J 113
Keel Dri. Slou —1D 46
Keeler Clo. Wind —9A 46
Keensacre. Iver —3E 24
Keepers Combe. Brack —8A 92
Keepers Farm Clo. Wind —8A 46
(in two parts)
Keepers Wlk. Vir W —7M 95
Keephatch Rd. Wokgm —3C 90
Keighley Clo. That —9F 80
Keilder Clo. Uxb —3N 25
Keith Pk. Rd. Uxb —1N 25
Kelburne Clo. Winn —9H 65
Keldholme. Brack —5L 91
Kelmscott Clo. Cav —2E 62
Kelpatrick Rd. Slou —7N 21
Kelsey Av. Wokgm —4K 111
Kelsey Clo. M'head —2A 44
Kelsey Gro. Yat —4C 118
Kelso M. Cav —7L 39
Kelston Rd. L Bed —3A 96
Kelton Clo. Lwr Ear —1D 88
Kelvedon Way. Cav —8E 38
Kelvin Clo. Arbor —3D 110
Kelvin Rd. Newb —7M 79
Kemble Ct. Calc —8L 61
Kemerton Clo. Calc —8L 61
Kemp Ct. Bag —8J 115
Kempton Clo. Green —1N 101
Kenavon Dri. Read —4J 63
Kendal Av. Cav —8L 39
Kendal Clo. Slou —8J 23
Kendal Dri. Slou —8J 23
Kendall Av. Shin —5L 87
Kendrick Clo. Wokgm —6N 89
Kendrick Ct. Read —6H 63
Kendrick Rd. Newb —5H 101
Kendrick Rd. Read —6J 63
Kendrick Rd. Slou —2K 47
Keneally. Wind —8M 45
Kenilworth Av. Brack —3A 92
Kenilworth Av. Read —7D 62
Kenilworth Clo. Slou —2H 47
Kenilworth Gdns. Stai —9K 73
Kenilworth Rd. Ashf —7L 73
Kenneally Clo. Wind —8M 45
Kenneally Pl. Wind —8M 45 (off Kenneally)
Kenneally Row. Wind —8M 45
Kenneally Wlk. Wind —8M 45
Kennedy Clo. Farn C —1E 22
Kennedy Clo. M'head —8N 19
Kennedy Clo. Mar —4C 4
Kennedy Clo. Newb —4H 101
Kennedy Dri. Pang —8E 36
Kennedy Gdns. Ear —9A 64
Kennel Av. Asc —3J 93
Kennel Clo. Asc —1J 93
Kennel Grn. Asc —3H 93
Kennel La. Brack —2M 91
Kennel La. Cook D —8G 4
(in two parts)
Kennel La. W'sham —5M 115
Kennel Ride. Asc —3J 93
Kennel Wood. Asc —3J 93
Kennet Cen., The. Newb —9L 79
Kennet Clo. That —8H 81
Kennet Ct. Wokgm —5L 89
Kennet Pl. Bfld C —8J 85
Kennet Pl. Newb —7M 79 (off London Rd.)
Kennet Rd. Kint —9G 76
Kennet Rd. M'head —6C 20
Kennet Rd. Newb —9K 79
Kennet Side. Newb —8N 79
Kennet Side. Read —5H 63
(in four parts)
Kennet St. Read —5J 63
Kennett Rd. Bour —3M 5
Kennett Rd. Slou —2C 48
Kennet Way. Hung —4K 75
Kennylands Rd. Son C —1F 38
Kensington Clo. Lwr Ear —2A 88
Kensington Rd. Read —5D 62
Kent Av. Slou —6E 22
Kent Clo. Wokgm —6J 89
Kent Folly. Warf —1C 92
Kentford Clo. Lwr Ear —1C 88
Kentigern Dri. Crowt —5H 113
Kenton Clo. Brack —4A 92
Kenton Clo. Mar —5C 4
Kenton Rd. Ear —8B 64
Kenton's La. Up Cul —8H 17
Kentons La. Wind —8A 46
Kent Rd. Read —5D 62
Kent Rd. W'sham —5N 115
Kent Way. M'head —5B 20
Kentwood Clo. Tile —3M 61
Kentwood Hill. Tile —3M 61
Kentwood Ho. Tile —3M 61
Kentwood Ter. Tile —3M 61
Kenwood Clo. M'head —7L 19
Keppel Spur. Old Win —4K 71
Kepple Pl. Bag —7H 115
Kepple St. Wind —8F 46
Kernham Dri. Tile —9K 37
Kerris Way. Ear —2N 87
Kersey Cres. Speen —6H 79
Kesteven Way. Wokgm —5K 89
Keston Clo. Cav —2J 63
Kestrel Av. Stai —7G 73
Kestrel Clo. That —8E 80
Kestrel Path. Slou —5A 22
Kestrel Way. Read —8A 62
Kestrel Way. Wokgm —5K 89
Keswick Clo. Tile —5L 61
Keswick Ct. Slou —8H 23
Keswick Dri. Light —9L 115
Keswick Gdns. Wdly —7D 64
Ketcher Grn. Binf —8G 66
Kettering Clo. Calc —8M 61
Kevins Dri. Yat —2C 118
Kew Cotts. Newb —1K 101
Kew Gdns. Shalb —7G 96
Kew Ter. Tile —3M 61
Keynsham Way. Owl —8H 113
Keys La. M'head —8C 20
Kibble Grn. Brack —8N 91
Kibblewhite Cres. Twy —7J 41
Kidby's Ind. Est. Read —6G 63
Kidderminster Rd. Slou —4C 22
Kidmore End Rd. Emm G —4F 38
Kidmore La. Kid E —2D 38
Kidmore Rd. Cav —7E 38
Kidwells Clo. M'head —7C 20
Kidwells Pk. Dri. M'head —7C 20
Kier Pk. Asc —5M 93
Kiff Grn. Up Wool —5E 82
Kilburn Clo. Calc —8L 61
Kildare Gdns. Cav —1J 63
Killarney Dri. M'head —7B 20
Kilmington Clo. Brack —9B 92
Kilmuir Clo. Col T —2H 119
Kiln Brook Ho. Read —7G 63
Kiln Clo. Herm —5F 56
Kiln Croft Clo. Mar —4E 4
Kiln Dri. Cur —7B 56
Kiln Hill. Far H —3A 110
Kiln La. Asc —7C 94
Kiln La. Bin H —3A 40
Kiln La. Bour & Wbrn G —4N 5
Kiln La. Brack —4L 91
Kiln La. Mort —6K 107
Kiln La. Spen W —9F 86
Kiln La. Tile —4H 61
Kiln La. Wink —1L 93
Kiln Pl. M'head —3L 19
Kiln Ride. Up Bas —8H 35
Kiln Ride. Wokgm —2M 111
Kiln Ride Extension. Wokgm —4M 111
Kiln Rd. Cav —7J 39
Kiln Rd. Newb —6M 79
Kilnsea Dri. Lwr Ear —1C 88
Kiln Ter. Cur —7B 56
Kiln View Rd. Read —1K 87
Kilowna Clo. Charv —9F 40
Kimber Clo. Wind —9C 46
Kimberley. Brack —1N 113
Kimberley Clo. Read —7E 62
Kimberley Clo. Slou —3A 48
Kimber's Almshouses. Newb (off Kennet Rd.) —8K 79
Kimber's Clo. Newb —8K 79
Kimbers Dri. Burn —4N 21
Kimbers Dri. Speen —6G 79
Kimbers La. M'head —2B 44
Kimmeridge. Brack —8B 92

Kimpton Clo.—London Rd.

Kimpton Clo. Lwr Ear —3L 87
Kinburn Dri. Egh —9N 71
King Acre Ct. Stai —7F 72
King Edward Ct. Wind —7F 46
King Edward's Clo. Asc —3H 93
King Edward VII Av. Wind —6G 46
King Edward's Rise. Asc —2H 93
King Edward's Rd. Asc —3H 93
King Edward St. Slou —1F 46
Kingfisher Ct. Slou —5D 22
Kingfisher Ct. Twy —1K 65
Kingfisher Ct. Ind. Est. Newb —8A 80
Kingfisher Dri. Stai —8G 72
Kingfisher Dri. Wdly —6B 64
Kingfisher Dri. Yat —3A 118
Kingfisher Pl. Read —4H 63
Kinghorn La. M'head —3A 20
Kinghorn Pk. M'head —3A 20
King James Way. Hen T —6B 16
King John's Clo. Stai —3L 71
Kingsbridge Cotts. Wokgm —3B 112
Kingsbridge Hill. Swal —4G 109
Kingsbridge Rd. Newb —1J 101
Kingsbridge Rd. Read —1J 87
Kingsbury Cres. Stai —8E 72
Kingsbury Dri. Old Win —4J 71
Kingsclear Pk. Camb —5N 119
Kings Clo. Hen T —4C 16
King's Cres. Camb —1N 119
Kingscroft La. Brack —6C 68
Kingsdown Clo. Ear —1A 88
Kings Dri. M'head —8B 20
Kingsfield. Wind —7N 45
Kingsford Clo. Wdly —7F 64
Kingsgate Pl. Read —5K 63
(off Kingsgate St.)
Kingsgate St. Read —5K 63
Kings Gro. M'head —8B 20
King's Keep. Sand —9F 112
Kingsland Cen. That —8G 81
Kingsland Grange. Newb —2J 101
Kings La. Cook —7F 4
Kings La. Egh —9J 71
Kings La. W'sham —5N 115
Kingsley Av. Camb —5N 119
Kingsley Av. Egh —1K 95
Kingsley Clo. Charv —8F 40
Kingsley Clo. Crowt —7F 112
Kingsley Clo. Read —4H 87
Kingsley Clo. Shaw —6M 79
Kingsley Dri. Mar —1A 4
Kingsley Path. Slou —5N 21
Kings Mead. Newb —5G 100
King's Meadow Rd. Read —4H 63
Kingsmere Rd. Brack —3K 91
Kings Reach Ct. Read —5H 63
(off Crane Wharf)
King's Ride. Asc —7F 92
Kings Ride. Camb —9A 114
King's Rd. Cav —2H 63
King's Rd. Crowt —6F 112
Kings Rd. Egh —8B 72
King's Rd. Hen T —4C 16
Kings Rd. Newb —9L 79
King's Rd. Read —5H 63
(in three parts)
King's Rd. Slou —2G 46
King's Rd. S'hill —7N 93
King's Rd. Uxb —3L 25
King's Rd. W Dray —1N 49
King's Rd. Wind —1F 70
Kings Rd. W. Newb —9L 79
Kingstable St. Eton —6F 46
Kingston Av. W Dray —8N 25
(in two parts)
Kingston Cres. Ashf —9K 73
Kingston Gdns. Read —1J 87
Kingston La. Sul'd —5D 84
Kingston La. Uxb —4M 25
Kingston La. W Dray —1N 49
Kingston Rd. Camb —9D 114
Kingston Rd. Stai & Ashf —8H 73
King St. M'head —7C 20
(in three parts)
King St. Mort C —4H 107
King St. Read —5H 63
King St. La. Winn —3G 88
Kingsvale Ct. W Dray —8L 25
King's Wlk. Col T —3K 119
Kings Wlk. Hen T —3C 16
King's Wlk. Read —5H 63
Kingsway. B'water —4H 119
Kingsway. Cav —7L 39
Kingsway. Iver —7F 24
Kingsway. Stai —5L 73
Kingswick Clo. Asc —6N 93
Kingswick Dri. Asc —6N 93
Kingswood Clo. Egh —8M 71
Kingswood Ct. M'head —9C 20
Kingswood Ct. Read —6D 62
Kingswood Creek. Wray —2M 71
Kingswood Ho. Slou —6E 22
Kingswood Pde. Mar —2B 4
Kingswood Rise. Egh —9M 71
Kinnaird Clo. Slou —7M 21
Kinross Av. Asc —7J 93
Kinross Ct. Asc —7J 93
Kinson Rd. Tile —3A 62
Kintbury Rd. Ink —4E 98
Kintbury Wlk. Read —8C 62
Kinver Wlk. Read —7H 63
Kipling Clo. That —6F 80
Kipling Clo. Yat —5A 118
Kipling Ct. Wind —8D 46
Kirkfell Clo. Tile —2K 61
Kirkham Clo. Cav —7L 39
Kirkham Clo. Owl —8H 113
Kirkstall Ct. Calc —8L 61
Kirkwall Spur. Slou —6G 22
Kirkwood Cres. Bfld C —8G 85
Kirton Clo. Read —5B 62
Kittiwake Clo. Wdly —5G 64
Kitwood Dri. Lwr Ear —2D 88
Klondyke. Mar —5B 4
Knappe Clo. Hen T —6B 16
Knapp Rd. Ashf —8N 73
Knapp, The. Ear —8A 64
Knighton Clo. Cav —1G 62
Knighton Way La. Den —1J 25
Knightsbridge Dri. Hdly —7E 102
Knights Clo. Wind —7N 45
Knights La. Bal H —7A 100
Knights Way. Emm G —8H 39
Knightswood. Brack —1M 113
Knole Wood. Asc —1N 115
Knollmead. Calc —8L 61
Knoll Rd. Camb —3N 119
Knoll, The. Tile —2J 61
Knoll Wlk. Camb —3N 119
Knollys Rd. Pam H —9A 106
Knolton Way. Slou —7K 23
Knossington Clo. Lwr Ear —1B 88
Knott La. Lwr P —7K 83
Knowle Clo. Cav —9D 38
Knowle Grn. Stai —9H 73
Knowle Gro. Vir W —9L 95
Knowle Gro. Clo. Vir W —9L 95
Knowle Hill. Vir W —9K 95
Knowle Pk. Av. Stai —9J 73
Knowle Rd. Wdly —8D 64
Knowles Av. Crowt —5D 112
Knowles Clo. W Dray —9M 25
Knowl Hill Comn. Know H —2C 42
Knowl Hill Ter. Know H —1C 42
Knowsley Clo. M'head —5L 19
Knowsley Rd. Tile —1J 61
Knox Grn. Binf —9G 66
Koya Ct. Wex —7K 23
Krooner Rd. Camb —6M 119
Kyle Clo. Brack —5M 91

Laburnham Rd. M'head —8A 20
Laburnum Av. W Dray —8N 25
Laburnum Clo. Mar —3C 4
Laburnum Gdns. Read —2L 87
Laburnum Gro. Newb —7L 79
Laburnum Gro. Slou —5C 48
Laburnum Pl. Egh —1K 95
Laburnum Rd. Winn —2H 89
Laburnums, The. B'water —4F 118
Laburnum Way. Stai —5N 73
Lackman's Hill. Brack —1M 91
Ladbroke Clo. Wdly —6E 64
Ladbrooke Rd. Slou —2E 46
Ladwell Clo. Newb —5H 101
Ladybank. Brack —1M 113
Ladyday Pl. Slou —9E 22
Lady Jane Ct. Cav —1H 63
Lady Margaret Rd. Asc —9B 94
Ladymask Clo. Calc —8N 61
Laffords, The. South —1J 83
Laggan Rd. M'head —4C 20
Laggan Sq. M'head —5C 20
Laird Ct. Bag —9H 115
Lake Av. Slou —8F 22
Lake End. Crowt —6E 112
Lake End Ct. Tap —7K 21
Lake End Rd. Tap —8L 21
Lake Rd. Vir W —6K 95
Lakeside. Brack —2N 91
Lakeside. Ear —9A 64
Lakeside. M'head —4E 20
Lakeside Dri. Stoke P —2G 23
Lakeside Est. Coln —6G 49
Lakeside Gdns. Farn —9H 119
Lakeside Rd. Coln —6G 49
Lakeside, The. B'water —5H 119
Lake View Caravan Site. Wink —5H 69
Lalande Clo. Wokgm —5K 89
Laleham Rd. Stai —9G 72
Lamb Clo. That —6F 80
Lambert Av. Slou —2N 47
Lambert Ct. Read —5N 61
Lambert Cres. B'water —5G 119
Lambfields. Thea —9E 60
Lambly Hill. Vir W —5N 95
Lamborne Clo. Sand —9E 112
Lambourn. Newb —6M 79
Lambourn Ct. Caravan Pk. Lamb —3H 27
Lambourne Clo. Tile —4L 61
Lambourne Ct. Uxb —2J 25
Lambourne Dri. Bag —8G 115
Lambourne Dri. M'head —2N 43
Lambourne Gdns. Ear —8C 64
Lambourne Gro. Brack —4B 92
Lambourn Pl. Lamb —2H 27
Lambourn Rd. Woods —5G 79
Lambridge La. Hen T —3A 16
Lambridge Wood Rd. Hen T —2A 16
Lamb's La. Spen W —4G 109
Lambswoodhill. Graz —1D 108
Lamerton Rd. Read —2J 87
Lammas Ct. Stai —6E 72
Lammas Ct. Wind —8E 46
Lammas Dri. Stai —8E 72
Lammas Mead. Binf —2J 91
Lammas Rd. Slou —6N 21
Lamorna Cres. Tile —3K 61
Lamp Acres. Shaw —6M 79
Lamplighters Wlk. Calc —8N 61
Lamsden Way. Bfld C —8J 85
Lanark Clo. Wdly —6F 64
Lancashire Hill. Warf —1C 92
Lancaster Av. Slou —5E 22
Lancaster Clo. Egh —9M 71
Lancaster Clo. Hung —7J 75
Lancaster Clo. Read —7J 63
Lancaster Clo. That —7F 80
Lancaster Gdns. Ear —9A 64
Lancaster Ho. Brack —7M 91
Lancaster Rd. M'head —6M 19
Lancaster Rd. Uxb —1L 25
Lancaster Sq. Hung —7K 75
Lancaster Way. Farn —9N 119
Lancastria M. M'head —7A 20
Lancelot Clo. Slou —1C 46
Lanchester Dri. Crowt —3G 113
Lancing Clo. Read —5D 62
Lancresse Clo. Uxb —1L 25
Landen Ct. Wokgm —7N 89
Landrake Cres. Read —2J 87
Landseer Clo. Col T —3J 119
Lane End Clo. Shin —5L 87
Laneswood. Mort —5F 106
Lane, The. Sil —9C 106
Lane, The. Vir W —5N 95
Langborough Rd. Wokgm —6A 90
Langdale Clo. M'head —8D 20
Langdale Dri. Asc —4H 93
Langdale Gdns. Ear —1M 87
Langford Clo. Cav —8J 39
Langham Pl. Egh —9A 72
Langhams Way. Warg —3K 41
Langley Broom. Slou —4A 48
Langley Bus. Cen. Langl —1B 48
Langley Bus. Pk. Langl —1A 48
Langley Comn. Rd. Arbor X & B'ham —1D 110
Langley Farm Cotts. Beed —7B 32
Langley Hill. Tile —6K 61
Langley Hill Clo. Tile —6K 61
Langley La. Arbor —5C 88
Langley Pk. Rd. Iver —8C 24
Langley Pk. Rd. Slou & Iver —1B 48
Langley Quay. Langl —1B 48
Langley Rd. Slou —1L 47
Langley Rd. Stai —9G 73
Langley Wlk. Mar —5A 4
Langton Clo. M'head —5A 20
Langton Clo. Slou —9N 21
Langworthy End. M'head —5E 44
Langworthy La. M'head —5D 44
Laniver Clo. Ear —2A 88
Lansdowne Av. Slou —9G 22
Lansdowne Ct. Slou —9G 23
Lansdowne Rd. Tile —5K 61
Lantern Wlk. M'head —7E 20
Lapwing Clo. Tile —6K 61
Larch Av. Asc —7A 94
Larch Av. Wokgm —4M 89
Larch Clo. Bfld —7J 85
Larch Clo. Camb —9B 114
Larch Clo. Slou —6D 22
Larch Clo. Speen —6H 79
Larch Dri. Wdly —7D 64
Larches, The. Warf P —2D 92
Larchfield Rd. M'head —9A 20
Larchside Clo. Spen W —9H 87
Larch Way. Frogm —4F 118
Larchwood. Brack —7C 92
Larchwood Dri. Egh —1K 95
Lardon Cotts. Streat —8J 15
Larges Bri. Dri. Brack —5N 91
Larges La. Brack —4N 91
Larissa Clo. Tile —3M 61
Lark Av. Stai —7G 72
Larkings La. Stoke P —2K 23
Larksfield. Egh —2L 95
Larks Meade. Ear —2N 87
Larkspur Clo. Wokgm —4J 89
Larkspur Gdns. That —7J 81
Larkswood Clo. Sand —9E 112
Larkswood Clo. Tile —1L 61
Larkswood Dri. Crowt —5F 112
La Roche Clo. Slou —2L 47
Lascelles Rd. Slou —2K 47
Lashbrook Mead. Lwr S —1G 40
Lashbrook Rd. Lwr S —1G 40
Lassell Ct. M'head —7E 20
Lassell Gdns. M'head —7E 20
Latimer. Brack —1M 113
Latimer Dri. Calc —8K 61
Latimer Rd. Wokgm —6N 89
Laud's Clo. Hen T —5B 16
Laud Way. Wokgm —5C 90
Launceston Av. Cav —7L 39
Launcestone Clo. Lwr Ear —1A 88
Laundry La. Col T —3J 119
Lauradale. Brack —6L 91
Laurel Av. Egh —9K 71
Laurel Av. Slou —1N 47
Laurel Clo. Camb —5N 119
Laurel Clo. Coln —6F 48
Laurel Clo. Wokgm —6L 89
Laurel Dri. Tile —4J 61
Laurel La. W Dray —3M 49
Laurels End. Iver —3E 24
Lauser Rd. Stai —4K 73
Lavender Rise. W Dray —1N 49
Lavender Rd. Uxb —6N 25
Lavenham Dri. Wdly —4E 64
Laverheath Clo. Lwr Ear —1D 88
Lawford Cres. Yat —3B 118
Lawkland. Farn R —4E 22
Lawn Av. W Dray —1K 49
Lawn Clo. Dat —6L 47
Lawn Rd. Uxb —1K 25
Lawnsend La. Charv —2G 65
Lawns, The. Asc —5G 92
Lawns, The. Coln —7F 48
Lawns, The. Read —9K 63
Lawrence Clo. Wokgm —5B 90
Lawrence Ct. Wind —8E 46
Lawrence Cres. W'sham —6N 115
Lawrence Gro. Binf —3H 91
Lawrence Mead. Kint —9F 76
Lawrence Rd. Tile —4A 62
Lawrences La. That —6G 80
Lawrence Way. Camb —5K 119
Lawrence Way. Slou —6N 21
Lawson Way. Asc —8D 94
Laxton Grn. M'head —2N 43
Layburn Cres. Slou —5C 48
Layland's Grn. Kint —1G 98
Layton Rise. Tile —1K 61
Lea Clo. Mar —1B 4
Lea Clo. Read —9A 62
Leacroft. Asc —7C 94
Lea Croft. Crowt —4F 112
Leacroft. Stai —9H 73
Leacroft Clo. Stai —8J 73
Leacroft Clo. W Dray —7M 25
Leacroft Rd. Iver —7F 24
Leafield Copse. Brack —6C 92
Leaholme Gdns. Slou —6M 21
Lea Rd. Camb —7M 119
Lea Rd. Son C —1F 38
Leas Dri. Iver —7F 24
Lea, The. Wokgm —2L 111
Leaver Rd. Hen T —5B 16
Leaves Grn. Brack —8A 92
Ledbury Clo. Read —4C 62
Ledbury Dri. Calc —8L 61
Ledger La. M'head —8G 45
Ledgers Rd. Slou —1F 46
Ledran Clo. Lwr Ear —2B 88
Leeds Rd. Slou —8G 22
Lee La. M'head —3J 19
Lees Clo. M'head —9M 19
Lees Gdns. M'head —9M 19
Leeson Gdns. Eton W —3A 46
Lees Wlk. Mar —5A 4
Leicester. Brack —9B 92
Leicester Clo. Hen T —3C 16
Leigh Field. Mort C —4G 107
Leigh Pk. Dat —6L 47
Leigh Rd. Slou —8D 22
Leigh Sq. Wind —8N 45
Leighton Ct. Ear —9L 63
Leighton Gdns. M'head —5E 20
Leiston Clo. Lwr Ear —2C 88
Leiston Spur. Slou —7G 22
Leith Clo. Crowt —3E 112
Lemart Clo. Tile —4M 61
Lemington Gro. Brack —8M 91
Lendore Rd. Frim —9N 119
Leney Clo. Wokgm —3B 90
Lenham Clo. Winn —2K 89
Lennox Clo. Calc —8J 61
Lennox Rd. Read —7N 63
Lent Grn. Burn —5L 21
Lent Grn. La. Burn —5L 21
Lent Rise Rd. Tap & Burn —7L 21
Leonard Clo. Frim —9N 119
Leonard Ct. Thea —9F 60
Leopold Wlk. Read —5K 63
Leppington. Brack —9M 91
Lerwick Dri. Slou —6G 22
Lesford Rd. Read —8E 62
Lesley Ct. Read —6D 62
Leslie Dunne Ho. Wind —8A 46
Leslie Southern Ct. Newb —7M 79
Lesters Rd. Cook —9H 5
Letcombe Sq. Brack —6B 92
Letcombe St. Read —5H 63
Letcomb Sq. Brack —6B 92
Leverton Cotts. Hung —3J 75
Leverton La. Chilt F —2G 75
Lewendon Rd. Speen —6J 79
Lewins Farm Ct. Cipp —8B 22
Lewins Way. Slou —8B 22
Lewisham Way. Owl —9H 113
Lewis Ho. Brack —8M 91
Lewis Wlk. Newb —4G 101
Lexington Av. M'head —9A 20
Lexington Gro. Read —5J 87
Leyburn Clo. Wdly —4F 64
Leycester Clo. W'sham —4L 115
Leyland Gdns. Shin —5L 87
Leylands La. Stai —1G 73
(in two parts)
Ley Rd. Farn —9L 119
Leys Gdns. Newb —7K 79
Ley Side. Crowt —5E 112
Lichfield Clo. Lwr Ear —2B 88
Lichfields. Brack —4B 92
Liddall Way. W Dray —9N 25
Liddell. Wind —9M 45
Liddell Clo. Finch —7K 111
Liddell Pl. Wind —9M 45
Liddell Sq. Wind —8M 45
Liddell Way. Asc —7J 93
Liddell Way. Wind —9M 45
Lidstone Clo. Lwr Ear —2C 88
Liebenrood Rd. Read —6C 62
Lightlands La. Cook —1C 20
Lightwater By-Pass. Light —8K 115
Lightwater Meadow. Light —9L 115
Lightwater Rd. Light —9M 115
Lightwood. Brack —8A 92
Liguel Clo. Hung —7K 75
Lilac Clo. Pur T —8K 37
Lilac Ct. Slou —4B 22
Lilac Pl. W Dray —8N 25
Lilacs, The. Wokgm —7J 89
Lilac Wlk. Calc —7K 61
Lilley Ct. Crowt —6F 112
Lillibrooke Cres. M'head —2L 43
Lily Hill Dri. Brack —4B 92
Lily Hill Rd. Brack —4B 92
Lima Ct. Read —6F 62
Lime Av. Asc —8E 92
Lime Av. W Dray —8N 25
Lime Av. Wind —7B 70
(Windsor Great Park)
Lime Av. Wind —7H 47
(Windsor)
Lime Clo. Newb —7A 80
Lime Clo. Wokgm —6L 89
Limecroft. Yat —4A 118
Limerick Clo. Brack —3L 91
Limes Clo. Ashf —9N 73
Limes Rd. Egh —9A 72
Limetree Rd. Gor —8K 15
Lime View. Newb —7L 79
(off Victoria Rd.)
Lime Wlk. Brack —6N 91
Lime Wlk. M'head —6L 19
Limmer Clo. Wokgm —7H 89
Limmerhill Rd. Wokgm —6K 89
Linchfield Rd. Dat —7L 47
Lincoln Clo. Winn —9F 64
Lincoln Ct. Newb —9K 79
Lincoln Gdns. Twy —8J 41
Lincoln Hatch La. Burn —5M 21
Lincoln Rd. M'head —6M 19
Lincoln Rd. Read —8J 63
Lincolnshire Gdns. Warf —2B 92
Lincoln Way. Slou —8N 21
Lindale Clo. Vir W —6H 95
Lindberg Way. Wdly —3G 64
Lind Clo. Ear —1A 88
Linden. Brack —7C 92
Linden Av. M'head —5A 20
Linden Clo. M'head —5E 44
Linden Clo. Newb —7K 79
Linden Clo. Wokgm —6L 89
Linden Ct. Egh —1K 95
Linden Dri. Farn R —2E 22
Linden Hill La. Kiln G —2A 42
Lindenhill Rd. Brack —3K 91
Linden Ho. Langl —4C 48
Linden Pl. Stai —8H 73
Linden Rd. Bis G —7C 102
Linden Rd. Head —1L 87
Linden Rd. Wdly —8C 64
Lindores Rd. Holyp —5E 44
Lindsay Clo. Stai —2L 73
Lindsey Clo. Wokgm —6K 89
Linear Way. Calc —8K 61
Lines Rd. Hurst —6K 65
Lingfield Caravan Pk. Wind —5G 45
Lingfield Rd. Green —2N 101
Lingholm Clo. M'head —8N 19
Lingholm Clo. Tile —7N 61
Lingwood. Brack —8N 91
Link Ho. Newb —9L 79
Link Rd. Dat —7L 47
Link Rd. Newb —9L 79
Links Dri. Tile —4A 62
Links Rd. Ashf —9M 73
Links, The. Asc —4H 93
Linkswood Rd. Burn —3M 21
Link, The. Slou —7K 23
Link, The. Yat —3A 118
Link Way. Arbor X —9D 88
Linkway. Camb —5N 119
Linkway. Crowt —5D 112
Link Way. That —7E 80
Linnet Clo. Tile —6J 61
Linnet La. Bis G —7C 102
(off Linden Rd.)
Linnet Wlk. Wokgm —5K 89
Linstead Rd. Farn —9J 119
Lintott Ct. Stanw —3L 73
Lip La. Elc —3J 77
(in three parts)
Lipscomb Clo. Herm —6E 56
Lipscombe Clo. Newb —9J 79
Liscombe. Brack —9M 91
Liscombe Ho. Brack —9M 91
Lisle Clo. Newb —6K 79
Lismore Clo. Wdly —8D 64
Lismore Pk. Slou —7H 23
Lissett Rd. M'head —8D 20
Lister Clo. Pur T —8K 37
Liston Ct. Mar —5B 4
Liston Rd. Mar —5B 4
Litcham Spur. Slou —7F 22
Litchfield Ho. Tadl —9K 105
Littington Clo. Lwr Ear —3B 88
Lit. Benty. W Dray —4L 49
Lit. Bowden La. Pang —9A 36
Littlebrook Av. Slou —6A 22
Lit. Buntings. Wind —9B 46
Little Clo. F Hth —1M 5
Lit. Copse. Yat —2B 118
Littlecote Dri. Read —6E 62
Littlecote Rd. Frox —6B 74
Lit. Croft. Yat —5B 118
Littlecroft Rd. Egh —9A 72
Lit. Croft Rd. Gor —9L 15
Littledale Clo. Brack —5B 92
Littledown Rd. Slou —9H 23
Littlefield Grn. White —7K 43
Lit. Fryth. Wokgm —4A 112
Lit. Glebe. Son —1D 64
Lit. Heath Rd. Tile —5H 61
Lit. Hill Rd. Hurst —8J 65
Littlejohn's La. Read —4C 62
(in two parts)
Little La. Up Buck —5M 81
Lit. London Rd. Sil —9C 106
Lit. Marlow Rd. Mar —5C 4
Lit. Moor. Sand —9G 112
Lit. Oaks Dri. Tile —4K 61
Lit. Paddock. Camb —9D 114
Littleport Spur. Slou —7G 22
Lit. Ringdale. Brack —6B 92
Littlestead Clo. Cav —7L 39
Little St. Read —4E 62
Lit. Sutton La. Slou —4D 48
Lit. Vigo. Yat —5A 118
Lit. Woodlands. Wind —9B 46
Liverpool Rd. Read —4L 63
Liverpool Rd. Slou —7D 22
Livery Clo. Read —5H 63
Livingstone Gdns. Wdly —7D 64
Livingstone Rd. Newb —9M 79
Llangar Gro. Crowt —5E 112
Llanvair Clo. Asc —8K 93
Llanvair Dri. Asc —8J 93
Loader's La. Arbor —4D 88
Lochinvar Clo. Slou —1D 46
Lochinver. Brack —9M 91
Lock Av. M'head —4F 20
Lock Bri. Rd. Bour —4L 5
Locke Gdns. Slou —1L 47
Lockets Clo. Wind —7N 45
Lock La. M'head —1N 43
Lock Mead. M'head —4F 20
Lock Path. Dor —5N 45
Lock Pl. Read —4K 63
Lockram Rd. Bfld C —1J 107
Lock Rd. Mar —5C 4
Locks Ride. Asc —2E 92
Lockstile Mead. Gor —7L 15
Lockstile Way. Gor —8L 15
Lockton Chase. Asc —5G 93
Lockwood Clo. Farn —9J 119
Loddon Bri. Rd. Wdly —7E 64
Loddon Dri. M'head —6A 20
Loddon Dri. Warg —5F 40
Loddon Hall Rd. Twy —7K 41
Loddon Rd. Bour —3L 5
Loddon Spur. Slou —8G 22
Loddon Vale Cen. Wdly —5F 64
Lodge Clo. Egh —9M 71
Lodge Clo. Mar —6C 4
Lodge Clo. Slou —1E 46
Lodge Clo. Uxb —5K 25
Lodge Gro. Yat —3D 118
Lodge Rd. Hurst —5K 65
Lodge Way. Ashf —6M 73
Lodge Way. Wind —9A 46
Logan Clo. Tile —5N 61
Lomond Av. Cav —8L 39
London Ct. Read —5H 63
London La. Fac —9H 117
London Rd. Asc & S'hill —5L 93
London Rd. Bag —9E 114
London Rd. B'water —7A 118
London Rd. Brack & Asc —4A 92
London Rd. Camb —4K 119
London Rd. Egh —4K 95
London Rd. Newb & That —7L 79
London Rd. Read —6J 63
London Rd. Slou —2L 47
London Rd. Stai & Ashf —8H 73
London Rd. S'dale —9B 94
London Rd. That —8H 81

London Rd.—Melksham Clo.

London Rd. Vir W —7G 94
London Rd. W'sham —4K 115
London Rd. Wokgm & Brack —5B 90
London St. Read —5H 63
London View. Twy —1K 65
Loneacre. W'sham —6N 115
Longacre. Newb —2H 101
Longbarn La. Read —9H 63
Longbridge Rd. That —9J 81
Longbridge Way. Cow —3J 25
Long Clo. Farn C —1D 22
Long Clo. Kint —9G 76
Longcroft Rd. That —9H 81
Longdon Rd. Winn —2G 89
Longdown Lodge. Sand —1F 118
Longdown Rd. Sand —9E 112
Long Dri. Burn —4M 21
Longfield Clo. Farn —9L 119
Longfield Rd. Twy —7J 41
Longford Av. Stai —5M 73
Longford Cir. W Dray —7J 49
Longford Way. Stai —5M 73
Long Furlong Dri. Slou —5A 22
Long Gro. Baug —8F 104
Long Gro. Up Buck —6L 81
Long Hedge. Lamb —4K 27
Long Hill Rd. Asc —4D 92
Longhurst Clo. Cav —1J 63
Long La. Bright —2C 30
Long La. M'head —9A 44
Long La. Shaw —5N 79
Long La. Stai —6N 73
Long La. Tile —3H 61
Longleat Dri. Tile —1J 61
Longleat Gdns. M'head —8A 20
Longmead. Wind —7A 46
Longmead. Wool H —9D 100
Longmead La. Burn —1N 21
Long Mickle. Sand —9E 112
Longmoor La. Mort C —3G 107
Longmoors. Brack —3J 91
Longmore Rd. Read —5K 87
Long Readings La. Slou —4D 22
Longridge Clo. Read —5B 62
Long Row. Chad —6M 29
Longshot Ind. Est. Brack —4J 91
Longshot La. Brack —5J 91
(in two parts)
Longstone Rd. Iver —3D 24
Long's Way. Wokgm —4C 90
Long Toll. Whit H —1H 37
Long Wlk. Hung —1D 96
Long Wlk., The. Wind —2F 70
Longwater La. Eve —9K 111
Longwater La. Finch —8K 111
Longwater Rd. Brack —8N 91
Longwater Rd. Eve —9K 111
Longworth Av. Tile —5J 61
Longworth Dri. M'head —5F 20
Lonsdale Clo. M'head —5D 20
Lonsdale Way. M'head —4F 44
Loosen Dri. M'head —2L 43
Lord Harris Ct. Sind —2F 88
Lord Knyvett Clo. Stai —3L 73
Lord Mayor's Dri. Farn C —1B 22
Lordswood. Sil —9B 106
Loring Rd. Wind —7B 46
Lorne Clo. Slou —2D 46
Lorne Ct. Chalv —2E 46
Lorne Pl. Read —5E 62
Lorne St. Read —5E 62
Lory Ridge. Bag —6H 115
Losfield Rd. Wind —7A 46
Lossie Dri. Iver —8C 24
Loughborough. Brack —8B 92
Loundeys Clo. That —7E 80
Lovatt Clo. Tile —5J 61
Lovedean Ct. Brack —8B 92
Love Grn. La. Iver —6E 24
Love Hill La. Slou —8B 24
Lovejoy La. Wind —8N 45
Lovelace Clo. Hur —1D 18
Lovelace Rd. Brack —6J 91
Love La. Don —5K 79
Love La. Iver —7E 24
Lovel La. Wink —8L 69
Lovell Clo. Hen T —6B 16
Lovells Clo. Light —9L 115
Lovel Rd. Wink —8J 69
Loverock Rd. Read —3C 62
Love's Clo. Bfld C —8H 85
Loves Wood. Mort C —5G 107
Lovett Gdns. M'head —3E 20
Lovett Rd. Stai —8D 72
Lovibonds Av. W Dray —7N 25
Lowbrook Dri. M'head —2L 43
Lowbury. Brack —6B 92
Lowdell Clo. W Dray —7M 25
Lwr. Armour Rd. Tile —3L 61
Lwr. Boyndon Rd. M'head —8B 20
Lwr. Britwell Rd. Slou —5N 21
Lwr. Broadmoor Rd. Crowt —6G 112
Lwr. Brook St. Read —6G 63
Lwr. Charles St. Camb —3N 119
Lwr. Church Rd. Sand —9C 112
Lwr. Cippenham La. Slou —9A 22
Lwr. Common. Eve —9D 110
Lwr. Cookham Rd. M'head —2E 20
Lwr. Earley Way. Lwr Ear —3A 88
Lwr. Earley Way N. Winn —1E 88
Lwr. Earley Way W. Read & Lwr Ear —4L 87
Lwr. Elmstone Dri. Tile —3K 61
Lwr. Farm Ct. That —1C 102
Lwr. Field Rd. Read —6G 62
Lwr. Henley Rd. Cav —2J 63
Lwr. Lees Rd. Slou —4C 22
Lwr. Mead. Iver —4E 24
Lwr. Meadow Rd. Read —1K 87
Lwr. Mill Field. Bag —8G 115
Lwr. Moor. Yat —4B 118
Lwr. Mount. Read —7J 63
Lwr. Nursery. Asc —7C 94
Lwr. Pound La. Mar —8A 4
Lwr. Ridge. Bour —3M 5
Lower Rd. Cook —8J 5
Lwr. Sandhurst Rd. Finch & Sand —8L 111
Lwr. Village Rd. Asc —7L 93
Lower Way. That —8B 80
Lwr. Wokingham Rd. Wokgm & Crowt —4B 112
Lowes Clo. S'lake —1G 40
Lowestoft Clo. Lwr Ear —1C 88
Lowestoft Dri. Slou —7N 21
Lowfield Grn. Cav —9L 39
Lowfield Rd. Cav —8J 39
Lowlands Dri. Stai —2L 73
Lowlands Rd. B'water —5G 119
Low La. Calc —8N 61
Lowry Clo. Col T —3H 119
Lowther Clo. Wokgm —3L 89
Lowther Rd. Wokgm —2K 89
Loxwood. Ear —1B 88
Lucas Clo. Yat —4B 118
Lucas Dri. Yat —4B 118
Lucey Clo. Tile —1J 61
Luckley Path. Wokgm —5A 90
Luckley Rd. Wokgm —8N 89
Luckley Wood. Wokgm —8N 89
Luckmore Rd. Ear —9N 63
Luddington Av. Vir W —4N 95
Ludlow. Brack —9M 91
Ludlow Clo. Newb —7B 80
Ludlow Rd. M'head —8B 20
Luff Clo. Wind —9A 46
Luker Av. Hen T —3B 16
Lulworth Clo. Farn —9L 119
Lulworth Rd. Read —3J 87
Lunds Farm Rd. Wdly —4F 64
Lundy La. Read —5C 62
Lupin Clo. Bag —9F 114
Lupin Clo. W Dray —4L 49
Lupin Ride. Crowt —3F 112
Luscombe Clo. Cav —2K 63
Lutman La. M'head —4C 20
Lutman's Haven. Know H —8B 18
Lutterworth Clo. Brack —2N 91
Lutton Clo. Lwr Ear —3M 87
Lych Ga. Clo. Sand —1D 118
Lycroft Clo. Gor —7L 15
Lydbury. Brack —5C 92
Lydford Av. Slou —6F 22
Lydford Rd. Read —7L 63
Lydney. Brack —9M 91
Lydsell Clo. Slou —4C 22
Lye Copse Av. Farn —9M 119
Lyefield Ct. Emm G —7H 39
Lyell. Wind —9M 45
Lyell Pl. E. Wind —9M 45
Lyell Pl. W. Wind —9M 45
(off Lyell)
Lyell Wlk. E. Wind —9M 45
Lyell Wlk. W. Wind —9M 45
Lyme Gro. Tile —3L 61
Lymington Av. Yat —4A 118
Lymington Ga. Cav —8E 38
Lynch Clo. Uxb —1K 25
Lynch Hill La. Slou —5A 22
Lynch La. Lamb —2H 27
Lynch, The. Shalb —8F 96
Lynch, The. Uxb —1K 25
Lynden M. Read —7H 63
Lyndhurst Av. B'water —3G 118
Lyndhurst Av. Cook —9J 5
Lyndhurst Clo. Brack —5D 92
Lyndhurst Rd. Asc —6K 93
Lyndhurst Rd. Gor —8L 15
Lyndhurst Rd. Tile —3N 61
Lyndwood Dri. Old Win —3J 71
Lyne Clo. Vir W —8N 95
Lyneham Gdns. M'head —5M 19
Lyneham Rd. Crowt —5F 112
Lyne Rd. Vir W —8M 95
Lynmouth Ct. Read —3H 63
Lynmouth Rd. Read —3G 63
Lynton Clo. Wdly —7B 64
Lynton Ct. Newb —7L 79
Lynton Grn. M'head —7B 20
Lynwood Av. Egh —1N 95
Lynwood Av. Slou —2M 47
Lynwood Chase. Brack —2N 91
Lynwood Cres. Asc —8A 94
Lyon Clo. That —9J 81
Lyon Rd. Crowt —4G 112
Lyon Sq. Tile —4A 62
Lyon Way. Frim —8N 119
Lysander Clo. Wdly —4F 64
Lysander Mead. M'head —6F 20
Lytchett Minster Clo. Brack —6C 92
Lytham. Brack —8J 91
Lytham Clo. Read —8C 62
Lytham Ct. S'hill —7M 93
Lytham End. Tile —1J 61
Lytham Rd. Wdly —5D 64

Macadam Av. Crowt —3G 113
Macbeth Ct. Warf —3B 92
McCarthy Way. Wokgm —2L 111
McCrae's Wlk. Warg —3J 41
Macdonald Rd. Light —9K 115
Mace Clo. Ear —2N 87
Mackay Clo. Calc —9M 61
McKay Trading Est. Coln —8F 48
Mackenzie Mall. Slou —1H 47
McKernan Ct. Sand —1D 118
Macklin Clo. Hung —6K 75
McNair Clo. Lwr Ear —2N 87
Macphail Clo. Wokgm —3C 90
Macrae Rd. Yat —3A 118
Maddle Rd. Up Lamb —6C 6
Madeira Wlk. Wind —7F 46
Madingley. Brack —1M 113
Madox Brown End. Col T —2J 119
Mafeking Rd. Wray —6C 72
Magdalene Rd. Owl —8K 113
Magill Clo. Spen W —9H 87
Magna Carta La. Wray —5M 71
Magna Rd. Egh —1K 95
Magnolia Clo. Owl —9H 113
Magnolia Ct. Wdly —5F 64
Magnolia Gdns. Slou —2L 47
Magnolia St. W Dray —4L 49
Magnolia Way. Wokgm —6L 89
Magpie Clo. That —8E 80
Magpie Way. Slou —5A 22
Magpie Way. Tile —6J 61
Maiden Erlegh Dri. Ear —8A 64
Maidenfield. Winn —1J 89
Maidenhead Bus. Campus, The. White —3J 43
Maidenhead Ct. Pk. M'head —2E 20
Maidenhead Rd. Binf —6M 67
Maidenhead Rd. Cook —1B 20
Maidenhead Rd. M'head —2B 20
Maidenhead Rd. Wind —6M 45
Maidenhead Rd. Wokgm —9B 66
Maiden La. Cen. Lwr Ear —2C 88
Maiden Pl. Lwr Ear —1B 88
Maiden's Grn. Wink —6E 68
Main Dri. Brack —2C 92
Main Dri. Iver —3F 48
Mainprize Rd. Brack —3B 92
Main Rd. Wind —6M 45
Main St. Green —5D 102
Main St. Yat —2B 118
Maisie Webster Clo. Stai —4K 73
Maitland Rd. Read —5E 62
Maize La. Warf —1A 92
Majendie Clo. Speen —6H 79
Majors Farm Rd. Dat —6M 47
Makepiece Rd. Brack —2M 91
Maker Clo. Read —7B 62
Makins Rd. Hen T —6A 16
Malders La. M'head —3L 19
Maldon Clo. Read —6D 62
Malet Clo. Egh —9E 72
Malham Fell. Brack —6L 91
Malham Rd. That —8F 80
Mallard Clo. Ear —9N 63
Mallard Clo. Twy —1K 65
Mallard Dri. Slou —8B 22
Mallard Row. Read —6G 63
Mallards. Spen W —1G 109
Mallards, The. Gt Shef —1F 52
Mallards Way. Light —9K 115
Mallard Way. Yat —3A 118
Mallory Av. Cav —7K 39
Mallowdale Rd. Brack —9B 92
Mallow Pk. M'head —5N 19
Malone Rd. Wdly —6C 64
Malpas Rd. Slou —8K 23
Maltby Way. Lwr Ear —3M 87
Malt Clo. Wick —7J 53
Malt Hill. Egh —9N 71
Malt Hill. Warf —8B 68
Malt Ho. Clo. Old Win —4K 71
Malthouse Clo. That —9J 81
Malthouse La. Read —4F 62
Maltings Pl. Read —5G 63
Maltings, The. Stai —8F 72
Maltings, The. That —9J 81
Maltings, The. W Ils —5M 11
Malton Av. Slou —7D 22
Malt Shovel La. Lamb —1F 26
Malvern Clo. Wdly —6E 64
Malvern Ct. Coln —5B 48
Malvern Ct. Newb —1K 101
Malvern Ct. Read —6K 63
Malvern Rd. M'head —5A 20
Malvern Way. Twy —6J 41
Manchester Rd. Read —4L 63
Mandarin Ct. Newb —9N 79
Mandela Ct. Read —5K 63
Mander Ct. Cav —1H 63
Mandeville Clo. Tile —7N 61
Mandeville Ct. Egh —8B 72
Manea Clo. Lwr Ear —3B 88
Manfield Clo. Slou —4C 22
Manners Rd. Wdly —4C 64
Mannock Way. Wdly —4G 64
Manor Clo. Brack —2L 91
Manor Cotts. Fac —8H 117
Manor Cres. Comp —1G 33
Manorcrofts Rd. Egh —9B 72
Manor Farm Clo. Wind —9B 46
Manor Farm Ct. Egh —9B 72
Manor Farm La. Egh —9B 72
Manor Farm La. Tid —2D 60
Manor Farm Rd. Read —1H 87
Manor Gro. Fif —7G 45
Manor Ho. Ct. Read —7N 63
Manor Ho. Dri. Asc —2K 93
Manor Ho. La. Dat —6K 47
Manor La. Brimp —3N 103
Manor La. Chvly —3M 55
Manor La. Herm —3E 56
Manor La. Leck —8C 30
Manor La. M'head —1B 44
Manor La. Newb —6B 80
Manor Leaze. Egh —9C 72
Manor Pk. Clo. Tile —6K 61
Manor Pk. Dri. Finch —4J 111
Manor Pk. Dri. Yat —4B 118
Manor Pl. Speen —6H 79
Manor Pl. Stai —9J 73
Manor Rd. Ashf —9N 73
Manor Rd. Gor —8K 15
Manor Rd. Hen T —6C 16
Manor Rd. M'head —1B 44
Manor Rd. Shur R —3E 66
Manor Rd. Want —1H 9
Manor Rd. Whit T —6D 36
Manor Rd. Wind —8A 46
Manor Rd. Wokgm —9M 89
Manor Way. Bag —8H 115
Manor Way. Holyp —5D 44
Manor Waye. Uxb —2L 25
Manor Wood Ga. Lwr S —1F 40
Mansel Clo. Slou —6K 23
Mansell Clo. Wind —7A 46
Mansell Ct. Read —1L 87
Mansell Dri. Newb —5G 101
Mansfield Clo. Asc —3G 93
Mansfield Cres. Brack —8M 91
Mansfield Hall. Read —6J 63
Mansfield Pl. Asc —4G 93
Mansfield Rd. Read —6F 62
Mansfield Rd. Wokgm —6L 89
Man's Hill. Bfld C —8K 85
Mansion Ho. St. Newb —8L 79
Mansion La. Iver —9D 24
Manston Dri. Brack —8N 91
Manstone La. Hamp N —9N 33
Maple Av. W Dray —8M 25
Maple Bank. Hurst —7K 41
Maple Clo. B'water —4G 118
Maple Clo. M'head —9N 19
Maple Clo. Sand —9D 112
Maple Clo. Son C —1G 38
Maple Clo. Winn —9J 65
(off Meadow View)
Maple Ct. Brack —6C 92
Maple Ct. Egh —1K 95
Maple Ct. Gor —8K 15
Maple Cres. Newb —6L 79
Maple Cres. Slou —8K 23
Mapledene. Cav —1E 62
Maple Dri. Crowt —3G 112
Maple Dri. Light —9J 115
Mapledurham Dri. Pur T —8K 37
Mapledurham View. Tile —2L 61
Mapledurham Wlk. M'head —3B 20
Maple Gdns. Read —1L 87
Maple Gdns. Stai —6M 73
Maple Gdns. Yat —4B 118
Maple Pl. W Dray —9M 25
Maple Rise. Mar —4C 4
Maplin Pk. Slou —1C 48
Marathon Clo. Wdly —4G 64
Marbeck Clo. Wind —7N 45
Marchwood Av. Cav —5J 39
Marconi Rd. Newb —7M 79
Marcus Clo. Tile —5B 62
Marefield. Lwr Ear —1B 88
Marefield Rd. Mar —5B 4
Mare La. Binf —3J 67
(in two parts)
Marescroft Rd. Slou —5A 22
Marfleet Clo. Lwr Ear —1D 88
Margaret Clo. Read —4J 87
Margaret Sq. Uxb —2K 25
Maria Ct. Read —6D 62
Marigold Clo. Crowt —3D 112
Marina Way. Finch —4F 110
Marina Way. Iver —8H 25
Marina Way. Slou —8N 21
Mariners La. South —8J 59
Marish Ct. Langl —2B 48
Marish Wharf. Mid —1N 47
Markby Way. Lwr Ear —1C 88
Market La. Hen T —4C 16
Market La. Slou & Iver —2D 48
Market Pl. Brack —4M 91
Market Pl. Hen T —4C 16
Market Pl. Lamb —3H 27
Market Pl. Newb —8L 79
Market Pl. Read —5H 63
Market Pl. Wokgm —5A 90
Market Sq. Stai —8F 72
Market Sq. Uxb —1K 25
Market St. Brack —4M 91
Market St. M'head —7C 20
Market St. Newb —9L 79
Market St. Wind —7F 46
Market Way. Read —5H 63
Marks Rd. Wokgm —3M 89
Marlborough Av. Read —7K 63
Marlborough Clo. M'head —8L 19
Marlborough Cotts. Tile —3J 61
Marlborough Ct. Read —6F 62
Marlborough Ct. Wokgm —4B 90
Marlborough Ho. Read —8K 63
Marlborough Rd. Ashf —9L 73
Marlborough Rd. M'head —8L 19
Marlborough Rd. Slou —3M 47
Marlborough Way. Calc —8J 61
Marlin Ct. Mar —6B 4
Marling Clo. Tile —2K 61
Marlow Bottom. Mar —1A 4
Marlow Bri. La. Mar —7C 4
Marlow Ct. Read —6K 63
Marlowes, The. Newb —2K 101
Marlow Rd. Bish —9B 4
Marlow Rd. Hen T —3D 16
Marlow Rd. L Mar & Bour —3E 4
Marlow Rd. M'head —7B 20
Marlow Rd. M'head —1H 19
(Pinkeys Green)
Marlow Rd. Mar —1A 4
Marlston Rd. Herm —6E 56
Marmion Rd. Hen T —6D 16
Marquis Pl. Read —5L 63
Marsack St. Cav —2J 63
Mars Clo. Wokgm —5K 89
Marshall Clo. Farn —9K 119
Marshall Clo. Pur T —9L 37
Marshall Rd. Col T —2H 119
Marshalls Ct. Speen —6H 79
Marsham Ho. Brack —2M 91
Marshaw Ct. Read —9J 63
Marsh Ct. Read —5D 62
Marshfield. Dat —7M 47
Marshland Sq. Emm G —8H 39
Marsh La. Cav —1N 63
Marsh La. Cur —7N 55
Marsh La. Hung —6H 75
Marsh La. Newb —8L 79
Marsh La. Tap & Wind —9H 21
Marsh Rd. That —7H 81
Marshwood Rd. Light —9N 115
Marston Dri. Farn —9M 119
Marston Way. Asc —4H 93
Marten Pl. Tile —1K 61
Martin Clo. Wind —7M 45
Martin Clo. Wdly —6D 64
Martindale. Iver —5E 24
Martineaux La. Hurst —5K 65
Martin Rd. M'head —6C 20
Martin Rd. Slou —2G 46
Martins Clo. B'water —5H 119
Martin's Dri. Wokgm —3N 89
Martin's La. Brack —5B 92
Martins Plain. Stoke P —4H 23
Martins, The. That —9J 81
Marunden Grn. Slou —4B 22
Mary Drew Almshouses. Egh —1M 95
Maryland Clo. Wokgm —2K 111
Mary Lyne Almshouses. Read
(off New La. Hill) —7N 61
Mary Mead. Warf —1A 92
Mary Morgan Ct. Slou —6F 22
Maryside. Slou —1N 47
Mascoll Path. Slou —4B 22
Masefield Rd. That —7F 80
Masefield Way. Stai —5N 73
Mason Clo. Yat —4C 118
Mason Ct. Wool H —9D 100
Mason Pl. Sand —1D 118
Masons Ct. Cipp —8A 22
Masons Rd. Slou —8A 22
Mason St. Read —4E 62
Master Clo. Wdly —4G 64
Mathews Chase. Brack —2K 91
Mathisen Way. Coln —7F 48
Matlock Rd. Cav —9E 38
Matson Dri. Rem —4E 16
Matthews Clo. That —7E 80
Matthews Ct. Asc —6N 93
Matthewsgreen Rd. Wokgm —3M 89
Matthews La. Stai —8G 73
Matthews Rd. Camb —1N 119
Mattland Rd. Read —5E 62
Maultway Clo. Camb —9E 114
Maultway Cres. Camb —9E 114
Maultway N. Camb —9D 114
Maultway, The. Camb —9E 114
Mawbray Clo. Lwr Ear —1B 88
Maxine Clo. Sand —9F 112
Maxwell Clo. Wdly —4D 64
Maxwell Rd. W Dray —3N 49
Maybrick Clo. Sand —9D 112
Maybury Clo. Frim —9N 119
Maybury Clo. Slou —7N 21
May Clo. Owl —1H 119
Mayfair. Tile —5L 61
Mayfair Dri. Newb —1J 101
Mayfield Av. Calc —8J 61
Mayfield Caravan Pk. W Dray —2K 49
Mayfield Cotts. Comp —1F 32
Mayfield Dri. Cav —1K 63
Mayfield Rd. Camb —8M 119
May Fields. Sind —2F 88
Maygoods Clo. Uxb —6L 25
Maygoods Grn. Uxb —6L 25
Maygoods La. Uxb —6L 25
Maygoods View. Cow —6K 25
Maying, The. Read —5H 87
Maynard Clo. That —6F 80
Maynard Ct. Stai —8H 73
Mayow Clo. That —9J 81
May Pk. Calc —8M 61
Maypole Rd. Tap —6K 21
Mays Croft. Brack —6L 91
May's Hill. B Hill —3E 108
Mays La. Ear —7A 64
(in two parts)
May's La. Pad C —3B 106
May's La. Stcks —8N 77
May's Rd. Wokgm —5C 90
May Tree Clo. Mar —1A 4
Meachen Ct. Wokgm —5A 90
Mead Av. Slou —1C 48
Mead Clo. Egh —9C 72
Mead Clo. Mar —4D 4
Mead Clo. Slou —1C 48
Mead Clo. Tile —6J 61
Meade Ct. Bag —7J 115
Meadfield Av. Slou —1B 48
Meadfield Rd. Slou —2B 48
Mead La. Up Bas —8K 35
Meadow Bank. Bour —4M 5
Meadowbank Rd. Light —9M 115
Meadow Brook Clo. Coln —7G 48
Meadow Clo. B'water —5H 119
Meadow Clo. Gor —8L 15
Meadow Clo. Mar —6D 4
Meadow Clo. Old Win —2K 71
Meadow Clo. That —8F 80
Meadow Ct. Stai —7F 72
Meadowcroft Rd. Read —3J 87
Meadow Gdns. Stai —9E 72
Meadow La. Eton —5D 46
Meadow La. Pang —8E 36
Meadow La. Stai —8G 73
Meadow Rd. Ear —9C 64
Meadow Rd. Hen T —5D 16
Meadow Rd. Newb —2K 101
Meadow Rd. Read —3F 62
Meadow Rd. Slou —2N 47
Meadow Rd. Vir W —7G 94
Meadow Rd. Wokgm —5M 89
Meadowside. Stai —9H 73
Meadowside Rd. Pang —8E 36
Meadows, The. Camb —4J 119
Meadowsweet Dri. That —7H 81
Meadow View. Mar —1C 4
Meadowview. Stai —2H 73
Meadow View. Winn —9J 65
Meadow View La. Holyp —5B 44
Meadow Wlk. Bour —2L 5
Meadow Wlk. Wokgm —5M 89
Meadow Way. B'water —4G 119
Meadow Way. Brack —2L 91
Meadow Way. Dor R —1J 45
Meadow Way. Fif —7G 45
Meadow Way. Old Win —3K 71
Meadow Way. Thea —9E 60
Meadow Way. Wokgm —6M 89
Mead Rd. Uxb —1L 25
Meads, The. Uxb —5M 25
Mead, The. Gt Shef —1G 52
Mead Wlk. Slou —1C 48
Meadway. Ashf —8N 73
Mead Way. Slou —6N 21
Meadway Precinct. Tile —6A 62
Meadway, The. Tile —5M 61
Mearings, The. Bfld —6N 85
Measham Way. Lwr Ear —2B 88
Meavy Gdns. Read —1H 87
Medallion Pl. M'head —7E 20
Mede Clo. Wray —5M 71
Mede Ct. Stai —7F 72
Mediar Ct. Slou —9L 23
Medina Clo. Wokgm —4K 89
Medlar Dri. B'water —6K 119
Medman Clo. Uxb —3K 25
Medway Clo. That —6E 80
Medway Clo. Wokgm —4K 89
Melbourne Av. Slou —7E 22
Melbourne Av. Winn —2H 89
Meldreth Way. Lwr Ear —2B 88
Meldrum Clo. Newb —4G 100
Melford Grn. Cav —7L 39
Melksham Clo. Lwr Ear —3L 87
Melksham Clo. Owl —9H 113

Melling Clo.—Normanstead Rd.

Melling Clo. Ear —9D 64
Mellor Wlk. Read —7H 63
Melody Clo. Winn —9H 65
Melrose. Brack —1M 113
Melrose Av. Read —7N 63
Melrose Gdns. Arbor X —9D 88
Membury Wlk. Brack —6B 92
Memorial Av. S'lake X —3E 40
Mendip Clo. Charv —9G 41
Mendip Clo. Slou —4B 48
Mendip Dri. Tile —6H 61
Mendip Rd. Brack —7B 92
Mendip Rd. Farn —9J 119
Menpes Rd. Tile —9K 37
Mentone Cotts. Wal L —8C 42
Meon Clo. Tadl —9J 105
Mercer Wlk. Uxb —1K 25
Merchants Pl. Read —4G 63
Mercian Way. Slou —9N 21
Mercia Rd. M'head —1M 43
Mercury Av. Wokgm —5K 89
Mere Clo. Mar —5D 4
Mereoak La. Graz —8E 86
Mere Rd. Slou —2H 47
Mereside Pl. Vir W —9J 95 (Knowle Hill)
Mereside Pl. Vir W —7M 95 (Virginia Water)
Meridian Ct. S'dale —1L 115
Merlewood. Brack —7A 92
Merlin Clo. Slou —5C 48
Merlin Clove. Wink R —1E 92
Merrivale Gdns. Read —2J 87
Merrivale M. W Dray —9L 25
Merron Clo. Yat —4A 118
Merryfields. Uxb —3M 25 (in two parts)
Merryhill Chase. Winn —9H 65
Merryhill Grn. La. Winn —9J 65
Merryhill Rd. Brack —2L 91
Merryman Dri. Crowt —4D 112
Merryweather Clo. Finch —1L 111
Mersey Way. That —6E 80
Merton Clo. M'head —2N 43
Merton Clo. Owl —8K 113
Merton Rd. Slou —2J 47
Merton Rd. N. Read —2H 87
Merton Rd. S. Read —2H 87
Merwin Way. Wind —8N 45
Meteor Clo. Wdly —5F 64
Metro Cen., The. Wokgm —1M 89
Mews, The. Read —6L 63
Mews, The. Slou —2G 47
Mey Clo. Calc —7K 61
Meyrick Dri. Newb —5G 100
Micawber Av. Uxb —5N 25
Michael Clo. M'head —9N 19
Michaelmas Clo. Yat —5B 118
Michael's Path. M'head —5H 19
Micheldever Way. Brack —8C 92
Michelet Clo. Light —9L 115
Micklands Rd. Cav —9K 39
Mickle Hill. Sand —9E 112
Micro Cen., The. Read —9H 63
Midas Ind. Est. Cow —3J 25
Midcroft. Slou —5D 22
Middle Clo. Newb —3H 101
Middlefields. Rusc —7K 41
Middlefields Ct. Rusc —7K 41
Middle Gordon Rd. Camb —4N 119
Middle Grn. Slou —9N 23
Middlegreen Rd. Slou —1M 47
Middle Hill. Egh —8L 71
Middleton Ct. Newb —6B 80
Middle Wlk. Burn —4L 21
Midsummer Meadow. Cav —7F 38
Mid Winter Clo. Tile —4M 61
Milbanke Ct. Brack —4K 91
Milbanke Way. Brack —4K 91
Milburn Dri. W Dray —7M 25
Mildenhall Clo. Lwr Ear —1C 88
Mildenhall Rd. Slou —7G 22
Mile Elm. Mar —4E 4
Milestone Av. Charv —9F 40
Milestone Cres. Charv —9F 40
Milestone Way. Cav —7K 39
Miles Way. Wdly —5F 64
Milford Ct. Slou —1J 47
Milford Rd. Read —3F 62
Milkhouse Rd. Stcks —8A 78
Milkingbarn La. Shin —8N 87
Mill Av. Uxb —3K 25
Mill Bank. Kint —8F 76
Millbank Cres. Wdly —6E 64
Millboard Rd. Bour —4M 5
Mill Bri. Rd. Yat —1A 118
Millbrook Way. Coln —8F 48
Mill Clo. W Dray —2L 49
Mill Clo. Wokgm —4L 89
Mill Ct. Slou —9H 23
Milldown Av. Gor —7L 15
Milldown Rd. Gor —7L 15
Millenium Ct. Read —1H 87
Millers Clo. Gor —7K 15
Millers Clo. Stai —9J 73
Millers Ct. Egh —9E 72
Miller's Field. Gt Shef —1F 52
Millers Gro. Calc —8M 61
Miller's La. Old Win —3H 71
Millers Rd. Tadl —9K 105
Milley La. Hare H —5M 41
Milley Rd. Wal L —6B 42
Mill Field. Bag —7G 115
Millfield. Lamb —3H 27
Mill Grn. Brack —2J 91
Mill Grn. Cav —3J 63 (in two parts)
Millgreen La. Hdly —8J 103
Mill Ho. La. Stai —9E 72
Millins Clo. Owl —9J 113
Mill La. Asc —4B 94
Mill La. Brack —6K 91
Mill La. Calc —9M 61
Mill La. Cook —8M 5
Mill La. Ear —9D 64 (in two parts)
Mill La. Hen T —6E 16
Mill La. Hort —9C 48
Mill La. Hur —1D 18
Mill La. Lamb —3J 27
Mill La. Lwr P —8L 83
Mill La. Newb —8L 79
Mill La. Read —5H 63 (in two parts)
Mill La. S'lake —3E 40
Mill La. Sind —2E 88
Mill La. Tap —7F 20
Mill La. Tok G —4C 38
Mill La. Wind —6C 46
Mill La. Yat —1B 118
Mill Mead. Stai —8G 72
Mill Mead. Wokgm —4M 89
Millmere. Yat —2B 118
Mill Pl. Dat —8M 47
Mill Pond Rd. W'sham —4L 115
Mill Reef Clo. That —8C 80
Mill Ride. Asc —3G 92
Mill Rd. Bfld —2M 85
Mill Rd. Cav —3J 63
Mill Rd. Gor —6L 15
Mill Rd. Lwr S —3G 40
Mill Rd. Mar —6C 4
Mill Rd. W Dray —2K 49
Mill Side. Bour —4N 5
Mills Spur. Old Win —4K 71
Millstream La. Slou —9A 22
Mill St. Coln —6E 48
Mill St. Slou —9H 23
Millworth La. Shin —7L 87
Milman Clo. Brack —4D 92
Milman Rd. Read —7H 63
Milner Rd. Burn —6K 21
Milsom Clo. Shin —6L 87
Milton Clo. Brack —8M 91
Milton Clo. Hen T —5C 16
Milton Clo. Hort —9B 48
Milton Ct. Wokgm —4N 89
Milton Dri. Wokgm —4N 89
Milton Gdns. Stai —5N 73
Milton Gdns. Wokgm —5N 89
Milton Rd. Ear —5N 63
Milton Rd. Egh —9A 72
Milton Rd. Slou —5F 22
Milton Rd. Wokgm —3N 89
Milton Way. Rusc —8L 41
Milton Way. W Dray —3N 49
Milverton Clo. M'head —2M 43
Milward Gdns. Binf —4G 91
Mina Av. Slou —1M 47
Minchin Grn. Binf —9G 67
Minden Clo. Wokgm —5K 89
Minerva Clo. Stai —2H 73
Minerva Ho. Read —4H 63 (off Valpy St.)
Ministry Rd. Green —5D 102
Minley La. Yat —7B 118
Minley Mnr. B'water —9C 118
Minley Rd. B'water & Fleet —9A 118
Minley Rd. Farn —9D 118 (in two parts)
Minniecroft Rd. Burn —4L 21
Minstead Clo. Brack —5C 92
Minstead Dri. Yat —4A 118
Minster Ct. Camb —5K 119
Minster St. Read —5H 63
Minster Way. Slou —1A 48
Mint Clo. Ear —2M 87
Minton Clo. Tile —4N 61
Minton Rise. Tap —7L 21
Mirador Cres. Slou —8K 23
Mire La. Wal L —8B 42
Misbourne Ct. Langl —3B 48
Misbourne Rd. Uxb —2N 25
Missenden Gdns. Burn —7L 21
Mistletoe Rd. Yat —5B 118
Mitcham Clo. Read —7H 63
Mitcham Rd. Camb —9D 114
Mitchell Clo. Slou —2C 46
Mitchell Way. Wdly —5G 64
Mitford Clo. Read —3K 87
Moat Dri. Slou —6L 23
Modbury Gdns. Read —1J 87
Moffat Clo. Wdly —6F 64
Moffatts Clo. Sand —1E 118
Moffy Hill. M'head —4B 20
Mohawk Way. Wdly —4G 64
Mole Rd. Sind —7E 88
Moles Clo. Wokgm —6B 90
Mollison Clo. Wdly —4G 65
Molly Millars Bri. Wokgm —7N 89
Molly Millars Clo. Wokgm —7N 89
Molly Millar's La. Wokgm —6M 89
Molyneux Rd. W'sham —6N 115
Monarch Ho. Read —3G 62
Monck Ct. Read —6D 62
Money La. W Dray —2L 49
Moneyrow Grn. Holyp —7C 44
Monkey Island La. Bray —2G 45
Monkley Ct. Cav —3J 63
Monks All. Binf —9F 66
Monks Clo. Asc —8L 93
Monks Dri. Asc —8L 93
Monksfield Way. Slou —5C 22
Monks Hollow. Mar —2C 4
Monks Hood Clo. Wokgm —4C 90
Monk's La. Newb —3J 101
Monks Rd. Vir W —6M 95
Monks Rd. Wind —8N 45
Monks Wlk. Asc —8L 93
Monks Way. Read —7D 62
Monks Way. W Dray —5M 49
Monkswood Clo. Newb —3H 101
Monmouth Ct. Read —4F 62 (North St.)
Monmouth Ct. Read —3G 62 (off Northfield Rd.)
Mons Clo. Wokgm —5K 89
Monsell Gdns. Stai —9F 72
Mons Wlk. Egh —9D 72
Montacute Dri. That —9J 81
Montague Clo. Camb —4M 119
Montague Clo. Light —9K 115
Montague Pas. Uxb —1L 25
Montague Rd. Slou —8H 23
Montague Rd. Uxb —1L 25
Montague St. Cav —2J 63
Montague St. Read —5K 63
Montague Ter. Newb —2L 101
Montagu Rd. Dat —7K 47
Monteagle La. Yat —4A 118
Montem La. Slou —9F 22
Montgomery Clo. Sand —1F 118
Montgomery Dri. Spen W —9H 87
Montgomery of Alamein Ct. Brack —3A 92
Montgomery Pl. Slou —7L 23
Montgomery Rd. Newb —2J 101
Montpelier Ct. Wind —8E 46
Montpelier Dri. Cav —8K 39
Montrose Av. Dat —6L 47
Montrose Av. Slou —7D 22
Montrose Dri. M'head —8L 19
Montrose Ter. W Dray —8L 25
Montrose Wlk. Calc —8N 61
Montrose Way. Dat —7M 47
Monycrower Dri. M'head —7B 20
Moorbridge Rd. M'head —7D 20
Moor Clo. Owl —9J 113
Moor Clo. Wokgm —3K 111
Moor Copse Clo. Ear —9A 64
Moorcroft La. Uxb —6N 25
Moordale Av. Brack —3J 91
Moore Clo. Slou —1D 46
Moore Gro. Cres. Egh —1N 95
Moor End. M'head —4F 44
Moores Grn. Wokgm —3C 90
Moores La. Eton W —3B 46
Moore's Pl. Hung —6J 75
Moorfield Rd. Uxb —7L 25
Moorfield Ter. M'head —6D 20
Moorland Rd. W Dray —5K 49
Moorlands Dri. M'head —6K 19
Moorlands Pl. Camb —4L 119
Moorlands Rd. Camb —5M 119
Moor La. Brack —5G 91
Moor La. M'head —5C 20
Moor La. Newb —8H 79
Moor La. Stai —5E 72
Moor La. W Dray —5K 49
Moormead Cres. Stai —8G 73
Moor Pk. Ho. Brack —8J 91
Moor Pl. W'sham —5L 115
Moor Rd. Farn —9L 119
Moor Rd. Stai —3H 73
Moors Ct. Winn —9F 64 (off Ditchfield La.)
Moorside Clo. Farn —8L 119
Moorside Clo. M'head —5C 20
Moors, The. Pang —8E 36
Moors, The. That —8D 80
Moorstown Ct. Slou —1G 47
Moor, The. Mar —3G 5
Moray Av. Col T —1H 119 (in two parts)
Moray Dri. Slou —7J 23
Mordaunt Dri. Wel C —7F 112
Morden Clo. Brack —6C 92
Moreau Wlk. G Grn —7N 23
Morecambe Av. Cav —8E 38
Moreland Av. Coln —6D 48
Moreland Clo. Coln —6D 48
Moreleigh Clo. Read —3J 87
Morella Clo. Vir W —6M 95
Moretaine Rd. Ashf —7L 73
Moreton Way. Slou —9N 21
Morgan Rd. Read —7J 63
Moriston Clo. Read —4B 62
Morlais. Cav —8G 38
Morland Clo. W Ils —4L 11
Morlands Av. Read —7A 62
Morley Clo. Slou —1A 48
Morley Pl. Hung —6K 75
Mornington Av. Wokgm —2L 111
Mornington Clo. Baug —9F 104
Morpeth Clo. Read —8J 63
Morrice Clo. Slou —3A 48
Morriss Ct. Read —5K 63 (off Orts Rd.)
Mortimer Clo. Read —4J 87
Mortimer La. Mort —2L 107
Mortimer La. Strat S —9L 107
Mortimer Rd. Slou —2M 47
Morton Ct. Read —7K 63
Morton Pl. Thea —8F 60
Moss Clo. Cav —1J 63
Mossy Vale. M'head —5A 20
Mostyn Ho. Brack —2M 91 (off Merryhill Rd.)
Moulsham Copse La. Yat —2A 118
Moulsham Grn. Yat —2A 118
Moulsham La. Yat —2A 118
Mountain Ash. Mar —1B 4
Mountbatten Clo. Newb —6M 79
Mountbatten Clo. Slou —2J 47
Mountbatten Rise. Sand —9D 112
Mountbatten Sq. Wind —7E 46
Mount Clo. Newb —1L 101
Mount Clo., The. Vir W —8M 95
Mountfield. Gor —7L 15
Mount Hill. Wink —6M 69
Mount La. Brack —5N 91
Mount La. Chad —5L 29
Mt. Lee. Egh —9A 72
Mt. Pleasant. Been —5H 83
Mt. Pleasant. Brack —5N 91 (in two parts)
Mt. Pleasant. L Sand —9E 112
Mt. Pleasant. Read —6H 63
Mt. Pleasant. Tadl —9J 105
Mt. Pleasant. Wokgm —5M 89
Mt. Pleasant Clo. Light —9K 115
Mt. Pleasant Dri. Tadl —9J 105
Mt. Pleasant Gro. Read —6H 63
Mount Rd. That —7G 81
Mountsfield Clo. Stai —3H 73
Mounts Hill. Wind —6M 69
Mount St. Read —7H 63 (in two parts)
Mount, The. Cav —1F 62
Mount, The. Read —7K 63
Mount, The. Vir W —8M 95
Mt. View. Hen T —4C 16
Mowbray Cres. Egh —9B 72
Mowbray Dri. Tile —4A 62
Mower Clo. Wokgm —4D 90
Moyleen Rise. Mar —6A 4
Muddy La. Slou —6G 23
Mud La. Eve —9E 110
Mud La. P'mre —7G 31
Muirfield Clo. Read —5K 63
Muirfield Ho. Brack —8J 91
Mulberry Av. Stai —5M 73
Mulberry Av. Wind —9H 47
Mulberry Bus. Pk. Wokgm —7M 89
Mulberry Clo. Crowt —6G 113
Mulberry Clo. Owl —1H 119
Mulberry Clo. Wdly —6D 64
Mulberry Ct. Brack —7B 92
Mulberry Ct. Wokgm —5A 90
Mulberry Cres. W Dray —1N 49
Mulberry Dri. Slou —4N 47
Mulberry Ho. Brack —2M 91
Mulberry Pde. W Dray —2N 49
Mulberry Wlk. M'head —6N 19
Mulberry Way. Thea —9F 60
Mulfords Hill. Tadl —9K 105
Mullens Rd. Egh —9D 72
Mullens Ter. Chaz H —5D 38
Mumbery Hill. Warg —4K 41
Muncaster Clo. Ashf —8N 73
Munces Rd. Mar —1B 4
Munday Ct. Binf —2J 91
Mundaydean La. Mar —3A 4
Mundesley Spur. Slou —7G 22
Mundesley St. Read —6H 63 (off Southampton St.)
Munkle Marsh. That —8K 81
Munnings Dri. Col T —3H 119
Munro Av. Wdly —8E 64
Murdoch Clo. Stai —9H 73
Murdoch Rd. Wokgm —6A 90
Murray Ct. Asc —7M 93
Murray Rd. Wokgm —5M 89
Murrellhill La. Binf —2G 90
Murrells La. Camb —6M 119
Murrin Rd. M'head —6N 19
Mushroom Castle. Brack —1E 92
Mustard La. Son —3D 64
Mustard Mill Rd. Stai —8F 72
Muswell Clo. Thea —9F 60
Mutton Hill. Brack —3G 91
Mutton Oaks. Binf —3H 91
Myddleton Rd. Uxb —2K 25
Mylne Sq. Wokgm —5B 90
Myrke, The. Dat —3H 47
Myrtle Clo. Bfld C —8J 85
Myrtle Clo. Coln —7F 48
Myrtle Clo. Tile —1K 61
Myrtle Clo. Uxb —6N 25
Myrtle Clo. W Dray —2N 49
Myrtle Cres. Slou —8H 23
Myrtle Dri. B'water —4J 119
Myton Wlk. Thea —9F 60

Nabbs Hill Clo. Tile —7K 61
Nalderhill Rd. Stcks —3N 77
Napier Clo. Crowt —5G 113
Napier Clo. W Dray —2N 49
Napier Ct. Trading Est. Read —4H 63
Napier Rd. Crowt —6G 112
Napier Rd. Houn —7L 49
Napier Rd. M'head —8M 19
Napier Rd. Read —4H 63
Napper Clo. Asc —4F 92
Narromine Dri. Calc —8N 61
Naseby. Brack —1M 113
Nash Clo. Ear —9N 63
Nashdom La. Burn —1K 21
Nash Gdns. Asc —4H 93
Nash Gro. La. Wokgm —9K 89
Nashgrove Ride. Wokgm —9H 89
Nash Pk. Binf —1F 90
Nash Rd. Slou —3A 48
Nash's Yd. Uxb —1L 25
Navahoe Rd. Finch —4F 110
Neath Gdns. Tile —5N 61
Needham Clo. Wind —7A 46
Nell Gwynne Clo. Asc —6N 93
Nelson Clo. Brack —3B 92
Nelson Clo. Slou —3M 47
Nelson Rd. Ashf —9M 73
Nelson Rd. Cav —2J 63
Nelson Rd. H'row A —7N 49
Nelson Rd. Wind —9B 46
Nelson's La. Hurst —7N 65
Nelson Way. Camb —5K 119
Neptune Clo. Wokgm —5K 89
Netherton. Brack —6L 91
Netley Clo. Cav —7L 39
Nettlecombe. Brack —8A 92
Nevelle Clo. Binf —3H 91
Nevil Ct. That —9G 80
Neville Clo. Stoke P —1H 23
Neville Clo. Wal L —7D 42
Neville Ct. Burn —4M 21
Neville Dri. That —8H 81
Neville Duke Rd. Farn —9K 119
Nevis Rd. Tile —1L 61
Newalls Rise. Warg —3K 41
Newark St. Read —6H 63
New Bath Rd. Charv —8G 40
Newberry Cres. Wind —8N 45
Newbery Clo. Tile —3L 61
Newbery Way. Slou —1F 46
Newbold Rd. Speen —6H 79
Newbolt Clo. That —6F 80
New Bright St. Read —6G 63
Newbury Bus. Pk. Newb —7N 79
Newbury Dri. M'head —8E 20
Newbury Hill. Hamp N —8J 33
Newbury La. Comp —1G 32
Newbury Racecourse. Green —1A 102
Newbury Rd. Gt Shef —1F 52
Newbury Rd. Herm —6D 56
Newbury Rd. Houn —7N 49
Newbury Rd. Lamb —3J 27
Newbury St. Kint —9G 76
Newbury St. Lamb —3H 27
Newcastle Rd. Read —8J 63
Newchurch Rd. Slou —6B 22
Newchurch Rd. Tadl —9J 105
Newcombe Rise. W Dray —7M 25
New Cotts. Fac —9G 116
New Ct. Mar —5C 4
Newcourt. Uxb —6K 25
Newcroft Clo. Uxb —6N 25
New Cut. Slou —5K 21
Newell's La. Cav —7B 38
Newfield Gdns. Mar —4D 4
Newfield Rd. Mar —5D 4
Newfield Way. Mar —5D 4
New Forest Ride. Brack —9B 92
New Garden Dri. W Dray —1M 49
Newhaven Spur. Slou —5D 22
New Hayward Farm Cotts. Hung —1K 75
New Hill. Pur T —8K 37
Newhurst Gdns. Warf —9A 68
Newlands Av. Cav —1H 63
Newlands Clo. Yat —4B 118
Newlands Cotts. Wokgm —4E 88
Newlands Dri. Coln —9F 48
Newlands Dri. M'head —7L 19
Newlands Rd. Camb —8M 119
New La. Hill. Tile —5M 61
Newlyn Gdns. Read —2H 87
Newmarket Clo. Lwr Ear —1C 88
New Meadow. Asc —3G 93
New Mile Rd. Asc —4L 93
New Mill La. Eve —8D 110
New Mill Rd. Eve —8D 110
Newnham Clo. Slou —9J 23
New Pde. Ashf —8N 73
New Peachey La. Uxb —7L 25
Newport Clo. Newb —7M 79
Newport Rd. Houn —7N 49
Newport Rd. Newb —7M 79
Newport Rd. Read —3G 62
Newport Rd. Slou —5A 22
New Rd. Asc —2H 93
New Rd. Bag & W'sham —7J 115
New Rd. B'water —5J 119
New Rd. Bour —4M 5
New Rd. Brack —4A 92
New Rd. Bfld C —9M 85
New Rd. Chvly —1K 55
New Rd. Cook —8J 5
New Rd. Crowt —5G 112
New Rd. Dat —7M 47
New Rd. Green —1N 101
New Rd. Hur —3D 18
New Rd. Langl —2B 48
New Rd. M'head —5E 44
New Rd. Mar —1B 4
New Rd. Read —7K 63
New Rd. Rusc —7L 41
New Rd. Sand —1E 118
New Rd. S'lake —3E 40
New Rd. Stai —9D 72
New Rd. Twy —6J 41
New Rd. Hill. Midg —7D 82
New Sq. Slou —1H 47
New St. Hen T —4D 16
New St. Stai —8H 73
New St. Strat S —9A 108
Newton Av. Cav —8K 39
Newton Clo. Slou —1A 48
Newton Ct. Old Win —9M 71
Newton La. Old Win —3K 71
Newton Rd. Houn —7M 49
Newton's La. Bagn —4G 79
Newton's M. Hung —5K 75
Newtown. Tadl —9J 105
Newtown Gdns. Hen T —6D 16
Newtown Rd. Den —1J 25
Newtown Rd. Hen T —6E 16
Newtown Rd. Mar —4D 4
Newtown Rd. Newb —1L 101
Newtown Rd. Sand —1F 118
New Villas. Bal H —7N 99
New Way. South —1J 83
New Windsor St. Uxb —2K 25
New Wokingham Rd. Crowt —3E 112
Niagara Rd. Hen T —6D 16
Nicholas Ct. Read —5F 62 (off Prospect St.)
Nicholas Rd. Hen T —6A 16
Nicholls. Wind —9M 45
Nicholls Wlk. Wind —9M 45
Nicholson M. Egh —9B 72 (off Nicholson Wlk.)
Nicholsons La. M'head —7C 20
Nicholsons Wlk. M'head —7C 20
Nicholson Wlk. Egh —9B 72
Nideggen Clo. That —8G 81
Nightingale Cres. Brack —7N 91
Nightingale Gdns. Sand —1F 118
Nightingale La. M'head —3A 20
Nightingale La. Mort —3J 107
Nightingale Pk. Farn C —1B 22
Nightingale Rd. Wdly —7B 64
Nightingales, The. Newb —2M 101
Nightingales, The. Stai —5N 73
Nimrod Clo. Wdly —5G 64
Nimrod Way. Read —7H 63
Nine Elms Av. Uxb —6L 25
Nine Elms Clo. Uxb —6L 25
Nine Mile Ride. Asc —9H 93
Nine Mile Ride. Crowt & Brack —1K 113
Nine Mile Ride. Finch —4G 111
Nine Mile Ride. Wokgm —4M 111
Niven Ct. S'hill —6N 93
Nixley Clo. Slou —1J 47
Noakes Hill. Ash'd —6D 34
Nobles Way. Egh —1N 95
Nodmore. Chadw —6N 29
Nonsuch Clo. Wokgm —4N 89
Norcot Rd. Tile —4M 61
Norden Clo. M'head —1N 43
Norden Rd. M'head —9N 19
Norelands Dri. Burn —3M 21
Nores Rd. Read —4K 87
Norfolk Av. Slou —6E 22
Norfolk Chase. Warf —2C 92
Norfolk Clo. Wokgm —5K 89
Norfolk Pk. Cotts. M'head —6C 20
Norfolk Rd. M'head —6B 20
Norfolk Rd. Read —5C 62
Norfolk Rd. Uxb —1L 25
Norlands. That —6F 80
Norman Av. Hen T —5D 16
Normandy Wlk. Egh —9D 72
Normanhurst. Ashf —9N 73
Norman Rd. Cav —9J 39
Normans Clo. Uxb —5N 25
Normanstead Rd. Tile —4K 61

Normans, The—Peddlars Gro.

Normans, The. Slou —7K 23
Normay Rise. Newb —5G 101
Normoor Rd. Bfld C —1G 106
Norreys Av. Wokgm —5B 90
Norreys Dri. M'head —1N 43
Norris Field. Chadw —5N 29
Norris Grn. Land E —3F 64
Norris La. Chadw —5N 29
Norris Rd. Read —6N 63
Norris Rd. Stai —8G 72
Nortbourne Clo. Lwr Ear —1A 88
Northam Clo. Lwr Ear —9D 64
Northampton Av. Slou —7E 22
Northampton Clo. Brack —5B 92
Northborough Rd. Slou —5C 22
Northbrook Copse. Brack —8C 92
Northbrook Rd. Cav —8K 39
Northbrook St. Newb —7L 79
N. Burnham Clo. Burn —3L 21
Northbury Av. Rusc —7K 41
Northbury La. Rusc —7K 41
North Clo. Farn —9L 119
North Clo. Wind —7B 46
Northcott. Brack —1L 113
Northcourt Av. Read —8K 63
Northcroft. Slou —5D 22
Northcroft Clo. Egh —9K 71
Northcroft Gdns. Egh —9K 71
Northcroft La. Newb —8K 79
Northcroft Rd. Egh —9K 71
Northcroft Ter. Newb —8K 79
Northcroft Vs. Egh —9K 71
N. Dean. M'head —5C 20
North Dri. Stoke P —4G 22
North Dri. Sul'd —4E 84
North Dri. Vir W —7G 94
N. End La. Asc —9D 94
Northern Av. Don —5L 79
Northern Heights. Bour —2M 5
Northern Perimeter Rd. W. Houn —7M 49
Northern Rd. Slou —5F 22
Northern Woods. F Hth —1N 5
N. Farm Rd. Farn —9K 119
Northfield. Light —9L 115
Northfield Av. Lwr S —1F 40
Northfield Clo. Hen T —3C 16
(off Badgemore La.)
Northfield Cotts. Read —3G 62
Northfield End. Hen T —3C 16
Northfield Rd. Eton W —3B 46
Northfield Rd. Lwr S —1G 40
Northfield Rd. M'head —5C 20
Northfield Rd. Read —3G 62
Northfield Rd. That —7E 80
Northfields. Chvly —8L 31
Northfields. Lamb —2H 27
Northfields Ter. Lamb —2H 27
N. Fryerne. Yat —1B 118
North Grn. Brack —3A 92
North Grn. M'head —5C 20
North Grn. Slou —8G 23
Northington Clo. Brack —8C 92
N. Lodge Dri. Asc —4F 92
North Mall. Stai —8G 72
Northmead Rd. Slou —6B 22
Northolt Rd. Houn —7L 49
N. Park Rd. Iver —2E 48
North Rd. Asc —3E 92
North Rd. M'head —7B 20
North Rd. Moul —2F 14
North Rd. W Dray —2N 49
N. Standen Rd. Hung —8E 74
N. Star La. M'head —8N 19
North St. Cav —2H 63
North St. Egh —9A 72
North St. Read —4F 62
North St. Wink —8J 69
North Ter. Wind —6G 46
N. Town Clo. M'head —5C 20
N. Town Mead. M'head —5C 20
N. Town Moor. M'head —4C 20
N. Town Rd. M'head —5C 20
Northumberland Av. Read —8J 63
Northumberland Clo. Stai —3M 73
Northumberland Clo. Warf —2C 92
Northumbria Rd. M'head —1M 43
North View. Binf —5G 91
Northview. Hung —6K 75
North Wlk. Thea —8F 60
Northway. Newb —9M 79
Northway. That —6F 80
North Way. Uxb —1M 25
North Way. Wokgm —4J 89
Northwood Dri. Newb —7N 79
Northwood Rd. Houn —7L 49
Norton Clo. Newb —4G 100
Norton Pk. Asc —7M 93
Norton Rd. Read —5L 63
Norton Rd. Rise —7J 109
Norton Rd. Uxb —4L 25
Norton Rd. Wokgm —6A 90
Norton Rd. Wdly —7E 64
Norway Dri. Slou —6K 23
Norwich Dri. Wdly —4B 64
Norwood La. Iver —5E 24
Norwood Rd. Read —5K 63
Notley End. Egh —2L 95
Notton Way. Lwr Ear —3M 87
Nuffield Dri. Owl —9K 113
Nuffield Rd. Arbor X —3E 110
Nugee Ct. Crowt —5F 112
Nugent Ct. Mar —4D 4
Nuneaton. Brack —8B 92
Nunhide La. Sul —3G 60
Nun's Acre. Gor —7K 15
Nuns Wlk. Vir W —7M 95
Nuptown La. Nup —5C 68
Nursery Gdns. Pur T —8J 37
Nursery La. Asc —3H 93
Nursery La. Slou —9L 23
Nursery La. Uxb —5L 25
Nursery Rd. Tap —7L 21
Nursery Wlk. Mar —6A 4
Nursery Way. Wray —3M 71
Nursery Waye. Uxb —2L 25
Nutbean La. Swal —4M 109
Nuthatch Clo. Stai —5N 73
Nuthatch Dri. Ear —8A 64
Nuthurst. Brack —7B 92
Nut La. Wal L —7C 42
Nutley. Brack —1L 113
Nutley Clo. Yat —4B 118
Nutmeg Clo. Ear —2M 87
Nutter's La. Arbor X —2N 109
Nuttingtons. Leck —7D 30
Nut Wlk., The. Hung —1D 76

Oak Av. Owl —9H 113
Oak Av. W Dray —2N 49
Oakdale. Brack —8A 92
Oakdale Clo. Tile —4K 61
Oakdale Way. Wdly —4F 64
Oakdene. Asc —8B 94
Oakdene. Bfld C —9H 85
Oakdown Clo. Whit H —2F 36
Oak Dri. Bfld C —9G 85
Oak Dri. Wdly —6F 64
Oaken Copse Cres. Farn —9M 119
Oak End Way. Iver —3D 24
Oak End Way. Pad —7L 83
Oakengates. Brack —1L 113
Oaken Gro. M'head —6M 19
Oaken Gro. Newb —2H 101
Oak Farm Clo. B'water —4G 118
Oakfield Av. Slou —9D 22
Oakfield Rd. B'water —5J 119
Oakfield Rd. Bour —4L 5
Oakfield Rd. Pam H —9N 105
Oakfields. Camb —4M 119
Oak Grn. Read —3K 87
Oak Gro. Cres. Col T —3J 119
Oakham Clo. Tile —2L 61
Oak Hill. Frox —8C 74
Oakhurst. M'head —2E 20
Oaklands. Read —6L 63
(in two parts)
Oaklands. Yat —3B 118
Oaklands Bus. Pk. Wokgm —8L 89
Oaklands Clo. Asc —2J 93
Oaklands Dri. Asc —2J 93
Oaklands Dri. Wokgm —7L 89
Oaklands La. Crowt —3E 112
Oaklands Pk. Wokgm —7M 89
Oak La. Egh —7L 71
Oak La. Wind —7C 46
Oaklea Dri. Eve —8D 110
Oak Leaf Ct. Asc —3G 92
Oakley Ct. Water —5K 45
Oakley Cres. Slou —8G 22
Oakley Grn. Rd. Oak G —8H 45
Oakley M. Wind —8A 46
Oakley Rd. Camb —5M 119
Oakley Rd. Cav —9F 38
Oakley Rd. Newb —7A 80
Oak Lodge. Crowt —5G 112
Oakmede Pl. Binf —1G 90
Oakside Way. Shin —3L 87
Oaks Rd. S'lake —1F 40
Oaks Rd. Stai —3L 73
Oaks, The. Brack —4A 92
Oaks, The. Stai —8G 73
Oaks, The. Yat —4B 118
Oak Stubbs La. Dor R —1J 45
Oak Tree Av. Mar —4B 4
Oak Tree Clo. Tadl —9K 105
Oak Tree Clo. Vir W —8M 95
Oak Tree Copse. Tile —1M 61
Oak Tree Dri. Egh —9L 71
Oak Tree M. Brack —5A 92
Oak Tree Rd. Mar —3B 4
Oak Tree Rd. That —9H 81
Oak Tree Rd. Tile —2L 61
Oak Tree Wlk. Pur T —8L 37
Oaktree Way. Sand —9E 112
Oak View. Tile —4K 61
Oak Way. Wdly —8C 64
Oakwood Rd. Brack —4B 92
Oakwood Rd. Vir W —7L 95
Oakwood Rd. W'sham —6N 115
Oarborough. Brack —6B 92
Oareborough. Brack —6B 92
Oareborough La. Chvly & Herm —1B 56
Oast Ho. Clo. Wray —4N 71
Oatlands Dri. Slou —7F 22
Oatlands Rd. Shin —6M 87
Oban Ct. Chalv —1F 46
Oban Gdns. Wdly —8D 64
Obelisk Way. Camb —3N 119
Observatory Shopping Cen., The. Slou —1J 47
Ocean Ho. Brack —4M 91
Ockwells Rd. M'head —2M 43
Octavia. Brack —1L 113
Oddfellow Rd. Newb —9K 79
Odd La. Mort —9H 107
Odell Clo. Lwr Ear —3A 88
Odencroft Rd. Slou —4C 22
Odiham Av. Cav —8L 39
Odiham Rd. Rise & Hook —7J 109
Odney La. Cook —8M 5
Ogmore Clo. Tile —5M 61
Okingham Clo. Owl —8H 113
Oldacres. M'head —7E 20
Old Acres La. Charv —8G 41
Old Barn Clo. Cav —7G 39
Old Bath Rd. Calc —8K 61
Old Bath Rd. Charv —9F 40
(in two parts)
Old Bath Rd. Newb —7J 79
Old Bath Rd. Son —3B 64
(in two parts)
Old Beechwood Gdns. Slou —1G 47
Old Bracknell Clo. Brack —5M 91
Old Bracknell La. E. Brack —5M 91
Old Bracknell La. W. Brack —5L 91
Oldbury. Brack —5K 91
Old Court Clo. M'head —2M 43
Old Crown Cen. Slou —1H 47
Old Dean Rd. Camb —2N 119
Olde Farm Dri. B'water —3F 118
Old Elm Dri. Tile —5L 61
Oldershaw M. M'head —6M 19
Old Farm Cres. Tile —2K 61
Old Farm Dri. Brack —2N 91
Old Farm Rd. W Dray —1L 49
Old Ferry Dri. Wray —3M 71
Oldfield Clo. Ear —5A 64
Oldfield Rd. M'head —8E 20
Old Files Ct. Burn —4L 21
Old Forest Rd. Wokgm —3K 89
Old Forge Clo. M'head —2D 44
Old Forge, The. Baug —9G 104
Old Green La. Camb —2N 119
Old Hayward La. Hung —2J 75
Old House Ct. Wex —6M 23
Oldhouse La. W'sham & Light —7L 115
Old Kennel's Ct. Read —7A 62
Old Lands Hill. Brack —3A 92
Old La. Ham M —1K 99
Old La., The. Read —7F 62
Old Marsh La. Tap —1J 45
Old Mill La. Bray —1F 44
Old Mill La. Uxb —7J 25
Old Mills Pde. Sand —2E 118
Old Newtown Rd. Newb —1K 101
Old Orchard, The. Calc —8M 61
Old Pharmacy Ct. Crowt —6F 112
Old Pond Clo. Camb —8N 119
Old Sawmill La. Crowt —4G 112
Old Sawmills, The. Ink —4D 98
Old School Ct. Wray —4N 71
Old School La. Yat —3A 118
Old School Yd. Lamb —3H 27
Old Slade La. Iver —2F 48
Oldstead. Brack —7A 92
Old St. Beed —8N 31
(in four parts)
Old St. Catm —7G 10
Old St. Chvly —2B 56
Old St. Farnb & Catm —4F 10
Old St. Herm —4C 56
Old St. La. P'mre —3K 31
Oldway La. Slou —1N 45
(in three parts)
Old Well Ct. Son —9C 40
Old Welmore. Yat —4C 118
Old Whitley Wood La. Read —5J 87
Old Windsor Lock. Old Win —2L 71
Old Wokingham Rd. Wokgm —9F 90
Old Woosehill La. Wokgm —4L 89
Oleander Clo. Crowt —3D 112
Oliver Dri. Calc —7J 61
Oliver Rd. Asc —6K 93
Oliver's Paddock. Mar —2B 4
Olivia Ct. Wokgm —5N 89
Ollerton. Brack —1L 113
Omer's Rise. Bfld C —8G 85
Onslow Dri. Asc —2K 93
Onslow Gdns. Cav —1J 63
Onslow Rd. Asc —9D 94
Opal Way. Wokgm —4K 89
Opendale Rd. Burn —6L 21
Opladen Way. Brack —7N 91
Oracle Cen. Brack —4N 91
Orbit Clo. Finch —4L 111
Orchard Av. Slou —6N 21
Orchard Av. Wind —7C 46
Orchard Chase. Hurst —5L 65
Orchard Clo. B'water —8K 119
Orchard Clo. Egh —8C 72
Orchard Clo. Hen T —6D 16
Orchard Clo. Herm —4F 56
Orchard Clo. M'head —2D 44
Orchard Clo. Midg —9E 82
Orchard Clo. Newb —6N 79
Orchard Clo. S'lake —3E 40
Orchard Clo. Spen W —9H 87
Orchard Clo. Tile —9J 37
Orchard Clo. Wokgm —5B 90
Orchard Coombe. Whit H —2E 36
Orchard Ct. Brack —4N 91
Orchard Ct. Read —4J 87
Orchard Ct. That —8H 81
Orchard Ct. W Dray —6K 49
Orchard Dri. Uxb —5L 25
Orchard Dri. Wbrn G —3N 5
Orchardene. Newb —7M 79
Orchard Est. Twy —8K 41
Orchard Field. Gall C —1C 38
Orchard Ga. Sand —1F 118
Orchard Gro. Cav —9L 39
Orchard Gro. M'head —7N 19
Orchard Hill. W'sham —7N 115
Orchard Ho. Bour —3L 5
Orchard Pk. Clo. Hung —6K 75
Orchard Pl. Cow —1L 25
Orchard Pl. Wokgm —5A 90
Orchard Rd. Hurst —5L 65
Orchard Rd. Mort —5J 107
Orchard Rd. Old Win —3K 71
Orchard St. Read —6H 63
Orchard, The. F Hth —1M 5
Orchard, The. Mar —4C 4
Orchard, The. Tadl —9M 105
Orchard, The. Thea —8F 60
Orchard, The. Vir W —7N 95
Orchard View. Uxb —5L 25
Orchardville. Burn —5L 21
Orchard Way. Ashf —6N 73
Orchard Way. Camb —7M 119
Orchard Waye. Uxb —3L 25
Orchid Ct. Egh —8C 72
Oregon Av. Tile —1L 61
Oregon Wlk. Wokgm —3J 111
Oriel Hill. Camb —5N 119
Oriental Rd. Asc —6N 93
Orion. Brack —1L 113
Orkney Clo. Calc —8M 61
Ormathwaites Corner. Warf —2B 92
Ormonde Rd. Wokgm —6M 89
Ormsby St. Read —5E 62
Orrin Clo. Tile —5B 62
Orts Rd. Newb —9M 79
Orts Rd. Read —5J 63
(in two parts)
Orville Clo. Wdly —5F 64
Orwell Clo. Cav —9F 38
Orwell Clo. Wind —9F 46
Osborne Av. Stai —5N 73
Osborne Ct. Wind —8E 46
Osborne La. Warf —9N 67
Osborne M. Wind —8E 46
Osborne Rd. Egh —9A 72
Osborne Rd. Read —4B 62
Osborne Rd. Uxb —1K 25
Osborne Rd. Wind —8E 46
Osborne Rd. Wokgm —5A 90
Osborne St. Slou —1H 47
Osman's Clo. Brack —2E 92
Osnaburgh Hill. Camb —4M 119
Osney Rd. M'head —4B 20
Osprey Clo. W Dray —1M 49
Osprey Ct. Read —5J 63
Osterley Clo. Wokgm —6D 90
Osterley Dri. Cav —7L 39
Ostler Ga. M'head —5N 19
Oswald Clo. Warf —1A 92
Othello Gro. Warf —3B 92
Otter Clo. Crowt —3E 112
Otterfield Rd. W Dray —8M 25
Ouseley Rd. Old Win —4L 71
Ouseley Rd. Wray —4L 71
Overbridge Sq. Newb —8B 80
Overbury Av. Wokgm —2L 89
Overdown Rd. Tile —2K 61
Overlanders End. Tile —1M 61
Overlord Clo. Camb —1N 119
Owen Rd. Shaw —5M 79
Owen Rd. W'sham —5N 115
Owl Clo. Wokgm —6K 89
Owlsmoor Rd. Owl —1H 119
Owston. Lwr Ear —1B 88
Ox Drove. Burc —9L 101
Oxenhope. Brack —6L 91
Oxford Av. Burn —3L 21
Oxford Av. Slou —6B 22
Oxford Rd. Mar —5A 4
Oxford Rd. Newb —6K 79
Oxford Rd. Owl —8J 113
Oxford Rd. Tile & Read —8K 37
Oxford Rd. Uxb —1K 25
Oxford Rd. Wokgm —5N 89
Oxford Rd. E. Wind —7F 46
Oxford Rd. N. Chvly —4N 55
Oxford Sq. Newb —7K 79
Oxford St. Cav —2G 63
Oxford St. Hung —4L 75
Oxford St. Lamb —3H 27
Oxford St. Newb —7K 79

Pacific Ho. Read —3G 87
Pack and Prime La. Hen T —5A 16
Packet Boat La. Uxb —7J 25
Packway, The. M'head —1H 21
Padcroft Rd. W Dray —9L 25
Paddick Clo. Son —1D 64
Paddock Clo. M'head —3L 43
Paddock Heights. Twy —9K 41
Paddock Rd. Cav —3K 63
Paddock Rd. Newb —1K 101
Paddock, The. Brack —5N 91
Paddock, The. Crowt —4E 112
Paddock, The. Dat —7K 47
Paddock, The. M'head —4N 19
Paddock, The. Newb —9N 79
Paddock, The. Wink —5L 69
Padley Ct. Read —5J 63
(off Dell, The)
Padstow Clo. Slou —2N 47
Padstow Gdns. Read —2H 87
Page's Croft. Wokgm —6B 90
Pages La. Uxb —1K 25
Pages Orchard. Son C —1E 38
Paget Clo. Mar —3D 4
Paget Dri. M'head —1L 43
Paget Rd. Slou —3A 48
Pagoda, The. M'head —5E 20
Paice Grn. Wokgm —4B 90
Paices Hill. Aldm —7H 105
Paley St. M'head —7M 43
Palmera Av. Calc —8K 61
Palmer Clo. Wokgm —2E 112
Palmer Ct. Wokgm —5A 90
Palmer Pk. Av. Read —6M 63
Palmer School Rd. Wokgm —5A 90
Palmers Clo. M'head —2L 43
Palmer's Hill. Ash'd —8E 34
Palmer's La. Bfld C —9H 85
Palmer's La. Graz —8A 86
Palmer's Moor La. Iver —5H 25
Palmerston Av. Slou —2K 47
Palmerstone Rd. Ear —5N 63
Pamber Heath Rd. Pam H —9M 105
Pamela Row. Holyp —5D 44
Pangbourne Hill. Pang —8C 36
Pangbourne Rd. Thea & Tid —1D 84
Pangbourne Rd. Up Bas —9L 35
Pangbourne St. Read —4B 62
Pankhurst Dri. Brack —7A 92
Pantile Row. Slou —3B 48
Pantiles Wlk. Uxb —1K 25
Paprika Clo. Ear —2M 87
Parade, The. Bour —4L 5
Parade, The. Frim —9N 119
Parade, The. Read —8D 62
Parade, The. Tadl —9K 105
Parade, The. Vir W —8M 95
Parade, The. Wind —7N 45
Parade, The. Wdly —8D 64
Parade, The. Yat —4C 118
Paradise La. Chap R —3E 82
Paradise M. Hen T —4C 16
Paradise Rd. Hen T —5C 16
Paradise Way. Chap R —4E 82
Park Av. Camb —5N 119
Park Av. Stai —9G 73
Park Av. That —7G 80
Park Av. Wokgm —6N 89
(in two parts)
Park Av. Wray —2M 71
Park Clo. Wind —8F 46
Park Corner. Wind —9A 46
Parkcorner La. Wokgm —5E 88
Park Cres. Asc —8B 94
Park Cres. Read —6B 62
Park Dri. Asc —8B 94
Park End. Newb —7L 79
Parkers La. Wink R —7E 68
Park Farm Ind. Est. Camb —8N 119
Parkgate. Burn —5M 21
Park Gro. Read —6B 62
Parkhill Clo. B'water —5H 119
Parkhill Dri. Tile —2L 61
Parkhill Rd. B'water —5H 119
Parkhouse La. Read —6D 62
Parkland Av. Slou —3M 47
Parkland Dri. Brack —3B 92
Parkland Gro. Ashf —7N 73
Park La. Binf —2J 91
Park La. Camb —4N 119
Park La. Can E —1N 37
Park La. Charv —9F 40
Park La. Finch —4F 110
Park La. Ham M —9N 77
Park La. Hdly —8L 103
Park La. Newb —7L 79
Park La. Slou —2K 47
Park La. Strat S —8L 107
Park La. That —6G 80
Park La. Tile —6K 61
Park La. Wink —5L 69
Park Ride. Wind —4N 69
Park Rd. Brack —4A 92
Park Rd. Camb —6M 119
Park Rd. Egh —8B 72
Park Rd. Farn R —3E 22
Park Rd. Hen T —5D 16
Park Rd. Sand —2G 118
Park Rd. Stai —3J 73
Park Rd. Uxb —1M 25
Park Rd. Wokgm —5N 89
Park Rd. E. Uxb —3L 25
Parkside. Hen T —4B 16
Parkside. M'head —5A 20
Parkside Rd. Asc —7C 94
Parkside Rd. Read —6D 62
Parkside Rd. That —6G 80
Park Sq. Wink —5L 69
Parkstone Dri. Camb —5N 119
Park St. Bag —7H 115
Park St. Camb —3N 119
Park St. Coln —7E 48
Park St. Hung —6K 75
Park St. M'head —7C 20
Park St. Newb —7L 79
Park St. Slou —2H 47
Park St. Wind —7F 46
Park Ter. Newb —7L 79
Park, The. Lamb —2G 27
Park View. Bag —7G 115
Park View. B Hill —5D 108
Parkview. F Hth —1M 5
Parkview Chase. Slou —7A 22
Park View Dri. N. Charv —8F 40
Park View Dri. S. Charv —8F 40
Park View Rd. Uxb —7N 25
Park Wlk. Pur T —8L 37
(in two parts)
Park Wall La. Up Bas —6K 35
Parkway. Camb —6N 119
Parkway. Crowt —5E 112
Park Way. Hung —7K 75
Parkway. Mar —5E 4
Park Way. Newb —7L 79
Parkway Dri. Son —1D 64
Parkway, The. Iver —2D 24
Parlaunt Rd. Slou —3B 48
Parliament La. Burn —1J 21
Parnham Av. Light —9N 115
Parry Grn. Langl —3A 48
Parsley Clo. Ear —2M 87
Parsonage Gdns. Mar —6C 4
Parsonage La. Farn C —1E 22
Parsonage La. Hung —5J 75
Parsonage La. Lamb —3H 27
Parsonage La. Wind —7C 46
Parsonage Pl. Lamb —2G 27
Parsonage Rd. Egh —9M 71
Parsons Clo. Arbor —2F 110
Parsons Clo. Newb —9J 79
Parsons Field. Sand —1F 118
Parson's Ride. Brack —9C 92
Parthia Clo. Read —6H 63
Part La. Rise —7J 109
Partridge Av. Yat —3A 118
Partridge Dri. Tile —6J 61
Partridge Mead. M'head —4C 20
Pasture Clo. Lwr Ear —3A 88
Patch Clo. Uxb —2N 25
Patches Field. Mar —2C 4
Paterson Rd. Ashf —9L 73
Pathway, The. Binf —9G 67
Patricia Clo. Slou —8A 22
Patrick Gdns. Warf —2B 92
Patrick Rd. Cav —2H 63
Patrington Clo. Uxb —4K 25
Patriot Pl. Read —5J 63
Patten Ash Dri. Wokgm —4C 90
Patten Av. Yat —4A 118
Pattinson Rd. Read —5K 87
Pavenham Clo. Lwr Ear —3A 88
Pavilions, The. Uxb —1K 25
Pavy Clo. That —9J 81
Paxton Av. Slou —2E 46
Payley Dri. Wokgm —3C 90
Paynesdown Rd. That —8E 80
Peace La. Cook —9K 5
Peace Rd. Slou & Iver —4A 24
Peachey Clo. Uxb —7L 25
Peachey La. Uxb —6L 25
Peach St. Wokgm —5A 90
Peach Tree Av. W Dray —7N 25
Peachy Dri. That —9J 81
Peacock Cotts. Brack —6G 91
Peacock Ga. Slou —8F 22
Peacock La. Wokgm & Brack —7F 90
Peacock Rd. Mar —4E 4
Peacock Wlk. Wokgm —6K 89
Pearce Clo. M'head —5C 20
Pearce Rd. M'head —5C 20
Pearces Orchard. Hen T —3C 16
Pear Gdns. Chalv —9D 22
Pearman's Glade. Read —3L 87
Pearman's La. Lwr Ear —4M 87
(in two parts)
Pearson Rd. Son —1C 64
Pearson Way. Wdly —7D 64
Pear Tree Av. W Dray —7N 25
Pear Tree La. Newb —6N 79
Peascod Pl. Wind —7F 46
Peascod St. Wind —7E 46
Pease Hill. Bckby —1B 82
Peasemore Hill. P'mre —4F 30
Pebble Hill. Kint —3F 98
Pebble La. Wint & Snel —7H 55
Peddlars Gro. Yat —3C 118

Peel Cen., The—Rawling Ct.

Peel Cen., The. Brack —4L **91**
Peel Clo. Cav —2K **63**
Peel Clo. Wind —9D **46**
Peel Clo. Wdly —4G **64**
Peel Ct. Slou —6E **22**
Peel Way. Uxb —6M **25**
Pegasus Clo. That —7D **80**
Pegasus Ct. Lamb —3H **27**
Pegasus Ct. Tile —5K **61**
Pegasus Rd. Farn —9K **119**
Peggotty Pl. Owl —8J **113**
Peg's Grn. Clo. Read —6B **62**
Pelham Ct. Read —6D **62**
Pelican La. Newb —7K **79**
Pelican Rd. Pam H —8N **105**
Pelling Hill. Old Win —4K **71**
Pell St. Read —6H **63**
Pemberton Gdns. Calc —8L **61**
Pemberton Rd. Slou —5A **22**
Pembroke. Brack —9K **91**
Pembroke B'way. Camb —4N **119**
Pembroke Clo. Asc —7N **93**
Pembroke Clo. Bfld C —8K **85**
Pembroke Ho. Cav —3J **63**
Pembroke M. Asc —7N **93**
Pembroke Pde. Yat —3C **118**
Pembroke Pl. Cav —1J **63**
Pembroke Rd. Newb —8K **79**
Pendals Clo. Hamp N —8J **33**
Pendennis Av. Cav —7L **39**
Pendine Pl. Brack —7M **91**
Pendlebury. Brack —9L **91**
Pendragon Ct. Read —7D **62**
Pendred Rd. Read —5K **87**
Pendry's La. Binf —3L **67**
Penling Clo. Cook —9J **5**
Penn Clo. Cav —7G **38**
Penn Clo. Uxb —5L **25**
Pennfields. Rusc —7K **41**
Pennine Clo. Tile —6J **61**
Pennine Rd. Slou —6C **22**
Pennine Way. Charv —9G **40**
Pennine Way. Farn —9J **119**
Penn Meadow. Stoke P —2H **23**
Penn Rd. Dat —7M **47**
Penn Rd. Slou —5F **22**
Penn Rd. Speen —6H **79**
Pennylets Grn. Stoke P —1H **23**
Penny Piece. Gor —7L **15**
Pennyroyal Ct. Read —6G **62**
Penny's La. C Grn —8J **17**
Penrith Clo. Uxb —1L **25**
Penroath Av. Read —6C **62**
Penrose Av. Wdly —6D **64**
Penrose Clo. Newb —6K **79**
Penrose Ct. Egh —1L **95**
Pensford Clo. Crowt —3F **112**
Penshurst Rd. M'head —9A **20**
Pentangle, The. Newb —7L **79**
Pentland Clo. Read —7N **61**
Pentland Rd. Slou —6C **22**
Pentridge Ho. Read —3J **87**
Penwood Ct. M'head —7M **19**
Penwood Gdns. Brack —8H **91**
Penwood Heights. Burc —9E **100**
Penwood La. Mar —6A **4**
Penyston Rd. M'head —7N **19**
Penzance Spur. Slou —5D **22**
Peplow Clo. W Dray —9L **25**
Peppard La. Hen T —7C **16**
Peppard Rd. Cav —1H **63**
Peppard Rd. Son C —1G **38**
Pepper La. Ear —8L **63**
Pepys Clo. Slou —5C **48**
Perch Clo. Mar —7A **4**
Percy Av. Ashf —9N **73**
Percy Pl. Dat —7K **47**
Peregrine Clo. Brack —7M **91**
Peregrine Clo. Wokgm —6L **89**
Periam Clo. Hen T —6B **16**
Perimeter Rd. Wind —7F **46**
Perimeter Rd. Wdly —4F **64**
Perkins Ct. Ashf —9N **73**
Perkins Way. Wokgm —6M **89**
Perrin Clo. Ashf —9N **73**
Perring Av. Farn —9J **119**
Perrycroft. Wind —9A **46**
Perryfields. Burn —5M **21**
Perryhill Dri. Sand —9D **112**
Perryman Way. Slou —4B **22**
Perry Oaks. Brack —4B **92**
Perry Oaks Dri. W Dray & Houn —8J **49**
Perry Way. Brack —4B **92**
Perseverance Hill. Hen T —9A **16**
Perth Av. Slou —7D **22**
Perth Clo. Wdly —3F **64**
Perth Trading Est. Slou —6D **22**
Peterhead M. Langl —4B **48**
Peterhouse Clo. Owl —8K **113**
Petersfield Av. Slou —9J **23**
Petersfield Av. Stai —9K **73**
Petersfield Rd. Stai —9K **73**
Peters La. Holyp —5E **44**
Petrel Clo. Wokgm —6K **89**
Petworth Av. Read —9N **61**
Petworth Ct. Read —6E **62**
Pevensey Av. Cav —8L **39**
Pevensey Rd. Slou —6C **22**
Pewsey Vale. Brack —7C **92**
Pheasant Clo. Winn —1H **89**
Pheasant La. Bis G —7C **102**
Pheasants Croft. M'head —1L **43**
Pheasants Rise. Mar —1A **4**
Philip Dri. F Hth —1N **5**
Phillimore Rd. Cav —5J **39**
Phillips Clo. Wdly —3G **65**
Philpots Clo. W Dray —8L **25**
Phipps Clo. M'head —3L **43**
Phipps Rd. Slou —6N **21**
(in three parts)
Phoebe Ct. Read —6G **63**
Phoenix Bus. Pk. Brack —4G **91**
Phoenix Clo. Wokgm —5K **89**
Phoenix Wlk. Newb —4G ***101***
(off Glendale Av.)
Phyllis Ct. Dri. Hen T —3D **16**
Pickering. Brack —6L **91**
Picket Post Clo. Brack —5C **92**
Picketts La. Pang —9N **35**
Pickins Piece. Hort —8B **48**
Pickwell Clo. Lwr Ear —2B **88**
Picton Way. Cav —9H **39**
Pield Heath Av. Uxb —5N **25**
Pield Heath Rd. Uxb —5M **25**
Pierce Field. Calc —8K **61**
Pierce's Hill. Tile —3K **61**
Pierson Rd. Wind —7N **45**
Pigeonhouse La. Wink —7G **69**
Pigeon's Farm Rd. Green —3A **102**
Piggott's Rd. Cav —3J **63**
Pightle, The. Graz —8N **85**
Pigott Rd. Wokgm —3B **90**
Pike Clo. Uxb —2N **25**
Pikeshaw Way. Tile —2K **61**
Pike St. Newb —7M **79**
Pills La. Ham —7J **97**
Pimento Dri. Ear —2M **87**
Pimpernell Pl. That —7J **81**
Pincents Kiln Trading Est. Tile —8H **61**
Pincents La. Tile —8G **61**
Pinchcut. Bfld C —8H **85**
Pinchington La. Green —3L **101**
Pindar Pl. Newb —6B **80**
Pine Av. Camb —5N **119**
Pine Clo. M'head —7M **19**
Pine Clo. Sand —2J **119**
Pinecote Dri. Asc —9B **94**
Pine Ct. Brack —6B **92**
Pinecroft. Mar —4B **4**
Pine Croft Rd. Wokgm —9M **89**
Pine Dri. B'water —6J **119**
Pine Dri. Mort C —4G **107**
Pine Dri. Wokgm —3M **111**
Pinefields Clo. Crowt —5F **112**
Pine Gro. Twy —8J **41**
Pine Gro. W'sham —6N **115**
Pinehill Rise. Sand —1G **118**
Pinehill Rd. Crowt —6F **112**
Pinehurst. S'hill —7N **93**
Pine Mt. Rd. Camb —5N **119**
Pine Ridge. Newb —6N **79**
Pine Ridge Rd. Bfld C —8H **85**
Pine Tree Ct. Emm G —8G **39**
Pine Trees Bus. Pk. Stai —9F **72**
Pine Way. Egh —1K **95**
Pinewood Av. Crowt —4G **112**
Pinewood Av. Uxb —7N **25**
Pinewood Caravan Pk. Wokgm —2G **112**
Pinewood Clo. Baug —9F **104**
Pinewood Clo. Iver —1D **24**
Pinewood Clo. Sand —1D **118**
Pinewood Dri. Stai —9H **73**
Pinewood Gdns. Bag —7F **114**
Pinewood Grn. Iver —1D **24**
Pinewood M. Stai —3L **73**
Pinewood Pk. Farn —9G **119**
Pinewood Rd. Iver —1C **24**
Pinewood Rd. Vir W —6J **95**
Pinfold La. Ash'd —8D **34**
Pingewood Rd. Ping —3N **85**
Pinglestone Clo. W Dray —6M **49**
Pink La. Burn —3L **21**
Pinkneys Dri. M'head —7J **19**
Pinkneys Rd. M'head —5L **19**
Pink's La. Baug —8G **105**
Pinn Clo. Uxb —7L **25**
Pipers Clo. Burn —4M **21**
Pipers Ct. That —9K **81**
Piper's End. Vir W —5M **95**
Pipers La. That —1J **103**
Pipers Way. That —9J **81**
Pipers Way Ind. Est. That —9J **81**
Pipit Clo. That —8E **80**
Pippins Clo. W Dray —2L **49**
Pipson La. Yat —4B **118**
Pipsons Clo. Yat —3B **118**
Pitch Pl. Binf —9H **67**
Pitcroft Av. Read —6N **63**
Pitfield La. Mort —6K **107**
Pitford Rd. Wdly —4F **64**
Pitts Clo. Binf —1H **91**
Pitts La. Ear —5A **64**
Pitts Rd. Slou —9E **22**
Plackett Way. Slou —9N **21**
Plain Ride. Wind —5M **69**
Plantation Clo. Cur —7C **56**
Plantation Rd. Tadl —8H **105**
Plantation Row. Camb —4M **119**
Plateau, The. Warf P —2D **92**
Players Grn. Wdly —7D **64**
Playhatch Rd. Play —8N **39**
Play Platt. Thea —8E **60**
Play Platt Houses. Thea —8E **60**
Pleasant Hill. Tadl —9K **105**
Ploughlands. Brack —3K **91**
Plough La. S'lake —3C **40**
Plough La. Stoke P —2K **23**
Plough La. Wokgm —4D **90**
Plough Lees La. Slou —8G **23**
Plough Rd. Yat —2C **118**
Plover Clo. Stai —7G **72**
Plover Clo. Wokgm —6L **89**
Plowden Way. S'lake X —4D **40**
Plummery, The. Read —5J ***63***
(off Blakes Cotts.)
Plumpton Rd. Green —1N **101**
Plumtrees. Ear —1A **88**
Plymouth Av. Wdly —7B **64**
Plymouth Rd. Slou —6A **22**
Plympton Clo. Ear —9D **64**
Pococks La. Eton —4G **46**
Poffley Pl. That —8K **81**
Pointers Clo. Chvly —2M **55**
Points, The. M'head —2M **43**
Polden Clo. Farn —9J **119**
Polehampton Clo. Twy —9J **41**
Polehampton Ct. Twy —9J **41**
Pollard Clo. Old Win —2K **71**
Pollard Cotts. Bal H —7N **99**
Pollardrow Av. Brack —3K **91**
(in two parts)
Pollards Way. Calc —8K **61**
Polsted Rd. Tile —3L **61**
Polyanthus Way. Crowt —2F **112**
Polygon Bus. Cen. Coln —8G **48**
Pond Clo. Newb —3H **101**
Pond Croft. Yat —3C **118**
Pond Head La. Ear —8C **64**
Pond La. Herm —5F **56**
Pond La. Map —6N **37**
Pond Moor Rd. Brack —7M **91**
Pond Rd. Egh —9D **72**
Poole Clo. Tile —5N **61**
Pooley Av. Egh —9C **72**
Pooley Grn. Clo. Egh —9D **72**
Pooley Grn. Rd. Egh —9C **72**
Pool La. Slou —8G **22**
Pool La. Wal L —8E **42**
Poolmans Rd. Wind —9N **45**
Popes Clo. Coln —6C **48**
Popes La. Cook —7G **5**
Popeswood Rd. Binf —2H **91**
Popham Clo. Brack —7C **92**
Poplar Av. Tile —7N **61**
Poplar Av. W Dray —8N **25**
Poplar Av. W'sham —4K **115**
Poplar Clo. Baug —9F **104**
Poplar Clo. Coln —7F **48**
Poplar Gdns. Read —2L **87**
Poplar Ho. Langl —4A **48**
Poplar La. Hurst —3L **65**
Poplar La. Winn —9J **65**
Poplar Pl. Newb —6L **79**
Poplars Gro. M'head —4E **20**
Poplars, The. Asc —7K **93**
Poppy Dri. That —7J **81**
Poppy Pl. Wokgm —5N **89**
Poppy Way. Calc —7K **61**
Porchester. Asc —6K **93**
Porchester Rd. Newb —1L **101**
Porchfield Clo. Ear —2N **87**
Porlock Clo. That —9G **80**
Porlock Pl. Calc —8J **61**
Portal Clo. Uxb —1M **25**
(in two parts)
Porter Clo. Lwr Ear —3B **88**
Porter End. Green —2M **101**
Porters Way. W Dray —2N **49**
Portesbery Rd. Camb —3N **119**
Portia Gro. Warf —3B **92**
Portland Bus. Cen. Dat —7K ***47***
(off Manor Ho. La.)
Portland Clo. Slou —5N **21**
Portland Gdns. Tile —5K **61**
Portland Rd. Ashf —7M **73**
Portlands. Mar —6B **4**
Portlock Rd. M'head —7N **19**
Portman Clo. Brack —3L **91**
Portman Gdns. Uxb —1N **25**
Portman Rd. Read —3B **62**
Portmeirion Gdns. Tile —3N **61**
Portnall Dri. Vir W —8G **94**
Portnall Rise. Vir W —7H **95**
Portnall Rd. Vir W —7H **95**
Portrush Clo. Wdly —6C **64**
Portsmouth Ct. Slou —8G **23**
Portsmouth Rd. Frim & Camb —8N **119**
Portswood. Tadl —9M **105**
Portway. Baug —9F **104**
Portway. Rise —8J **109**
Portway Clo. Read —6E **62**
Post Horn Pl. Calc —8N **61**
Posting Ho. M. Newb —7J **79**
Post Meadow. Iver —4E **24**
Post Office La. G Grn —7M **23**
Post Office Rd. Ink —6D **98**
Potley Hill Rd. Yat —3D **118**
Potters Cross. Iver —4F **24**
Pottery La. Ink —5C **98**
Pottery Rd. Tile —3N **61**
Poulcott. Wray —3N **71**
Pound Cres. Mar —6A **4**
Poundfield La. Cook —8K **5**
Poundfield Way. Twy —1L **65**
Pound La. Hurst —7M **65**
Pound La. Mar —7A **4**
Pound La. Newb —7H **79**
Pound La. Son —2D **64**
Pound La. That —8D **80**
Pound La. W'sham —6M **115**
Pound Piece. Hung —5J **75**
Pound St. Newb —9K **79**
Pound, The. Burn —5N **21**
Pound, The. Cook —8K **5**
Powis Clo. M'head —1M **43**
Powney Rd. M'head —7N **19**
Poyle Clo. Coln —8F **48**
Poyle Gdns. Brack —3A **92**
Poyle Ind. Est. Coln —9G **48**
Poyle La. Burn —2L **21**
Poyle Rd. Coln —9F **48**
Poyle Technical Cen. Coln —8F **48**
Poyle Trading Est. Coln —9F **48**
Poynings, The. Iver —3G **48**
Precincts, The. Burn —5L **21**
Precinct, The. Cav —8J **39**
Precinct, The. Egh —9B **72**
Prentice Clo. Farn —9M **119**
Prescott. Brack —9K **91**
Prescott Rd. Coln —8F **48**
Press Rd. Uxb —1L **25**
Preston Rd. Read —7H **63**
Preston Rd. Slou —8L **23**
Prestwood. Slou —7K **23**
Prides Crossing. Asc —2K **93**
Priest Av. Wokgm —6D **90**
Priest Hill. Cav —1G **62**
Priest Hill. Egh & Old Win —7L **71**
Priestwood Av. Brack —3K **91**
Priestwood Ct. Brack —3L **91**
Priestwood Ct. Rd. Brack —3L **91**
Priestwood Sq. Brack —3L **91**
Priestwood Ter. Brack —3L **91**
Primrose Clo. Pur T —8K **37**
Primrose La. M'head —7D **44**
Primrose La. Winn —9H **65**
Primrose Wlk. Brack —7N **91**
Primrose Wlk. Yat —3A **118**
Primrose Way. Sand —9F **112**
Prince Albert Dri. Asc —6G **93**
Prince Albert's Wlk. Wind —7J **47**
Prince Andrew Clo. M'head —6E **20**
Prince Andrew Rd. M'head —5E **20**
Prince Andrew Way. Asc —4G **93**
Prince Charles Cres. Farn —9M **119**
Prince Consort Cotts. Wind —8F **46**
Prince Consort Dri. Asc —6G **92**
Prince Consort's Dri. Wind —3B **70**
Prince Dri. Sand —9E **112**
Prince of Wales Av. Read —5D **62**
Prince of Wales Wlk. Camb —3N **119**
Princes Clo. Eton W —4B **46**
Prince's La. P'mre —7H **31**
Princes Rd. Ashf —9N **73**
Princes Rd. Bour —4N **5**
Princes Rd. Egh —9A **72**
Princess Av. Wind —9D **46**
Princess Marina Dri. Arbor X (in two parts) —1F **110**
Princess Sq. Brack —4M **91**
Princess St. M'head —8C **20**
Prince's St. Read —5J **63**
Princes St. Slou —1K **47**
Princess Way. Camb —3N **119**
Princes Way. Bag —9H **115**
Prince William Dri. Tile —3K **61**
Priors Clo. Farn —9L **119**
Priors Clo. M'head —3E **44**
Priors Ct. Slou —2J **47**
Priors Ct. Rd. Herm —4N **55**
Prior's La. B'water —4E **118**
Priors Rd. Tadl —8J **105**
Priors Rd. Wind —9N **45**
Priors Way. M'head —3E **44**
Priors Wood. Crowt —6B **112**
Priory Av. Cav —2G **62**
Priory Av. Hung —7K **75**
Priory Clo. Asc —9C **94**
Priory Clo. Hung —7K **75**
Priory Ct. Camb —4K **119**
Priory Ct. Winn —9H **65**
Priory Grn. Stai —9J **73**
Priory La. Warf —2N **91**
(in two parts)
Priory M. Stai —9J **73**
Priory Pl. Hung —6K ***75***
(off Tarrant's Hill)
Priory Rd. Chav D —3E **92**
Priory Rd. Hung —7K **75**
Priory Rd. Newb —1L **101**
Priory Rd. Slou —6M **21**
Priory Rd. S'dale —9C **94**
Priory, The. Winn —9H **65**
Priory Wlk. Brack —6C **92**
Priory Way. Dat —6K **47**
Priory Way. W Dray —5M **49**
Proctors Rd. Wokgm —5D **90**
Progress Bus. Cen. Burn —7N **21**
Promenade Rd. Cav —2G **62**
Prospect Ct. Read —6B **62**
Prospect La. Egh —9J **71**
Prospect Pl. Hur —3D **18**
Prospect Pl. Newb —1L **101**
Prospect Pl. Stai —9G **73**
Prospect Rd. Hung —6K **75**
Prospect Rd. Mar —5A **4**
Prospect St. Cav —2G **63**
Prospect St. Read —5F **62**
Providence Pl. M'head —7C **20**
Providence Rd. W Dray —9M **25**
Prune Hill. Egh —2M **95**
Pudding Hill. War R —8B **18**
Pudding La. Arbor —8C **88**
Pudding La. Bright —4C **30**
Puffers Way. Newb —9J **79**
Pumpkin Hill. Farn C —1A **22**
Pump La. Asc —3A **94**
Pump La. Graz —8C **86**
Pump La. N. Mar —1D **4**
Pump La. S. Mar —2E **4**
Pundles La. White —7G **43**
Purbeck Ho. Read —3J **87**
Purbrook Ct. Brack —8B **92**
Purcell Rd. Crowt —3F **112**
Purfield Dri. Warg —3K **41**
Purley La. Pur T —8K **37**
Purley Village. Pur T —8K **37**
Purley Way. Pang —8F **36**
Purslane. Wokgm —6B **90**
Purssell Clo. M'head —2L **43**
Purton Ct. Farn C —1E **22**
Purton La. Farn R —1E **22**
Putman Pl. Hen T —5D **16**
Pyegrove Chase. Brack —9B **92**
Pyke's Hill. Ash'd C —9F **34**

Quadrant Ct. Brack —5B **92**
Qualitas. Brack —1K **113**
Quantock Av. Cav —8K **39**
Quantock Clo. Charv —9G **40**
Quantock Clo. Slou —4B **48**
Quantocks, The. That —9G **80**
Quarrington Clo. That —9H **81**
Quarrydale Dri. Mar —5D **4**
Quarry La. Yat —4C **118**
Quarry Wood. Cook —7E **4**
Quarry Wood Rd. Mar & Cook D —7C **4**
Quartz Clo. Wokgm —4J **89**
Quaves Rd. Slou —2K **47**
Quebec Gdns. B'water —5H **119**
Quebec Rd. Hen T —6D **16**
Queen Adelaide's Ride. Wind —3N **69**
Queen Anne's Ga. Cav —2J **63**
Queen Anne's Ride. Asc & Wind —1C **94**
Queen Anne's Rd. Wind —1E **70**
Queen Ann's Ct. Wind —7E **46**
Queen Clo. Hen T —5D **16**
Queen Elizabeth Rd. Camb —9A **114**
Queen Elizabeth's Wlk. Wind —8G **47**
Queen Mary Av. Camb —4L **119**
Queens Acre. Wind —1F **70**
Queensborough Dri. Cav —8E **38**
Queensbury Pl. B'water —6G **119**
Queen's Clo. Asc —2H **93**
Queen's Clo. Old Win —2J **71**
Queen's Cotts. Read —5H **63**
Queens Ct. Newb —1L **101**
Queens Ct. Slou —8H **23**
Queen's Dri. Slou —3A **24**
Queen's Dri., The. Ear —8L **63**
Queens Hill Rise. Asc —5M **93**
Queens La. Ashf —8N **73**
Queens Lawns. Read —6K **63**
Queensmead. Dat —7K **47**
Queensmere. Slou —1H **47**
Queensmere Rd. Slou —1J **47**
Queens Pine. Brack —8B **92**
Queens Pl. Asc —5K **93**
Queen's Rd. Asc —7N **93**
Queens Rd. Camb —5M **119**
Queen's Rd. Cav —3H **63**
Queen's Rd. Dat —6K **47**
Queen's Rd. Egh —9A **72**
Queens Rd. Eton W —4B **46**
Queen's Rd. Mar —5B **4**
Queen's Rd. Newb —9M **79**
Queen's Rd. Read —5H **63**
(in two parts)
Queen's Rd. Slou —8H **23**
Queen's Rd. Uxb —4K **25**
Queens Rd. W Dray —1N **49**
Queen's Rd. Wind —8E **46**
Queen St. Cav —1G **62**
Queen St. Hen T —5D **16**
Queen St. M'head —8C **20**
(in three parts)
Queen's Wlk. Ashf —8L **73**
Queens Wlk. Read —5G **62**
Queensway. Brack —3K **91**
Queensway. Cav —7K **39**
Queens Way. Kint —9G **77**
Queensway. M'head —5B **20**
Queen Victoria St. Read —4H **63**
Queen Victoria's Wlk. Col T —3K **119**
Queen Victoria Wlk. Wind —7G **47**
Quelmans Head Ride. Wind —6N **69**
Quelm La. Brack —1M **91**
Quentin Rd. Wdly —6C **64**
Quentin Way. Vir W —6K **95**
Quinbrookes. Wex —7L **23**
Quince Clo. S'hill —6M **93**
Quincy Rd. Egh —9B **72**
Quintilis. Brack —1K **113**
(in two parts)
Quoitings Dri. Mar —5A **4**
Quoiting Sq. Mar —5B **4**

Rabbs Mill Ho. Uxb —3K **25**
Racecourse Rd. Newb —1M **101**
Raceview Bus. Cen. Newb —9M **79**
Rachael's Lake View. Warf —2B **92**
Rackstraw Rd. Camb —9G **113**
Radbourne Rd. Calc —8L **61**
Radcliffe Way. Brack —3J **91**
Radcot Av. Langl —2C **48**
Radcot Clo. M'head —3B **20**
Radcot Clo. Wdly —3D **64**
Radical Ride. Wokgm —3L **111**
Radley Bottom. Newt —3B **76**
Radnor Clo. Hen T —4D **16**
Radnor Gro. Uxb —3N **25**
Radnor Rd. Brack —5C **92**
Radnor Rd. Ear —9B **64**
Radnor Way. Slou —3N **47**
Radstock La. Ear —9N **63**
Radstock Rd. Read —5L **63**
Raeburn Way. Col T —3H **119**
Ragdale. Bfld C —8H **85**
Raggett's La. Far H —4N **109**
Raggleswood Clo. Ear —9B **64**
Raghill. Aldm —4M **105**
Raglan Ct. Read —1K **87**
Raglan Gdns. Cav —9J **39**
Raglan Ho. Slou —9H **23**
Ragley M. Cav —7K **39**
Ragstone Rd. Slou —2F **46**
Railside Cotts. Midg —9H **83**
Railton Clo. Read —4K **87**
Railway Cotts. Bag —6H **115**
Railway Cotts. Gor —8L **15**
Railway Cotts. Graz —8C **86**
Railway Rd. Newb —9M **79**
Railway Ter. Hamp N —7J **33**
Railway Ter. Slou —9H **23**
Railway Ter. Stai —9E **72**
Rainbow Ind. Est. W Dray —8L **25**
Rainsborough Chase. M'head —2M **43**
Raleigh Clo. Slou —9C **22**
Raleigh Ct. Stai —8H **73**
Ralph's Ride. Brack —5B **92**
(in two parts)
Rambler Clo. Tap —7L **21**
Rambler La. Slou —2L **47**
Ramsay Rd. W'sham —5N **115**
Ramsbury Clo. Brack —8J **91**
Ramsbury Dri. Ear —8N **63**
Ramsey Ct. Slou —5N **21**
Ramslade Cotts. Brack —5N **91**
Ramslade Rd. Brack —6A **92**
Ranald Ct. Asc —1K **93**
Rances La. Wokgm —6C **90**
Randall Clo. Slou —4A **48**
Randall Mead. Binf —1F **90**
Randell Clo. B'water —8J **119**
Randell Ho. Hawl —8J **119**
Randolph Rd. Read —3G **62**
Randolph Rd. Slou —2N **47**
Ranelagh Cres. Asc —3F **92**
Ranelagh Dri. Brack —5N **91**
Range Ride. Sand —2K **119**
Range Rd. Wokgm —3N **111**
Range View. Col T —1J **119**
Rangewood Av. Read —9N **61**
Rapley Grn. Brack —8N **91**
Ratby Clo. Lwr Ear —1B **88**
Ratcliffe Clo. Uxb —4L **25**
Ratcliffe Rd. Farn —9K **119**
Raven Clo. Yat —3A **118**
Ravenglass Clo. Lwr Ear —9B **64**
Ravensbourne Av. Stai —5M **73**
Ravensbourne Dri. Wdly —4D **64**
Ravenscroft Rd. Hen T —4C **16**
Ravensdale Ho. Stai —9J **73**
Ravensdale Rd. Asc —7K **93**
Ravensfield. Egh —1L **95**
Ravensfield. Slou —1M **47**
Ravenshoe Clo. Bour —4L **5**
Ravenswood Av. Crowt —5C **112**
Ravensworth Rd. Mort —4F **106**
Ravensworth Rd. Slou —4C **22**
Rawling Ct. Read —4J **87**

Rawlinson Rd.—St Margarets Clo.

Rawlinson Rd. Camb —3L 119
Ray Dri. M'head —7E 20
Ray Lea Clo. M'head —6E 20
Ray Lea Rd. M'head —5E 20
Rayleigh Clo. Wdly —7D 64
Ray Mead Ct. M'head —5F 20
Ray Mead Rd. M'head —7F 20
Ray Mill Rd. E. M'head —5D 20
Ray Mill Rd. W. M'head —6C 20
Raymond Clo. Coln —7F 48
Raymond Rd. M'head —7A 20
Raymond Rd. Slou —2B 48
Rayners Clo. Coln —6D 48
Ray Pk. Av. M'head —5E 20
Ray Pk. La. M'head —7E 20
Ray Pk. Rd. M'head —6E 20
Ray's Av. Wind —6B 46
Ray St. M'head —7E 20
Reade's La. Gall C —1C 38
Reading Link Retail Pk. Read —7G 62
Reading Retail Pk. Read —3B 62
Reading Rd. Arbor —7A 88
Reading Rd. Bfld —6L 85
Reading Rd. Bfld C —1G 107
Reading Rd. Chol —1J 15
Reading Rd. Finch —5D 110
Reading Rd. Gor —8L 15
Reading Rd. Hen T —5D 16
Reading Rd. Pang —8E 36
Reading Rd. Streat —8J 15
Reading Rd. Winn & Wokgm —1H 89
Reading Rd. Wdly —4B 64
Reading Rd. Yat —2A 118
Reckitt Ho. Read —1L 87
Recreation La. Spen W —9H 87
Recreation Rd. Bour —4M 5
Recreation Rd. Bfld C —9H 85
Recreation Rd. Tile —4M 61
Recreation Rd. Warg —3K 41
Rectory Clo. Brack —6N 91
Rectory Clo. Farn R —4E 22
Rectory Clo. Newb —9K 79
Rectory Clo. Sand —1D 118
Rectory Clo. Wind —7C 46
Rectory Clo. Wokgm —5A 90
Rectory La. Brack —7M 91
Rectory La. W'sham —6M 115
Rectory Rd. Cav —2G 63
Rectory Rd. Pad C —2A 106
Rectory Rd. Streat —7D 14
Rectory Rd. Tap —5G 21
Rectory Rd. Wokgm —5A 90
Rectory Row. Brack —6M 91
Redberry Clo. Cav —8K 39
Red Cottage Dri. Calc —8K 61
Red Cottage M. Slou —2L 47
Red Ct. Slou —9G 22
Red Cross Rd. Gor —8L 15
Reddington Dri. Slou —3N 47
Redditch. Brack —9A 92
Redfern Clo. Uxb —2K 25
Redfield Ct. Newb —7A 80
Redford Rd. Wind —7N 45
Redford Way. Uxb —1L 25
Redgauntlet. Finch —4J 111
Redhatch Dri. Ear —1M 87
Red Hill. Bin H —1M 39
Redhouse Clo. Lwr Ear —3A 88
Red Ho. Dri. Son C —1G 38
Redlake Hill. Aldm —4L 105
Redlands Rd. Read —6J 63
Red La. Aldm —4L 105
Redlane Ct. Read —7K 63
Redlane Rd. P'mre —1K 31
Redriff Clo. M'head —8A 20
Red Rose. Binf —9G 67
Redruth Gdns. Read —2H 87
Redshots Clo. Mar —3C 4
Red Shute Hill. Herm —8D 56
Redvers Rd. Brack —7M 91
Redwood. Burn —3L 21
Redwood Av. Wdly —7F 64
Redwood Dri. Asc —8D 94
Redwood Gdns. Slou —8F 22
Redwood Way. Tile —1L 61
Reed Clo. Iver —7F 24
Reeds Av. Ear —9M 63
Reed's Hill. Brack —7M 91
Reeve Rd. Holyp —5E 44
Reeves Way. Wokgm —7M 89
Reform Rd. M'head —7E 20
Regency Heights. Cav —9E 38
Regent Clo. Hung —6J 75
Regent Clo. Lwr Ear —2B 88
Regent Ct. Bag —8J 115
Regent Ct. M'head —7C 20
Regent Ct. Read —4G 62
Regent Ct. Slou —7G 22
Regents Ga. Read —6H 63
Regents Pl. Sand —1G 118
Regent St. Read —5L 63
Regents Wlk. Asc —9M 93
Regis Clo. Read —4K 87
Regnum Dri. Shaw —6M 79
Reid Av. M'head —9A 20
Rembrandt Clo. Wokgm —5J 89
Rembrandt Way. Read —7E 62
Remembrance Rd. Newb —9J 79
Remenham Chu. La. Rem —2F 16
Remenham La. Rem —4E 16
Renault Rd. Wdly —6F 64
Rennie Clo. Ashf —7L 73
Repton Clo. M'head —2N 43
Repton Rd. Ear —9B 64
Restwold Clo. Read —8C 62
Retford Clo. Wdly —3E 64
Retreat, The. Egh —9M 71
Retreat, The. M'head —6G 45
Revesby Clo. M'head —2A 44
Reynards Clo. Tadl —9K 105
Reynards Clo. Winn —1H 89
Reynolds Ct. That —8G 80
Reynolds Grn. Col T —3H 119
Rhigos. Cav —7F 38
Rhodes Clo. Ear —9D 64
Rhodes Clo. Egh —9D 72
Rhodes Ct. Egh —9D 72
(off Pooley Grn. Clo.)
Rhododendron Clo. Asc —2H 93
Rhododendron Ride. Egh —1H 95
Rhododendron Wlk. Asc —2H 93
Ribbleton Clo. Ear —9D 64
Ribstone Rd. M'head —2M 43
Ricardo Rd. Old Win —3K 71
Richard Nevill Ct. Cav —2J 63
(off Nelson Rd.)
Richards Clo. Uxb —2N 25
Richborough Clo. Ear —1A 88
Richfield Av. Read —3E 62
Richings Way. Iver —2F 48
Richmond Cres. Slou —9J 23
Richmond Cres. Stai —9G 73
Richmond Ho. Col T —2J 119
Richmond Rise. Wokgm —4K 89
Richmond Rd. Cav —9E 38
Richmond Rd. Col T —1J 119
Richmond Rd. Read —4D 62
Richmond Rd. Stai —9G 73
Richmondwood. Asc —9D 94
Rickard Clo. W Dray —2L 49
Rickman Clo. Arbor X —1D 110
Rickman Clo. Brack —8N 91
Rickman Clo. Wdly —7C 64
Rickman's La. Stoke P —1G 23
Riddings La. Hdly —8M 103
Rider's La. Graz —7A 86
Rideway Clo. Camb —5M 119
Ridgebank. Slou —8B 22
Ridge Hall Clo. Cav —1E 62
Ridgemead Rd. Egh —7J 71
Ridgemount Clo. Tile —2J 61
Ridge Mt. Rd. Asc —9C 94
Ridge, The. Cold A —2F 80
Ridge, The. Pang —5A 36
Ridge Way. Iver —8G 24
Ridge Way. Warg —3J 41
Ridgeway Clo. Herm —5E 56
Ridgeway Clo. Light —9K 115
Ridgeway Clo. Mar —3C 4
Ridgeway, The. Brack —5N 91
Ridgeway, The. Cav —1H 63
Ridgeway, The. Light —9L 115
Ridgeway, The. Mar —3C 4
Ridgeway, The. Wdly —7E 64
Ridgeway Trading Est. Iver —8G 24
Riding Ct. Rd. Dat —6L 47
Ridings, The. Emm G —5J 39
Ridings, The. Iver —3G 49
Ridings, The. M'head —8L 19
Riding Way. Wokgm —5J 89
Ridlington Clo. Lwr Ear —1D 88
Riley Rd. Mar —5B 4
Riley Rd. Tile —4N 61
Ringmead. Brack —7J 91
Ring, The. Brack —4N 91
Ringwood. Brack —9K 91
Ringwood Clo. Asc —6L 93
Ringwood Rd. B'water —3G 118
Ringwood Rd. Tile —3A 62
Ripley Av. Egh —1N 95
Ripley Clo. Slou —3N 47
Ripley Rd. Tile —3A 62
Ripplesmere. Brack —6A 92
Ripplesmore Clo. Sand —1F 118
Risborough Rd. M'head —6B 20
Riseley Rd. M'head —7A 20
Rise Rd. Asc —7A 94
Rise, The. Cav —9H 39
Rise, The. Cold A —4F 80
Rise, The. Crowt —5D 112
Rise, The. S'dale —8A 94
Rise, The. Uxb —3N 25
Rissington Clo. Tile —1M 61
Rivacres. Whit H —2F 36
Rivar Rd. Shalb —8E 96
Riverbank. Stai —9G 73
Riverbank, The. Wind —6D 46
Riverdene Dri. Winn —9E 64
Riverfield Rd. Stai —9G 73
River Gdns. Bray —1G 45
River Gdns. Pur T —8L 37
Rivermead. That —1J 103
Rivermead Ct. Mar —7C 4
Rivermead Rd. Camb —7M 119
Rivermead Rd. Wdly —7E 64
River Pk. Newb —8M 79
River Pk. Av. Stai —8E 72
Riverpark Dri. Mar —6D 4
River Rd. Cav —1D 62
River Rd. Read —6G 63
River Rd. Tap —8F 20
River Rd. Wind —6M 45
River Rd. Yat —1A 118
Riversdale. Bour —6M 5
Riversdale Ct. Read —4L 63
Riverside. Bour —4M 5
Riverside. Brad —6L 59
Riverside. Egh —7B 72
Riverside. Stai —9G 72
Riverside. Wray —4L 71
Riverside Av. Light —9M 115
Riverside Caravan Pk. Read —2A 62
Riverside Ct. Cav —2G 63
Riverside Dri. Stai —9F 72
(Chertsey La.)
Riverside Pk. Camb —6L 119
Riverside Pk. Coln —8F 48
Riverside Pl. Stai —3L 73
Riverside Rd. Stanw —2L 73
Riverside Way. Camb —6L 119
Riverside Way. Cow —2J 25
River St. Wind —6F 46
River Ter. Hen T —4D 16
Riverview Rd. Pang —7D 36
Riverway. Gt Shef —1F 52
Riverwoods Dri. Mar —6E 4
River Yd. Twy —8H 41
Rixman Clo. M'head —9A 20
Rixon Clo. G Grn —7N 23
Roasthill La. Eton W —5N 45
Roberts Clo. Stai —3K 73
Roberts Clo. W Dray —9M 25
Robertsfield. That —8C 80
Roberts Gro. Wokgm —7L 89
Robertson Clo. Green —2M 101
Roberts Rd. Camb —3L 119
Roberts Way. Egh —2L 95
Robin Clo. Bfld C —8J 85
Robindale Av. Ear —9C 64
Robin Hood Clo. Farn —9L 119
Robin Hood Clo. Slou —9B 22
Robin Hood La. Winn —1H 89
Robin Hood Way. Winn —9H 65
Robin La. Bis G —7C 102
Robin La. Sand —1F 118
Robin's Bow. Camb —5M 119
Robins Clo. Newb —3K 101
Robins Clo. Uxb —6K 25
Robins Gro. Cres. Yat —3A 118
Robins Hill. Ink —4D 98
Robin Way. Stai —7G 72
Robin Way. Tile —6J 61
Robin Willis Way. Old Win —3J 71
Robinwood Gro. Uxb —5N 25
Rochester Av. Wdly —3D 64
Rochester Rd. Stai —9E 72
Rochfords Gdns. Slou —9L 23
Rochford Way. Tap —8K 21
Rockall Ct. Slou —2C 48
Rockbourne Gdns. Tile —3A 62
Rockfel Rd. Lamb —3G 27
Rockfield Way. Col T —1H 119
Rockingham Clo. Uxb —2K 25
Rockingham Pde. Uxb —1K 25
Rockingham Rd. Newb —9K 79
Rockingham Rd. Uxb —2J 25
Rodney Ct. Read —6G 62
Rodney Way. Coln —7F 48
Rodway Rd. Tile —2M 61
Roebuck Est. Binf —2G 91
Roebuck Grn. Slou —9A 22
Roebuts Clo. Newb —2K 101
Roger's La. E Gar —7A 28
Roger's La. Stoke P —1H 23
Rokeby Clo. Brack —3A 92
Rokeby Clo. Newb —3L 101
Rokeby Dri. Tok G —5C 38
Rokesby Rd. Slou —4B 22
Rollington Clo. Lwr Ear —1D 88
Rolls La. Holyp —5B 44
Romana Ct. Stai —8H 73
Roman Fields. Sil —9C 106
Roman Lea. Cook —8K 5
Roman Ride. Crowt —5B 112
Romans Ga. Pam H —9A 106
Roman Way. Bour —3L 5
(in two parts)
Roman Way. Ear —9C 64
Roman Way. That —7D 80
Romany Clo. Tile —3A 62
Romany La. Tile —4N 61
(in two parts)
Romeo Hill. Warf —3C 92
Romney Ho. Brack —6B 92
Romney Lock Rd. Wind —6F 46
Romsey Clo. B'water —3G 119
Romsey Clo. Ear —9D 64
Romsey Clo. Slou —2A 48
Romsey Rd. Tile —3A 62
Rona Ct. Read —4B 62
Ronaldsay Spur. Slou —6G 22
Rood Hill. E'ton —7N 53
Rook Clo. Wokgm —6K 89
Rookery Ct. Finch —4F 110
Rookery Ct. Mar —5B 4
Rookery Rd. Stai —9J 73
Rooksfield. Bis G —8D 102
Rooksnest La. Kint —5F 98
Rookswood. Brack —2M 91
Rookwood Av. Owl —8J 113
Rope Wlk. That —8F 80
Rosary Gdns. Yat —3B 118
Roseary Clo. W Dray —3L 49
Rosebank Clo. Cook —8J 5
Rosebay. Wokgm —3C 90
Rosebery Rd. Tok G —6D 38
Rose Clo. Wdly —5G 64
Rose Ct. Wokgm —5A 90
Rosecroft Way. Shin —6L 87
Rosedale. Binf —9G 67
Rosedale Cres. Ear —4N 63
Rosedale Gdns. Brack —7L 91
Rosedale Gdns. That —9F 80
Rosedene La. Col T —3H 119
Rosefield Rd. Stai —8H 73
Rose Gdns. Stai —4L 73
Rose Gdns. Wokgm —5A 90
Rose Hill. Binf —9G 67
Rose Hill. Burn —2K 21
Rosehill Ct. Slou —2J 47
Rosehill Houses. Cav —6J 39
Rosehill Pk. Cav —6H 39
Rose Ind. Est. Bour —4M 5
Rose Kiln La. Read —6G 62
Rose La. C Grn —7M 17
Roseleigh Clo. M'head —7L 19
Rosemary Av. Ear —2M 87
Rosemary Clo. Uxb —6N 25
Rosemary Gdns. B'water —4G 119
Rosemary La. B'water —3G 118
Rosemary Ter. Newb —9J 79
Rosemead Av. Tile —1J 61
Rosen Ct. That —8H 81
Rose Rd. M'head —9A 20
Rosery, The. Bour —4L 5
Roses La. Wind —8N 45
Rose St. Wokgm —5A 90
Rose Ter. Newb —1K 101
Rose Wlk. Read —5G 63
Rose Wlk. Slou —6D 22
Rosewood. Wdly —7C 64
Rosier Clo. That —9J 81
Rosken Gdns. Farn R —3D 22
Roslyn Rd. Wdly —3G 64
Rossendale Rd. Cav —1K 63
Rossett Clo. Brack —6M 91
Rossington Pl. Read —3J 87
Rossiter Clo. Slou —3N 47
Ross Rd. M'head —9A 20
Ross Rd. Read —3G 62
Rostrevor Gdns. Iver —3E 24
Rother Clo. Sand —1G 119
Rotherfield Av. Wokgm —4L 89
Rotherfield Clo. Thea —8G 60
Rotherfield Rd. Hen T —7C 16
Rotherfield Way. Cav —9G 39
Rothwell Gdns. Wdly —3E 64
Rothwell Ho. Crowt —6G 113
Rothwell Wlk. Cav —2K 63
Rotten Row Hill. Tut C —9H 59
Roughgrove Copse. Binf —1F 90
Roundabout La. Winn —3J 89
Round Clo. Yat —4D 118
Round End. Newb —5H 101
Roundfield. Up Buck —5L 81
(in two parts)
Roundhead Rd. Thea —9E 60
Roundway. Egh —9D 72
Routh La. Tile —6M 61
Rowallan Clo. Cav —7K 39
Rowan. Brack —7C 92
Rowan Av. Egh —9D 72
Rowan Clo. Camb —9C 114
Rowan Clo. Son C —1F 38
Rowan Clo. Wokgm —6L 89
Rowan Dri. Crowt —3G 112
Rowan Dri. Newb —6L 79
Rowan Dri. Wdly —4D 64
Rowan Gdns. Iver —3D 24
Rowan Rd. W Dray —3L 49
Rowans Clo. Farn —8J 119
Rowan Way. Bfld —7J 85
Rowan Way. Slou —6D 22
Rowanwood. Finch —4F 110
Rowcroft Rd. Arbor X —3E 110
Rowe Ct. Read —4B 62
Rowland Clo. Wind —9N 45
Rowland Way. Ear —1M 87
Row La. D'den —5L 39
Rowles Paddock. W Ils —4L 11
Rowley Clo. Brack —5B 92
Rowley La. Wex —2L 23
Rowley Rd. Read —8H 63
Rowlheys Pl. W Dray —2M 49
Roxborough Way. M'head —1K 43
Roxwell Clo. Slou —9A 22
Royal Av. Calc —8J 61
Royal Clo. Uxb —7N 25
Royal Ct. Read —5J 63
Royal La. Uxb & W Dray —6N 25
Royal Mans. Hen T —5D 16
Royal M. Wind —7F 46
Royal Sta. Ct. Twy —9J 41
Royal Victoria Gdns. S Asc —6K 93
Roy Clo. Herm —6C 56
Roycroft La. Wokgm —2K 111
Royston Clo. Tile —5N 61
Royston Gdns. Wokgm —4M 111
Royston Way. Slou —6M 21
Ruby Clo. Slou —2C 46
Ruby Clo. Wokgm —4J 89
Ruddlesway. Wind —7N 45
(in three parts)
Rudland Clo. That —9G 80
Rudsworth Clo. Coln —6E 48
Rugby Clo. Owl —9J 113
Ruggles-Brise Rd. Ashf —9L 73
Runnemede Rd. Egh —8B 72
Runnymede Ct. Egh —8B 72
Rupert Clo. Hen T —3D 16
Rupert Rd. Newb —2K 101
Ruperts La. Hen T —3D 16
Rupert Sq. Read —5K 63
Rupert St. Read —5K 63
Rupert Wlk. Read —5K 63
Ruscombe Gdns. Dat —5J 47
Ruscombe La. Rusc —8K 41
Ruscombe Pk. Ind. Est. Rusc —8K 41
Ruscombe Rd. Twy —8K 41
Rushall Clo. Lwr Ear —4L 87
Rusham Ct. Egh —9B 72
Rusham Pk. Av. Egh —9A 72
Rusham Rd. Egh —9A 72
Rushbrook Rd. Wdly —5B 64
Rushden Dri. Read —2L 87
Rushes M. Uxb —2K 25
Rushes, The. M'head —8E 20
Rushey Way. Lwr Ear —3M 87
Rushington Av. M'head —8C 20
Rushmoor Gdns. Calc —8J 61
Ruskin Ct. Crowt —6C 112
Ruskin Way. Wokgm —5J 89
Russell Ct. B'water —4H 119
Russell Ct. M'head —7C 20
Russell Dri. Stai —3L 73
Russell Gdns. W Dray —4N 49
Russell Rd. Newb —9J 79
Russell Rd. Tok G —6D 38
Russell St. Read —5F 62
Russell St. Wind —7F 46
Russell Way. Winn —2G 89
Russet Clo. Stai —3G 49
Russet Glade. Bfld C —9J 85
Russet Glade. Cav —6J 39
Russet Rd. M'head —2N 43
Russley Grn. Wokgm —1M 111
Rustington Clo. Ear —2A 88
Ruston Way. Asc —4H 93
Rutherford Clo. Wind —7B 46
Rutherford Wlk. Tile —5H 61
Rutland Av. Slou —6E 22
Rutland Pl. M'head —8N 19
Rutland Rd. M'head —8A 20
Rutland Rd. Read —5D 62
Rutters Clo. W Dray —1N 49
Ryan Mt. Sand —1E 118
Ryans Mt. Mar —5A 4
Rycroft. Wind —9B 46
Rycroft Clo. Warg —2K 41
Rydal Av. Tile —2N 61
Rydal Dri. That —8D 80
Rydal Pl. Light —9L 115
Ryde Gdns. Yat —3A 118
Rydings. Wind —9B 46
Rye Clo. Brack —2A 92
Rye Clo. M'head —1L 43
Rye Ct. Slou —2J 47
Ryecroft Clo. Wdly —3C 64
Ryecroft Gdns. B'water —5J 119
Rye Gro. Light —9N 115
Ryehurst La. Binf —8J 67
Ryeish La. Spen W —8J 87
Ryeland Clo. W Dray —7M 25
Ryemead La. Wink —7F 68
Ryhill Way. Lwr Ear —3L 87
Rylstone Clo. M'head —2N 43
Rylstone Rd. Read —4D 62
Ryvers Rd. Slou —2A 48

Sabah Ct. Ashf —8N 73
Sackville St. Read —4G 62
Saddleback Rd. Camb —9B 114
Saddlewood. Camb —5N 119
Sadlers Ct. Winn —3J 89
Sadlers End. Sind —4G 89
Sadlers La. Winn —3J 89
Sadlers M. M'head —7E 20
Sadlers Rd. Ink —5M 97
Saffron Clo. Dat —7K 47
Saffron Clo. Ear —8B 64
Saffron Clo. Newb —8K 79
Saffron Rd. Brack —6M 91
Sage Clo. Ear —2N 87
Sagecroft Rd. That —6F 80
Sage Rd. Tile —1K 61
Sage Wlk. Warf —2A 92
Sailing Club La. Bour —4L 5
St Adrians Clo. M'head —1M 43
St Agnes Ter. Lamb —3H 27
St Alban's Clo. Wind —7F 46
St Alban's St. Wind —7F 46
St Andrews. Brack —8J 91
St Andrew's Av. Wind —8B 46
St Andrew's Clo. Crowt —4D 112
St Andrew's Clo. Old Win —3J 71
St Andrews Clo. Wray —3N 71
St Andrew's Ct. Read —5K 63
St Andrew's Cres. Wind —8B 46
St Andrew's Hall. Read —6J 63
St Andrew's Rd. Cav —9F 38
St Andrews Rd. Hen T —6B 16
St Andrew's Rd. Uxb —2M 25
St Andrew's Way. Slou —8N 21
St Anne's Av. Stai —4L 73
St Annes Clo. Hen T —5C 16
St Annes Glade. Bag —7G 114
St Anne's Rd. Cav —2G 62
St Anthonys Clo. Brack —3L 91
St Barnabas Rd. Cav —7G 39
St Barnabas Rd. Read —2M 87
St Bartholomews Rd. Read —5M 63
St Bernards Rd. Slou —2L 47
St Birinus Rd. Calc —7K 61
St Catherine's Clo. Sind —2F 88
St Catherines Ct. Stai —8H 73
St Cecelia Ct. Read —1J 87
St Chads Rd. M'head —1M 43
St Christopher Rd. Uxb —7L 25
St Christophers Gdns. Asc —3G 92
St Clement Clo. Uxb —7L 25
St Clements Clo. Lwr Ear —2B 88
St Cloud Way. Tap —7C 20
St Columbus Clo. M'head —1M 43
St Cuthberts Clo. Egh —9M 71
St David Clo. Uxb —6L 25
St David's Clo. Cav —8F 38
St David's Clo. Farn —9K 119
St David's Clo. Iver —2E 24
St Davids Clo. M'head —1L 43
St David's Rd. Newb —9K 79
St Donats Pl. Newb —9L 79
St Edwards Rd. Read —6N 63
St Elizabeth Clo. Read —4H 87
St Elmo Clo. Slou —5F 22
St Elmo Cres. Slou —5F 22
St George's Av. Newb —9J 79
St Georges Clo. Wind —7A 46
St Georges Ct. Owl —8J 113
St George's Cres. Slou —8N 21
St George's Hall. Read —7K 63
St George's Ind. Est. Camb —6M 119
St George's La. Asc —5L 93
St George's Rd. Read —4B 62
St George's Ter. Read —4B 62
St Giles Clo. Read —6H 63
St Giles Ct. Read —6H 63
(off Southampton St.)
St Helen Clo. Uxb —6L 25
St Helens Cres. Sand —1F 118
St Helier Clo. Wokgm —8N 89
St Hilda's Av. Ashf —9M 73
St Ives Clo. Thea —1E 84
St Ives Rd. M'head —7D 20
St James Clo. Pang —7D 36
St James Clo. Twy —8K 41
St James' Courtyard. Mar —5B 4
(off Claremont Gdns.)
St James Pl. Slou —7M 21
St James Rd. Wokgm —2K 111
St James Wlk. Iver —1F 48
St Johns Clo. Uxb —2J 25
St Johns Clo. Wdly —4E 64
St John's Ct. Egh —9B 72
St John's Dri. Wind —8C 46
St Johns Gdns. Newb —1K 101
(off Old Newbury Rd.)
St Johns Ga. Read —4H 63
(off Valpy St.)
St John's Hill. Read —5J 63
St John's Rd. Asc —2J 93
St John's Rd. Cav —2J 63
St John's Rd. Mort C —5H 107
St John's Rd. Newb —1L 101
St John's Rd. Read —5J 63
St John's Rd. Sand —2F 118
St Johns Rd. Slou —8J 23
St John's Rd. That —8F 80
St John's Rd. Uxb —2J 25
St John's Rd. Wind —8C 46
St John's St. Read —5J 63
St Joseph's Ct. Newb —7M 79
(off Charlton Pl.)
St Jude's Clo. Egh —9L 71
St Jude's Rd. Egh —8L 71
St Katherine's Rd. Hen T —7C 16
St Laurence Clo. Uxb —6K 25
St Laurence Way. Slou —2J 47
St Lawrence Sq. Hung —6J 75
St Leger Ct. Newb —7J 79
St Leonard's Av. Wind —8E 46
St Leonard's Hill. Wind —1N 69
St Leonard's Rd. Wind —3M 69
(Windsor Safari Park)
St Leonard's Rd. Wind —9C 46
(Windsor)
St Leonards Wlk. Iver —2G 48
St Luke Clo. Uxb —7L 25
St Lukes Ct. Cav —9H 39
St Luke's Rd. M'head —7C 20
St Luke's Rd. Old Win —3J 71
St Luke's Rd. Uxb —1M 25
St Lukes Way. Cav —9H 39
St Margarets Av. Uxb —5N 25
St Margarets Clo. Iver —3E 24

St Margarets Ga. Iver —3E 24
St Margarets Rd. M'head —7L 19
St Mark's Clo. Eng —7C 60
St Marks Clo. That —8F 80
St Mark's Cres. M'head —7M 19
St Marks Pl. Wind —8E 46
St Mark's Rd. Binf —2G 91
St Mark's Rd. Hen T —6C 16
St Mark's Rd. M'head —7N 19
St Marks Rd. Wind —8E 46
St Martin Clo. Uxb —7L 25
St Martin's Cen. Cav —2G 63
St Martins Clo. Lwr Ear —2B 88
St Martin's Clo. W Dray —2L 49
St Martin's Ct. Ashf —9K 73
St Martin's Rd. W Dray —2L 49
St Mary's Av. Pur T —8K 37
St Mary's Av. Stai —4L 73
St Mary's Butts. Read —5G 63
St Mary's Clo. Hen T —6A 16
St Mary's Clo. M'head —7C 20
St Mary's Clo. Sand —1G 119
St Mary's Clo. Stai —4L 73
St Mary's Cres. Stai —4L 73
St Mary's Gdns. Bag —7H 115
St Mary's Hill. Asc —8M 93
St Mary's La. Wink —7G 68
St Mary's Rd. Asc —9L 93
St Mary's Rd. Camb —3N 119
St Mary's Rd. Langl —9N 23
St Mary's Rd. Mort C —5H 107
St Mary's Rd. Newb —7L 79
St Mary's Rd. Sind —3G 88
St Mary's Way. Bfld C —8J 85
St Matthew Clo. Uxb —7L 25
St Michaels Clo. Lamb —3G 27
St Michael's Ct. Rusc —7K 41
St Michaels Ct. Slou —5N 21
St Michael's Rd. Camb —4M 119
St Michael's Rd. Newb —9K 79
St Michael's Rd. Sand —1D 118
St Michael's Rd. Tile —4L 61
St Nazaire Clo. Egh —9E 72
St Neot's Rd. Eve —9E 110
St Nicholas Clo. Uxb —7L 25
St Nicholas's Rd. Newb —9K 79
St Patrick's Av. Charv —8F 40
St Patricks Clo. E Ils —7B 12
St Patricks Clo. M'head —1M 43
St Patrick's Hall. Read —8K 63
St Paul Clo. Uxb —6L 25
St Pauls Av. Slou —8H 23
St Paul's Ct. Read —6G 62
St Paul's Ga. Wokgm —4M 89
St Paul's Rd. Stai —9E 72
St Peter's Av. Cav —9E 38
St Peter's Clo. Burn —5L 21
St Peter's Clo. Old Win —2J 71
St Peter's Clo. Stai —9G 73
St Peter's Gdns. Yat —3B 118
St Peter's Hill. Cav —1F 62
St Peter's Rd. M'head —4A 20
St Peter's Rd. Read —6N 63
St Peters Rd. Uxb —6L 25
St Peter St. Mar —6C 4
St Ronan's Rd. Read —4B 62
St Saviour's Rd. Read —7F 62
St Saviours Ter. Read —6F 62
St Sebastian's Clo. Wokgm —3C 112
St Stephen's Clo. Cav —2G 63
St Stephens Ct. Read —5K 63
(off Rupert St.)
St Stephen's Rd. W Dray —9L 25
St Swithins Clo. Wick —8J 53
St Swithin's Ct. Twy —9J 41
St Thomas Wlk. Coln —6E 48
Salamanca. Crowt —5C 112
Salcombe Dri. Ear —8A 64
Salcombe Rd. Ashf —8M 73
Salcombe Rd. Newb —1J 101
Salcombe Rd. Read —9K 63
Saleby Clo. Lwr Ear —1D 88
Sale Garden Cotts. Wokgm —6A 90
Salford Clo. Read —4J 87
Salisbury Av. Slou —5E 22
Salisbury Clo. Wokgm —9M 89
Salisbury Rd. B'water —5G 119
Salisbury Rd. Hung —8J 75
Salisbury Rd. Read —4E 62
Salisbury Rd. Uxb —3J 25
Salmon Clo. Spen W —9H 87
Salmond Rd. Read —5J 87
Salters Clo. M'head —7D 20
Saltersgate Clo. Lwr Ear —1C 88
Salters Rd. M'head —7E 20
Salt Hill Av. Slou —9E 22
Salt Hill Dri. Slou —9E 22
Salt Hill Mans. Slou —9E 22
Salt Hill Way. Slou —9E 22
Salwey Clo. Brack —8M 91
Samian Pl. Binf —2J 91
Sampage Clo. Read —5J 87
Sampson Pk. Binf —3H 91
Sampson's Grn. Slou —4B 22
Sanctuary Clo. Tile —4M 61
Sandcroft Rd. Cav —7E 38
Sanden Clo. Hung —6J 75
Sandford Down. Brack —7C 92
Sandford Dri. Wdly —3E 64
Sandford La. Wdly & Hurst —5G 65
Sandford Rd. Tadl —9J 105
Sandgate Av. Tile —2N 61
Sand Hill Ct. Farn —9M 119
Sandhills Ct. Vir W —7N 95
Sandhills La. Vir W —7N 95
Sandhills Way. Calc —8M 61
Sandhurst-Crowthorne By-Pass. Col T —4J 119
Sandhurst-Crowthorne By-Pass. Crowt —3J 113
Sandhurst La. B'water —3F 118
Sandhurst Rd. Crowt —7F 112
Sandhurst Rd. Wokgm —2N 111
Sandhurst Rd. Yat —2D 118
Sandisplatt Rd. M'head —8L 19
Sandleford Clo. Read —5J 87
Sandleford Rise. Newb —3L 101
Sandlers End. Slou —5D 22
Sandown Av. Calc —8J 61
Sandown Clo. B'water —4H 119
Sandown Rd. Slou —6B 22
Sandown Way. Green —1N 101
Sandpit Hill. Newb —6G 101
Sandpit La. D'den —5M 39
Sandpit La. Far H —6N 109
Sandringham Ct. Slou —7N 21
Sandringham Dri. Ashf —8L 73
Sandringham Rd. H'row A —2M 73
Sandringham Rd. M'head —4B 20
Sandringham Way. Calc —8J 61
Sands Drove. Hung —5A 98
Sands Farm Dri. Burn —5M 21
Sandstone Clo. Winn —2H 89
Sandygate Clo. Mar —4B 4
Sandygate Rd. Mar —4B 4
Sandy La. Brack —3N 91
Sandy La. Chvly —2B 56
Sandy La. Cur —8C 56
Sandy La. Farn —9J 119
Sandy La. N Asc —3F 92
Sandy La. Sand —9D 112
Sandy La. Shalb —9D 96
Sandy La. S'dale —7C 94
Sandy La. Vir W —6N 95
Sandy La. Wokgm —7H 89
Sandy Mead. M'head —4F 44
Sandy Ride. S'hill —6A 94
Sapphire Clo. Wokgm —4K 89
Sargeants Clo. Uxb —4L 25
Sarsby Dri. Stai —6B 72
Sarum. Brack —1K 113
Sarum Complex. Uxb —4J 25
Sarum Cres. Wokgm —4B 90
Sarum Rd. Tadl —9J 105
Sarum Way. Hung —7K 75
Saturn Clo. Wokgm —5K 89
Saturn Croft. Wink R —1D 92
Saunders Ct. Pur T —8J 37
Saunders Rd. Uxb —1N 25
Savernake Clo. Tile —5N 61
Savernake Way. Brack —8B 92
Savill Way. Mar —5D 4
Savory Wlk. Binf —1F 90
Savoy Gro. B'water —6H 119
Sawpit Rd. Hurst —5K 65
Sawtry Clo. Lwr Ear —1D 88
Sawyers Clo. M'head —3L 43
Sawyers Clo. Wind —6A 46
Sawyers Cres. M'head —3L 43
Saxby Clo. Bfld C —8J 85
Saxon Clo. Slou —1A 48
Saxon Clo. Uxb —6N 25
Saxon Gdns. Tap —5G 21
Saxon Ho. Cotts. Lamb —1F 26
Saxon Way. Old Win —3K 71
Saxon Way. W Dray —5K 49
Saxony Way. Yat —5A 118
Sayers Clo. Green —2M 101
Scafell Clo. Tile —2J 61
Scafell Rd. Slou —5B 22
Scampton Rd. Houn —3N 73
Scania Wlk. Wink R —1E 92
Scarborough Way. Slou —2D 46
Scarletts La. Kiln G —5N 41
Scholars Clo. Cav —1F 62
Scholars Clo. Gt Shef —1F 52
School Allotment Ride. Wind —4L 69
School Cotts. Asc —3G 93
Schoolfields. S'lake X —3D 40
School Grn. Shin —7L 87
School Hill. Crowt —6H 113
School Hill. Sand —9E 112
School Hill. Warg —4J 41
School La. Bag —8G 115
School La. Box —8B 54
School La. Bfld C —8G 85
School La. Cav —2G 63
School La. Cook —8L 5
School La. Cook D —8F 4
School La. Egh —9B 72
School La. Emm G —8H 39
School La. L Bed —1A 96
School La. L Mar —2G 5
School La. M'head —5B 20
School La. Stoke P —1K 23
School La. Warg —3J 41
School La. W'sham —5N 115
School La. Yat —3A 118
School Rd. Arbor X & B'ham —9D 88
School Rd. Asc —7N 93
School Rd. B'ham —5B 90
School Rd. Bfld —5K 85
School Rd. Chvly —3J 55
School Rd. Comp —1H 33
School Rd. Hurst —5L 65
School Rd. Pad —1A 106
School Rd. Rise —6L 109
School Rd. Tile —4L 61
School Rd. W Dray —5L 49
School Rd. W'sham —4K 115
School Ter. Read —4L 63
School Wlk. Slou —8K 23
Schroder Ct. Egh —9K 71
Scotland Hill. Sand —9E 112
Scotlands Dri. Farn C —1D 22
Scots Clo. Stanw —5L 73
Scots Dri. Wokgm —3K 89
Scottalls La. Hamp N —8J 33
Scott Clo. Emm G —8G 39
Scott Clo. W Dray —3N 49
Scott Clo. Wdly —5F 64
Scott's Ct. Farn —9M 119
Scott Ter. Brack —3B 92
Scours La. Tile —3B 62
Scratchface La. Brad —4E 58
Scrivens Mead. That —8J 81
Scutley La. Light —8N 115
Seacourt Rd. Slou —3C 48
Seaford Gdns. Wdly —6D 64
Seaford Rd. Houn —2L 73
Seaford Rd. Wokgm —5B 90
Sealand Rd. Houn —3N 73
Searles Farm La. Read —2B 86
Seaton Dri. Ashf —6M 73
Seaton Gdns. Read —1J 87
Seaton Rd. Camb —4M 119
Second Cres. Slou —6E 22
Second St. Green —5C 102
Sedgefield Rd. Green —2N 101
Seebys Oak. Col T —3J 119
Sefton Clo. Stoke P —2H 23
Sefton Paddock. Stoke P —1J 23
Sefton Way. Uxb —7K 25
Segsbury Gro. Brack —6B 92
Selborne Clo. B'water —3G 119
Selborne Ct. Read —5J 63
Selborne Gdns. Read —3A 62
Selcourt Clo. Wdly —4C 64
Sellafield Way. Lwr Ear —1B 88
Selsdon Av. Wdly —4E 64
Selsey Way. Lwr Ear —3A 88
Selva Ct. Read —6J 63
Selwood Clo. Stai —3K 73
Selwood Gdns. Stai —3K 73
Selwyn Dri. Yat —3A 118
Selwyn Pl. Cipp —8B 22
Send Rd. Cav —2J 63
September Ct. Uxb —3L 25
Sermed Ct. Slou —9L 23
Setley Way. Brack —5C 92
Seton Dri. Calc —8N 61
Settringham Clo. Lwr Ear —1D 88
Sett, The. Yat —4A 118
Seven Hills Rd. Iver —1E 24
Sevenoaks Dri. Spen W —8G 87
Sevenoaks Rd. Ear —9A 64
Seventh St. Green —5C 102
Severalls, The. Ham —7J 97
Severn Clo. Sand —1G 119
Severn Clo. That —6E 80
Severn Cres. Slou —4C 48
Severn Way. Tile —6N 61
Sewell Av. Wokgm —3M 89
Sewell Clo. Cold A —2E 80
Seymour Av. Shin —6L 87
Seymour Clo. M'head —2M 43
Seymour Ct. Crowt —6C 112
Seymour Ct. Rd. Mar —2A 4
Seymour Pk. Rd. Mar —4B 4
Seymour Plain. Mar —2A 4
Seymour Rd. Slou —1F 46
Shackleton Rd. Slou —8H 23
Shackleton Way. Wdly —5F 64
Shaftesbury Clo. Brack —7A 92
Shaftesbury Ct. Slou —1G 47
Shaftesbury Ct. Wokgm —4B 90
Shaftesbury Mt. B'water —6H 119
Shaftesbury Rd. Read —4B 62
Shaggy Calf La. Slou —8J 23
Shakespeare Clo. Cav —8K 39
Shakespeare Rd. That —7F 80
Shakespeare Way. Warf —3B 92
Shalbourne Clo. Hung —6H 75
Sharney Av. Slou —2C 48
Sharnwood Dri. Calc —7N 61
Sharpethorpe Clo. Lwr Ear —2A 88
Shaw Ct. Old Win —2J 71
Shaw Farm Rd. Newb —4M 79
Shawfield Ct. W Dray —2M 49
Shaw Hill. Newb —6M 79
Shaw Pk. Crowt —7F 112
Shaw Rd. Newb —7M 79
Shaw Rd. Read —7F 62
Shaw, The. Cook —1B 20
Sheehy Way. Slou —8K 23
Sheepcote La. M'head —9N 43
Sheepcote Rd. Eton W —4C 46
Sheepcote Rd. Wind —8A 46
Sheepcot La. Bfld C —9N 85
Sheepdrove Rd. Lamb —2J 27
Sheephouse Rd. M'head —5E 20
Sheephouse Way. Chad —8M 29
Sheep Leaze La. Catm —2E 30
Sheepridge La. Mar —1J 5
Sheep Wlk. Cav —9H 39
Sheepwash. Newt —8K 101
Sheepways La. Tok G —5B 38
Sheerlands Rd. Arbor —3E 110
Sheet St. Wind —8F 46
Sheet St. Rd. Wind —8N 69
Sheffield Rd. Slou —7E 22
Shefford Cres. Wokgm —3B 90
Shefford Lodge. Newb —9L 79
Sheldon Gdns. Read —2J 87
Shelgate Wlk. Wdly —5B 64
Shelley Av. Brack —4B 92
Shelley Clo. Slou —4B 48
Shelley Clo. Wdly —8D 64
Shelley Ct. Camb —4N 119
Shelley Rd. Mar —4D 4
Shelley Rd. That —7F 80
Shelley Wlk. Yat —4A 118
Shelton Ct. Slou —2L 47
Shenstone Clo. Wokgm —2M 111
Shenstone Dri. Burn —5N 21
Shenstone Pk. S'hill —6A 94
Shenstone Rd. Read —8H 63
Shepherd's Av. Ear —4A 64
Shepherds Chase. Bag —8H 115
Shepherds Clo. Hur —3D 18
Shepherds Clo. Uxb —5K 25
Shepherds Hill. Brack —3N 91
Shepherds Hill. Comp —2H 33
Shepherds Hill. Ear —4A 64
Shepherd's Ho. La. Read —4N 63
Shepherd's La. Brack —2L 91
Shepherds La. Cav —7D 38
Shepherds La. Hur —3B 18
Shepherds Mt. Comp —2H 33
Shepherds Rise. Comp —1H 33
Shepherds Wlk. Farn —9J 119
Shepherds Wlk. Wdly —4B 64
Shepherds Way. Crowt —6C 112
Shepherdton La. Graz —9C 86
Shepley Dri. Asc —8E 94
Shepley Dri. Read —8C 62
Shepley End. Asc —7E 94
Sheraton Clo. B'water —5J 119
Sheraton Dri. Tile —3J 61
Sherborne Clo. Coln —7F 48
Sherbourne Dri. Asc —7F 94
Sherbourne Dri. M'head —2N 43
Sherbourne Dri. Wind —1B 70
Sherbourne Dri. Wdly —4E 64
Sherfield Clo. Read —8K 63
Sherfield Dri. Read —8K 63
Sherfield Hall. Read —8K 63
Shergold Way. Cook —9K 5
Sheridan Av. Cav —8F 38
Sheridan Ct. Cipp —8A 22
Sheridan Ct. Newb —8N 79
Sheridan Cres. Baug —9G 104
Sheridan Rd. Frim —9N 119
Sheridan Way. Wokgm —6K 89
Sheringham Ct. Read —7J 63
Sherman Pl. Read —6H 63
Sherman Rd. Read —6H 63
Sherman Rd. Slou —6G 23
Sherrardmead. Shaw —6M 79
Sherring Clo. Brack —2N 91
Sherwin Cres. Farn —9M 119
Sherwood Clo. Brack —4D 92
Sherwood Clo. Slou —2N 47
Sherwood Ct. Coln —4A 48
Sherwood Dri. M'head —8L 19
Sherwood Gdns. Hen T —6B 16
Sherwood Pl. Pur T —9J 37
Sherwood Rise. Pur T —9J 37
Sherwood Rd. Winn —1H 89
Sherwood St. Read —4C 62
Shifford Cres. M'head —4B 20
Shinfield Ct. Three M —6J 87
Shinfield Rise. Read —2L 87
Shinfield Rd. Read —8K 63
Shiplake Ho. Brack —6C 92
Shiplake Row. S'lake —4B 40
Shipley Clo. Wdly —3F 64
Shipton Clo. Tile —2K 61
Shire Clo. Bag —8H 115
Shireshead Clo. Read —6D 62
Shires, The. Wokgm —7K 89
Shires Way. Yat —2B 118
Shirley Av. Read —4J 87
Shirley Av. Wind —7B 46
Shirley Rd. M'head —9N 19
Shoesmiths Ct. Read —4G 63
(off Merchants Pl.)
Shootersbrook La. Uft N —9B 84
Shooter's Hill. Pang —6C 36
Shop La. Leck —8D 30
Shop La. Newb —5K 79
Shoppenhangers Rd. M'head —2M 43
Shop Rd. Wind —6M 45
Shoreham Rise. Slou —5N 21
Shoreham Rd. E. H'row A —2M 73
Shoreham Rd. W. H'row A —2M 73
Shortfern. Slou —7L 23
Shortheath La. Sul'd —8E 84
Shortlands Hill. Chol —2E 14
Short La. Stai —4N 73
Short Rd. Houn —3M 73
Short St. Cav —2H 63
Short St. Pang —8E 36
Short St. Read —6H 63
Short, The. Pur T —8L 37
Shortwood Av. Stai —7J 73
Shrewsbury Ter. Newb —1K 101
Shrivenham Clo. Col T —1H 119
Shropshire Gdns. Warf —2C 92
Shrubbs Hill La. S'dale —8E 94
Shrubland Dri. Read —8A 62
Shute End. Wokgm —5N 89
Shyshack La. Baug —9G 105
Sibley Pk. Rd. Ear —1N 87
Sibson. Lwr Ear —1B 88
Sidbury Clo. Asc —7C 94
Sidestrand Rd. Newb —2J 101
Sidings, The. Stai —8J 73
Sidmouth Grange Clo. Ear —5A 64
Sidmouth Grange Rd. Ear —5A 64
Sidmouth St. Read —5J 63
(in two parts)
Sidney Harrison Ho. Lwr S —2G 40
Sidney Rd. Stai —8H 73
Sidney Rd. Wind —9M 45
Silbury Clo. Calc —8H 61
Silchester Rd. Pam H —9K 105
Silchester Rd. Read —8C 62
Silco Dri. M'head —8B 20
Silton Clo. Ear —9D 64
Silver Birches. Wokgm —8H 89
Silver Clo. M'head —9L 19
Silverdale Ct. Stai —8J 73
Silverdale Rd. Ear —9A 64
Silverdale Rd. Tadl —9K 105
Silverdale Rd. Warg —4K 41
Silver Fox Cres. Wdly —6C 64
Silver Glades. Yat —5A 118
Silver Hill. Col T —1J 119
Silver La. Pad C —1A 106
Silver St. Read —6H 63
Silver St. Flats. Read —6H 63
(off Silver St.)
Silverthorne Dri. Cav —7D 38
Silvertrees Dri. M'head —9M 19
Silwood. Brack —1J 113
Silwood Clo. Asc —4N 93
Silwood Rd. Asc —6B 94
Simkin's Clo. Wink R —1E 92
Simmonds Clo. Brack —3J 91
Simmonds St. Read —5G 63
Simmons Clo. Slou —3B 48
Simmons Field. That —7J 81
Simmons Pl. Stai —9F 72
Simmons Rd. Hen T —3C 16
Simms Farm La. Mort —6G 107
Simons Clo. Tile —9K 37
Simon's La. Wokgm —5H 89
(in two parts)
Simons Wlk. Egh —2L 95
Simpson Clo. M'head —6E 20
Sindlesham Rd. Arbor —8D 88
Sine Clo. Farn —9M 119
Singers Clo. Hen T —6D 16
Singers La. Hen T —6D 16
Singret Pl. Cow —5K 25
Sinhurst Rd. Camb —5M 119
Sinkins Ho. Chalv —9E 22
Sipson Clo. W Dray —5N 49
Sipson La. W Dray —5N 49
Sipson Rd. W Dray —2N 49
Sir Henry Peeks Dri. Farn C —1D 22
Sirius Clo. Wokgm —5K 89
Six Acre La. Hung —4F 96
Sixth St. Green —5C 102
Skeffling Clo. Lwr Ear —1D 88
Skerries Ct. Langl —3B 48
Skerrit Way. Pur T —9L 37
Skilman Dri. That —8J 81
Skilton Rd. Tile —1K 61
Skimerdale Way. Ear —9D 64
Skimped Hill La. Brack —4L 91
Skinners Grn. La. Newb —2F 100
Skydmore Path. Slou —4B 22
Skye Clo. Calc —8M 61
Skye Lodge. Slou —9G 22
Skylings. Newb —7N 79
Skyport Dri. Harm —6L 49
Skyway Trading Est. Coln —9G 48
Slaidburn Grn. Brack —9B 92
Slanting Hill. Herm —9E 56
Sloane Clo. Gor —8L 15
Slopes, The. Cav —2K 63
Slough By-Pass. Slou —3F 46
Slough Ind. Est. Slou —7C 22
Slough Rd. Dat —4J 47
Slough Rd. Eton C & Slou —5F 46
Slough Rd. Iver —4D 24
Slough Trading Est. Slou —6B 22
Smallmead Rd. Read —2D 86
(in two parts)
Smewins Rd. White —7H 43
Smitham Bri. Rd. Hung —6J 75
Smithfield Rd. M'head —2K 43
Smith's Hill. Let B —1D 8
Smith's La. Wind —8A 46
Smith Sq. Brack —4A 92
Smiths Wlk. Wokgm —5L 89
Smithy's Grn. W'sham —6N 115
Snape Spur. Slou —7G 22
Snipe La. Bis G —8C 102
(off Willow Rd.)
Snowball Hill. M'head —5M 43
Snowberry Clo. Wokgm —6L 89
Snowden Dri. Tile —6H 61
Snowdon Clo. That —9G 80
Snowdon Clo. Wind —1N 69
Snowdon Rd. Farn —9J 119
Snowdrop Copse. That —7J 81
Snowdrop Gro. Winn —9H 65
Snows Paddock. W'sham —3L 115
Snows Ride. W'sham —5L 115
Sodom La. Ash'd C —9G 35
Soham Clo. Lwr Ear —3B 88
Soho Cres. Wbrn G —3N 5
Soke Rd. Sil —6N 105
Soldiers Rise. Wokgm —3B 112
Solent Ct. Read —6H 63
Solent Rd. Houn —3N 73
Somerford Clo. M'head —6E 20
Somersby Cres. M'head —2B 44
Somerset Clo. Hung —6J 75
Somerset Clo. Wokgm —5J 89
Somerset Wlk. Tile —6J 61
(off Barton Rd.)
Somerset Way. Iver —1G 49
Somerstown Ct. Read —5F 62
Somerton Gdns. Ear —1N 87
Somerton Gro. That —9F 80
Somerville Clo. Wokgm —7J 89
Somerville Cres. Yat —3C 118
Somerville Rd. Eton —4E 46
Sonninge Clo. Col T —1H 119
Sonning La. Son —2C 64
Sonning Meadows. Son —3B 64
Sopwith Clo. Wdly —5F 64
Sorrel Clo. Bfld C —8J 85
Sorrel Clo. Newb —6A 80
Sorrel Clo. Wokgm —3C 90
Sospel Ct. Farn R —3E 22
Southampton Clo. B'water —3G 119
Southampton Rd. H'row A —3M 73
Southampton St. Read —6H 63
South Av. Hen T —6D 16
Southbourne Dri. Bour —4L 5
Southbury La. Rusc —8L 41
South Clo. Slou —8N 21
South Clo. W Dray —2N 49
South Clo. Wokgm —5A 90
(Peach St.)
South Clo. Wokgm —7B 90
(South Dri.)
S. Common Rd. Uxb —1M 25
Southcote Farm La. Read —7D 62
Southcote La. Read —8A 62
Southcote Lodge. Read —8A 62
Southcote Rd. Read —6D 62
South Croft. Egh —9K 71
Southcroft. Slou —5D 22
Southdown Rd. Ben H —8C 80
Southdown Rd. Emm G —8H 39
Southdown Rd. Tadl —9J 105
South Dri. Read —1L 87
South Dri. Son —3B 64
South Dri. Sul'd —4E 84
South Dri. Vir W —9J 95
South Dri. Wokgm —6A 90
Southend. Cold A —5F 80
South End Rd. South —2H 83
Southern Cotts. Stai —2H 73
Southern Ct. Read —5H 63
Southerndene Clo. Tile —2L 61
Southern Hill. Read —7K 63
Southern Perimeter Rd. H'row A —2J 73
Southern Rd. Camb —3N 119
S. Farm La. Bag —8K 115
Southfield Clo. Dor —2M 45
Southfield Gdns. Burn —6L 21
Southfields. Box —9A 54
Southfields. Chvly —4M 55
Southgate Ho. M'head —7C 20
Southglade. Read —3K 87
South Grn. Slou —8G 23
South Groves. Chilt F —1G 74
S. Hill Rd. Brack —8L 91
S. Lake Cres. Wdly —7D 64
Southlands Clo. Wokgm —6B 90
Southlands Rd. Wokgm —7B 90
Southlea Rd. Dat & Old Win —7K 47
S. Lynn Cres. Brack —7M 91
South Mall. Stai —8G 72
S. Meadow. Crowt —7H 113
(in three parts)
S. Meadow La. Eton —5E 46
S. Path. Wind —7E 46
South Pl. Mar —6C 4

South Rd.—Tay Rd.

South Rd. Crowt —7J 113
South Rd. Egh —1L 95
South Rd. M'head —8B 20
South Rd. W Dray —2N 49
South Rd. Wokgm —9H 91
South St. Cav —2H 63
South St. Read —5H 63
South St. Stai —9G 72
South View. Brack —5H 91
South View. Hung —6K 75
S. View Av. Cav —2H 63
Southview Clo. Twy —7K 41
S. View Gdns. Newb —7M 79
S. View Pk. Cav —2J 63
Southview Rd. Mar —3C 4
Southwark Clo. Yat —3A 118
Southway. Camb —5M 119
Southwell Pk. Rd. Camb —4M 119
Southwick. Bag —9H 115
Southwick Ct. Brack —8B 92
Southwold. Brack —1J 113
Southwold Clo. Lwr Ear —2C 88
Southwold Spur. Slou —1D 48
Southwood. Wokgm —7B 90
Southwood Gdns. Bfld C —8H 85
Southwood Gdns. Cook —1B 20
Southwood Rd. Cook —1B 20
Sovereign Ct. Asc —9D 94
Sovereign Way. Calc —7K 61
Sowbury Pk. Chvly —4L 55
Spackman Clo. That —9G 81
Spackmans Way. Slou —2E 46
Span Hill. Son —6A 40
Sparrowbill. Bright —3C 30
Sparrow Clo. Wokgm —6K 89
Sparvell Way. Camb —3N 119
Speedwell Way. That —7J 81
Speenhamland Ct. Newb —7L 79
Speen Hill Clo. Newb —7J 79
Speen La. Newb —6G 79
Speen Lodge Ct. Speen —7J 79
Speen Pl. Speen —7J 79
Spencer Clo. Pam H —9N 105
Spencer Clo. Uxb —4K 25
Spencer Clo. Wokgm —5J 89
Spencer Gdns. Egh —9M 71
Spencer Rd. Brack —3K 91
Spencer Rd. Newb —4H 101
Spencer Rd. Read —4H 87
Spencer Rd. Slou —2A 48
Spencers Clo. M'head —6A 20
Spencers La. Cook —9J 5
Spencers Rd. M'head —6A 20
Spens. M'head —6C 20
Spenwood Clo. Spen W —9H 87
Sperling Rd. M'head —5C 20
Spey Rd. Tile —5A 62
Spinfield La. Mar —6A 4
Spinfield La. W. Mar —6A 4
Spinfield Mt. Mar —6A 4
Spinfield Pk. Mar —6A 4
Spinis. Brack —1K 113
Spinner Grn. Brack —7M 91
Spinners Wlk. Mar —6A 4
Spinners Wlk. Wind —7E 46
Spinney. Slou —9D 22
Spinney Clo. Emm G —6H 39
Spinney Clo. W Dray —8M 25
Spinney La. Wink —5L 69
Spinney, The. Asc —7A 94
Spinney, The. Calc —8M 61
Spinney, The. Wokgm —2L 111
Spinney, The. Yat —2B 118
Spinningwheel La. Binf —4G 67
Spital St. Mar —5B 4
Spitfire Way. Wdly —5F 64
Splash, The. Binf —1M 91
Spode Clo. Tile —4M 61
Spout La. Stai —1H 73
Spout La. N. Stai —1J 73
Spray La. Bright —4A 30
Spray Rd. Ham —7J 97
Spray Rd. Hung —7N 97
Spriggs Clo. That —9G 81
Springate Field. Slou —1N 47
Spring Av. Egh —1N 95
Spring Clo. M'head —4C 20
Spring Clo. Up Bas —8M 35
Springcross Av. B'water —6H 119
Springdale. Ear —1A 88
Springdale. Wokgm —2K 111
Springfield. Light —9N 115
Springfield Clo. Wind —8D 46
Springfield Ct. Twy —8K 41
Springfield End. Gor —6L 15
Springfield La. Newb —2M 101
Springfield Pk. M'head —4E 44
Springfield Pk. Twy —8K 41
Springfield Rd. Ashf —9N 73
Springfield Rd. Binf —4G 91
Springfield Rd. Pam H —9N 105
Springfield Rd. Slou —6C 48
Springfield Rd. Wind —8D 46
Spring Gdns. Asc —6L 93
Spring Gdns. Bour —3L 5
Spring Gdns. Mar —4C 4
Spring Gdns. N Asc —2H 93
Spring Gdns. Spen W —9H 87
Spring Gro. Read —6H 63
Spring Hill. M'head —2B 44
Springhill Ct. Brack —6M 91
Springhill Rd. Gor —6L 15
Spring La. Cold A —3F 80
Spring La. Cook D —9F 4
Spring La. Farn R —1D 22
Spring La. Mort —3H 107
Spring La. Rise —7G 108
Spring La. Slou —9B 22
Spring La. Son —7A 40
Springmead Ct. Owl —9J 113
Spring Meadow. Brack —3A 92
Spring Meadows. Gt Shef —9G 29
Spring Rise. Egh —1N 95
Spring Ter. Bin H —5N 39
Spring Ter. Read —7H 63
Spring Wlk. Warg —3J 41
Spring Wood La. Bfld C —9H 85
Spring Woods. Sand —9G 112
Spring Woods. Vir W —6K 95
Spruce Ct. Slou —2H 47
Spruce Rd. Wdly —6F 64
Spurcroft Rd. That —8G 81
Spur, The. Slou —6N 21
Spur, The. Warg —2K 41
Square, The. Bag —7H 115
Square, The. Bis G —7D 102
Square, The. Brack —6B 92
Square, The. Camb —3N 119
Square, The. Ear —3N 87
Square, The. Light —9M 115
Square, The. Spen W —9H 87
Square, The. W Dray —7J 49
Squirrel Clo. Sand —1F 118
Squirrel Dri. Wink —5L 69
Squirrel La. Wink —5L 69
Squirrel Rise. Mar —1B 4
Squirrels Clo. Uxb —1N 25
Squirrels Drey. Crowt —5D 112
Squirrels Way. Ear —1A 88
Stable Clo. Bfld C —8H 85
Stable Ct. Newb —5M 79
Stable Croft. Bag —8G 115
Stables Ct. Mar —6A 4
Stable View. Yat —2B 118
Staddlestone Clo. Tile —2K 61
Stadium Way. Tile —3B 62
Stadium Way Ind. Est. Read —3B 62
Staff College. Camb —3N 119
Staff College Rd. Camb —3L 119
Stafferton Way. M'head —8C 20
Stafford Av. Slou —5E 22
Stafford Clo. Tap —7L 21
Stafford Clo. Wdly —4E 64
Staffordshire Clo. Read —4N 61
Staffordshire Croft. Warf —1C 92
Stag Hill. Chilt F —2G 74
Stainash Cres. Stai —9J 73
Stainash Pde. Stai —9J 73
(off Kingston Rd.)
Stainby Clo. W Dray —2M 49
Staines Bri. Stai —9F 72
Staines By-Pass. Stai —6D 72
Staines Central Trading Est. Stai —8F 72
Staines Rd. Wray —4N 71
Stamford Rd. M'head —8N 19
Stanbrook Clo. South —1J 83
Stanfield. Tadl —9K 105
Stanham Rd. Tile —4N 61
Stanhope Heath. Stai —3K 73
Stanhope Rd. Camb —5K 119
Stanhope Rd. Read —9K 63
Stanhope Rd. Slou —7N 21
Stanhope Way. Stai —3K 73
Stanlake La. Rusc —9L 41
Stanley Clo. Mar —4D 4
Stanley Clo. Uxb —2L 25
Stanley Cotts. Slou —9H 23
Stanley Grn. Langl —3A 48
Stanley Gro. Read —4E 62
Stanley Rd. Ashf —9M 73
Stanley Rd. Newb —9M 79
Stanley Rd. Wokgm —5C 90
Stanley St. Read —4F 62
Stanley Wlk. Brack —4N 91
Stanmore Clo. Asc —6K 93
Stanmore Gdns. Mort C —5G 107
Stanmore Rd. Beed —3M 31
Stanmore Rd. E Ils —7B 12
Stanshawe Rd. Read —4G 62
Stanstead Rd. Houn —3N 73
Stanton Clo. Ear —8B 64
Stanton Way. Slou —3N 47
Stanway Cotts. Read —6M 63
Stanwell Clo. Stai —3L 73
Stanwell Gdns. Stai —3L 73
Stanwell Moor Rd. Stai & W Dray —7H 73
Stanwell New Rd. Stai —7H 73
Stanwell Rd. Ashf —8M 73
Stanwell Rd. Hort —9B 48
Stapleford Rd. Read —8C 62
Staplehurst. Brack —9J 91
Stapleton Clo. Mar —3D 4
Stapleton Clo. Newb —4G 101
Star La. Know H —8A 18
Star La. Read —5H 63
Starling Clo. Wokgm —6L 89
Starlings Dri. Tile —7J 61
Starmead Dri. Wokgm —6B 90
Star Post Rd. Camb —9B 114
Star Rd. Cav —2J 63
Starting Gates. Newb —1N 101
Startins La. Cook —7G 4
Starwood Ct. Slou —2L 47
Statham Ct. Brack —3J 91
Station App. Ashf —8N 73
Station App. B'water —5J 119
Station App. Frim —9N 119
Station App. M'head —8C 20
Station App. Mar —5C 4
Station App. Read —4G 63
Station App. Vir W —6M 95
Station App. W Dray —9M 25
Station App. Wind —7F 46
Station Cres. Ashf —7L 73
Station Hill. Asc —5K 93
Station Hill. Cook —8K 5
Station Hill. Hamp N —7J 33
Station Hill. Read —4G 63
Station Ind. Est. Wokgm —5N 89
Station Pde. Ashf —8N 73
Station Pde. Cook —8K 5
Station Pde. S'dale —9C 94
Station Pde. Vir W —6M 95
Station Path. Stai —8G 73
Station Rise. Mar —5C 4
Station Rd. Ashf —8N 73
Station Rd. Bag —6H 115
Station Rd. Bour —4L 5
Station Rd. Brack —4M 91
Station Rd. Cipp —7A 22
Station Rd. Cook —8K 5
Station Rd. Ear —8B 64
Station Rd. E Gar —7B 28
Station Rd. E Wood —8D 100
Station Rd. Egh —9B 72
Station Rd. Frim —8N 119
Station Rd. Gor —8K 15
Station Rd. Gt Shef —1F 52
Station Rd. Hen T —5D 16
Station Rd. Hung —6K 75
Station Rd. Kint —9G 76
Station Rd. Lamb —3H 27
Station Rd. Langl —2B 48
Station Rd. Lwr S —1F 40
Station Rd. Mar —6C 4
Station Rd. Midg —9E 82
Station Rd. Mort —5M 107
Station Rd. Newb —9L 79
Station Rd. Pang —7D 36
Station Rd. Read —4G 63
Station Rd. Speen —6H 79
Station Rd. S'dale —8C 94
Station Rd. Tap —7J 21
Station Rd. That —8G 81
Station Rd. Thea —9F 60
Station Rd. Twy —9J 41
Station Rd. Uxb —5K 25
Station Rd. Warg —4H 41
Station Rd. W Dray —1M 49
Station Rd. Wokgm —5N 89
Station Rd. Wray —3A 72
Station Rd. N. Egh —9B 72
Staunton Rd. Slou —6F 22
Staverton Clo. Brack —2M 91
Staverton Clo. Wokgm —5D 90
Staverton Rd. Read —9J 63
Stayne End. Vir W —6J 95
Steeple Wlk. Lwr Ear —3M 87
Steerforth Copse. Owl —8J 113
Stephanie Chase Ct. Wokgm —4B 90
Stephen Clo. Twy —1L 65
Stephens Clo. Mort C —4G 106
Stephens Firs. Mort —4F 106
Stephenson Ct. Slou —1H 47
Stephenson Dri. Wind —6D 46
Stephenson Rd. Arbor —3F 110
Stephen's Rd. Mort C —4G 107
Stephens Rd. Tadl —9L 105
Sterling Cen. Brack —4A 92
Sterling Way. Read —3A 62
Stevens Hill. Yat —4C 118
Stevenson Dri. Binf —9G 66
Stewart Av. Slou —6H 23
Stewart Clo. M'head —7G 44
Stile Rd. Slou —2M 47
Stilwell Clo. Yat —3C 118
Stirling Clo. Cav —7K 39
Stirling Clo. Uxb —4K 25
Stirling Clo. Wind —8N 45
Stirling Gro. M'head —6L 19
Stirling Rd. Houn —3N 73
Stirling Rd. Slou —6C 22
Stirling Way. That —7F 80
Stockbridge Way. Yat —5B 118
Stockbury Clo. Ear —2A 88
Stockdales Rd. Eton W —3B 46
Stockley Rd. Uxb & W Dray —7N 25
Stockton Rd. Read —2H 87
Stockwells. Tap —5G 20
Stoke Cotts. Slou —9H 23
Stoke Ct. Read —2H 87
Stoke Ct. Dri. Stoke P —2G 23
Stokeford Clo. Brack —7C 92
Stoke Gdns. Slou —9G 23
Stoke Grn. Stoke P —5J 23
Stoke Ho. Tadl —9K 105
Stoke Pk. Av. Farn R —4E 22
Stoke Poges La. Slou —9G 22
Stoke Rd. Slou —9H 23
Stokesay. Slou —8H 23
Stokes View. Pang —8D 36
Stompits Rd. Holyp —5E 44
Stomp Rd. Burn —6L 21
Stonea Clo. Lwr Ear —3B 88
Stonebridge Field. Eton —4D 46
Stone Clo. W Dray —9N 25
Stonecroft Av. Iver —7F 24
Stonefield Pk. M'head —7N 19
Stoneham Clo. Tile —6A 62
Stonehaven Dri. Wdly —6F 64
Stonehill Rd. Light —9K 115
Stone Ho. La. Cook —6G 5
Stone St. Read —3B 62
Stoney Clo. Yat —5B 118
Stoney Drove. Link —9A 116
Stoneyfield. Been —5J 83
Stoneylands Ct. Egh —9A 72
Stoneylands Rd. Egh —9A 72
Stoney La. Farn C —2C 22
Stoney La. Newb & That —6A 80
Stoney La. That —8H 81
Stoney Meade. Slou —9D 22
Stoney Rd. Brack —3L 91
Stoney Ware. Mar —7C 4
Stoney Ware Clo. Mar —7B 4
Stony La. Wood M —8J 27
Stour Clo. Slou —2D 46
Stour Clo. Tile —4A 62
Stovell Rd. Wind —6D 46
Stowe Clo. Lwr Ear —1C 88
Stowe Rd. Slou —8A 22
Stowmarket Clo. Lwr Ear —1C 88
Straight La. Hung —1L 51
Straight Mile, The. Shur R & Wokgm —3B 66
Straight Rd. Old Win —2J 71
Strande Pk. Cook —1C 20
Strande View Wlk. Cook —1C 20
Strand La. Cook —1C 20
Strand Way. Lwr Ear —2A 88
Stranraer Rd. Houn —3M 73
Stratfield. Brack —1J 113
Stratfield Ct. M'head —6E 20
Stratfield Rd. Slou —1J 47
Stratford Av. Uxb —3N 25
Stratford Clo. Slou —5N 21
Stratford Dri. Wbrn G —3N 5
Stratford Gdns. M'head —1N 43
Stratford Way. Tile —6H 61
Strathdean Pl. Read —4F 62
Strathmore Ct. Camb —3N 119
Strathmore Dri. Charv —9F 40
Strathy Clo. Read —4B 62
Stratton Gdns. Read —2J 87
Strawberry Hill. Newb —7K 79
Strawberry Hill. Warf —1B 92
Streatley Hill. Streat —8G 15
Street, The. Aldm —3J 105
Street, The. Eng —7C 60
Street, The. Mort —4H 107
Street, The. Shur R —2E 66
Street, The. S Sto —2K 15
Street, The. Swal —4J 109
Street, The. Tid —2E 60
Street, The. Wal L —7D 42
Stretton Clo. South —2J 83
Strode's Cres. Stai —9K 73
Strode St. Egh —8B 72
Stroma Ct. Slou —8N 21
Strongrove Hill. Hung —5H 75
Strood La. Asc —1M 93
Stroud Clo. Wind —9N 45
Stroud Farm Rd. Holyp —5E 44
Strouds, The. Been —5H 83
Stuart Clo. Emm G —8H 39
Stuart Clo. Wind —8B 46
Stuart Rd. Newb —4H 101
Stuart Way. Vir W —6J 95
Stuart Way. Wind —8A 46
Stubbles. Ash'd —8E 34
Stubbles La. Cook —9F 4
Stubbs Folly. Col T —2H 119
Stubbs Hill. Binf —8J 67
Studland Clo. Read —4J 87
Studland Ind. Est. Bal H —6A 100
Sturbridge Clo. Lwr Ear —2B 88
Sturges Rd. Wokgm —6A 90
Sturt Grn. M'head —5B 44
Suck's La. Ash'd C —2E 58
Suffolk Clo. Bag —8H 115
Suffolk Clo. Slou —7A 22
Suffolk Clo. Wokgm —5J 89
Suffolk Rd. M'head —1A 44
Suffolk Rd. Read —5D 62
Sulham Hill. Sul —3F 60
Sulham La. Sul —1F 60
Sulhamstead Hill. Sul'd —5D 84
Sulhamstead Rd. Sul'd —7E 84
Sulhamstead Rd. Uft N —7H 85
Sulham Wlk. Read —8B 62
Sullivan Rd. Camb —4L 119
Sumburgh Way. Slou —6G 22
Summerfield Clo. Wokgm —2L 89
Summerfield Rise. Gor —7M 15
Summerhouse La. W Dray —5L 49
Summerlea. Slou —9D 22
Summerleaze Rd. M'head —5D 20
Summers Rd. Burn —4M 21
Summit Clo. Wokgm —3L 111
Sunbury Rd. Eton —5F 46
Sun Clo. Eton —5F 46
Sunderland Clo. Wdly —4G 65
Sunderland Ct. Stanw —3M 73
Sunderland Pl. That —7F 80
Sunderland Rd. Houn —3M 73
Sunderland Rd. M'head —6M 19
Sundew Clo. Light —9N 115
Sundew Clo. Wokgm —3C 90
Sundon Cres. Vir W —7K 95
Sun Gdns. Bfld C —9H 85
Sun Hill Cotts. Midg —9H 83
Sun La. M'head —7B 20
Sun La. Rise —8H 109
Sunning Av. Asc —9A 94
Sunninghill Clo. Asc —6N 93
Sunninghill Ct. Asc —6N 93
Sunninghill Rd. Asc —3B 94
Sunninghill Rd. S'hill —7N 93
Sunninghill Rd. W'sham —3K 115
Sunninghill Rd. Wind & Asc —9N 69
Sunnybank. Mar —3A 4
Sun Pas. Wind —7F 46
Sunray Av. W Dray —1L 49
Sun Ray Est. Sand —1E 118
Sun St. Read —5K 63
Surbiton Rd. Camb —9D 114
Surley Row. Cav —7G 39
(in three parts)
Surly Hall Wlk. Wind —7B 46
Surrey Av. Camb —5L 119
Surrey Av. Slou —6E 22
Surrey Ct. Warf —2C 92
Surrey Rd. Read —8H 63
Surridge Ct. Bag —8H 115
Sussex Clo. Slou —1K 47
Sussex Gdns. Wdly —5D 64
Sussex Keep. Slou —1K 47
Sussex La. Spen W —9J 87
Sussex Pl. Slou —1J 47
Sutcliffe Av. Ear —8C 64
Sutherland Chase. Asc —4G 93
Sutherland Gro. Calc —8M 61
Sutherlands. Newb —3J 101
Sutherlands Av. Read —7J 63
Sutton Av. Slou —1L 47
Sutton Clo. Cook —8M 5
Sutton Clo. M'head —8N 19
Sutton La. Coln —5C 48
Sutton Pl. Slou —5C 48
Sutton Rd. Camb —9D 114
Sutton Rd. Cook —8M 5
Sutton Rd. Speen —6H 79
Suttons Bus. Pk. Read —4M 63
Suttons Pk. Av. Read —4L 63
Sutton Wlk. Read —7J 63
Swabey Rd. Slou —3B 48
Swains Clo. W Dray —1M 49
Swainstone Rd. Read —7H 63
Swaledale. Brack —7L 91
Swallow Clo. Stai —8G 72
Swallow Clo. Tile —6K 61
Swallow Clo. Yat —3A 118
Swallowdale. Iver —4E 24
Swallowfield. Egh —1K 95
Swallowfield Dri. Read —5H 87
Swallowfield Gdns. Thea —8F 60
Swallowfield Rd. Arbor —9B 88
Swallowfield Rd. Far H & Arbor —3N 109
Swallowfield St. Swal —3J 109
Swallow St. Iver —4E 24
Swallow Way. Wokgm —6K 89
Swanbrook Ct. M'head —7D 20
Swancote Grn. Brack —7M 91
Swan Ct. Newb —8K 79
Swangate. Hung —4K 75
Swanholm Gdns. Calc —8N 61
Swan La. Sand —2F 118
Swanmore Clo. Lwr Ear —2D 88
Swann Ct. Chalv —2G 46
Swan Pl. Read —5G 63
Swan Rd. Iver —7G 25
Swan Rd. W Dray —1L 49
Swans Ct. Twy —1K 65
Swansdown Wlk. That —8E 80
Swansea Cotts. Tile —3M 61
Swansea Rd. Read —3G 62
Swansea Ter. Tile —3M 61
Swanston Field. Whit T —6E 36
Swan Ter. Wind —6D 46
Sweeps La. Egh —9A 72
Sweetbriar. Crowt —3E 112
Sweet Briar Dri. Calc —8K 61
Sweetcroft La. Uxb —1N 25
Sweetwell Rd. Brack —4J 91
Sweetzer's Piece. Mort —4F 106
Swepstone Clo. Lwr Ear —1B 88
Swift Clo. Wokgm —6K 89
Swift La. Bag —7J 115
Swinbrook Clo. Tile —1L 61
Swing Brook Clo. Tile —1L 61
Swinley Rd. Asc —5F 92
Swinley Rd. Bag —4G 114
Swiss Cotts. Clo. Tile —4K 61
Swiss Farm Caravan Site. Hen T —2C 16
Switchback Clo. M'head —4A 20
Switchback Rd. N. M'head —2B 20
Switchback Rd. S. M'head —4A 20
Sycamore Clo. Bfld —6J 85
Sycamore Clo. M'head —1N 43
Sycamore Clo. Sand —1F 118
Sycamore Clo. W Dray —8N 25
Sycamore Clo. Wdly —7B 64
Sycamore Cotts. Camb —6M 119
(off Frimley Rd.)
Sycamore Ct. Pang —7D 36
Sycamore Dri. Mar —2B 4
Sycamore Dri. Twy —8J 41
Sycamore Rise. Brack —5A 92
Sycamore Rise. Newb —6N 79
Sycamore Rd. Read —1L 87
Sycamores, The. B'water —4F 118
Sycamore Wlk. Egh —1K 95
Sycamore Wlk. G Grn —7N 23
Sydings, The. Speen —6H 79
Sydney Clo. Crowt —3G 112
Sydney Clo. That —8H 81
Sydney Gro. Slou —7E 22
Sykecluan. Iver —1F 48
Sykeings. Iver —2F 48
Sykes Dri. Stai —9J 73
Sykes Rd. Slou —7D 22
Sylvana Clo. Uxb —2N 25
Sylvan Ridge. Sand —9E 112
Sylvanus. Brack —9K 91
Sylvan Wlk. Read —8C 62
Sylverns Ct. Warf —2A 92
Sylvester Clo. Speen —6J 79
Sylvester Rd. M'head —4B 20
Symondson M. Binf —8G 66
Sympson Rd. Tadl —9M 105

Tachbrook Rd. Uxb —3K 25
Tachbrook Rd. W Dray —9M 25
Tadcroft Wlk. Calc —9M 61
Tadham Pl. That —9F 80
Tadley Comn. Rd. Tadl —9L 105
Taff Way. Tile —5A 62
Tagg La. D'den —5M 39
Tag La. Hare H —4M 41
Talbot Av. Slou —1A 48
Talbot Clo. Cav —2K 63
Talbot Clo. Newb —6J 79
Talbot Ct. Read —5G 62
Talbot Pl. Bag —7H 115
Talbot Pl. Dat —7L 47
Talbot Rd. Ashf —9M 73
Talbots Dri. M'head —8M 19
Talbot Way. Tile —1K 61
Talfourd Av. Read —7N 63
Talisman Clo. Crowt —5B 112
Tallis La. Read —8D 62
Tall Trees. Coln —7E 48
Tamar Gdns. Read —9J 63
Tamarind Way. Ear —2M 87
Tamarisk Av. Read —2L 87
Tamarisk Ct. That —7J 81
Tamarisk Rise. Wokgm —4A 90
Tamarisk Way. Slou —1D 46
Tamar Way. Slou —4C 48
Tamar Way. Wokgm —5K 89
Tamworth. Brack —9A 92
Tamworth Clo. Lwr Ear —2B 88
Tanfield. Read —9J 63
Tangier Ct. Eton —5F 46
Tangier La. Eton —5F 46
Tanglewood. Wokgm —3M 111
Tangley Dri. Wokgm —7N 89
Tanhouse La. Wokgm —6M 89
Tank Rd. Camb —4K 119
Tanners Clo. Bfld C —9G 85
Tanners La. Chalk —5F 38
Tanners Yd. Bag —7H 115
Tape La. Hurst —4L 65
Tapling Trading Est. W Dray —8L 25
Taplow Comn. Rd. Burn —1J 21
Taplow Rd. Tap —7K 21
Tarbat Clo. Owl —1H 119
Tarbay La. Oak G —9L 45
Target Hill. Warf —2A 92
Targett Ct. Winn —1G 89
Tarlton Ct. Tile —6N 61
Tarmac Way. W Dray —6J 49
Tarnbrook Way. Brack —9B 92
Tarn La. Newb —2K 101
Tarragon Clo. Ear —2M 87
Tarragon Way. Bfld C —8J 85
Tarrant's Hill. Hung —6K 75
Tatchbrook Clo. M'head —6D 20
Tattersall Clo. Wokgm —6C 90
Tavistock Clo. M'head —6L 19
Tavistock Rd. Read —9H 63
Tavistock Rd. W Dray —9L 25
Tawfield. Brack —9J 91
Tawny Croft. Owl —1J 119
Taylor Ct. Read —5E 62
Taylor's Bushes Ride. Wind —6M 69
Taylor's Clo. Mar —5D 4
Taylors Ct. M'head —6M 19
Taylor's La. Rise —6H 109
Taynton Wlk. Read —7H 63
Tay Rd. Tile —4A 62

Walled Gdns.—Wilton Rd.

Walled Gdns. Warg —3J **41**
Waller Dri. Newb —6B **80**
Wallingford Clo. Brack —6B **92**
Wallingford Rd. Comp —9H **13**
Wallingford Rd. Gor & N Sto —8L **15**
Wallingford Rd. Streat & Moul —8J **15**
Wallingford Rd. Uxb —3J **25**
Wallington Rd. Camb —9D **114**
Wallingtons Rd. Kint —2D **98**
Wallis Ct. Slou —1J **47**
Wall La. Sil —8E **106**
Wallner Way. Wokgm —6C **90**
Walmer Clo. Crowt —5G **112**
Walmer Clo. Tile —6A **62**
Walmer Rd. Wdly —3E **64**
Walnut Av. W Dray —2N **49**
Walnut Clo. Wokgm —6L **89**
Walnut Clo. Yat —5B **118**
Walnut Lodge. Chalv —2F **46**
Walnut Tree Clo. Rusc —7K **41**
Walnut Tree Ct. Bour —5M **5**
Walnut Tree Ct. Gor —8L **15**
Walnut Way. Bour —5M **5**
Walnut Way. Tile —4L **61**
Walpole Bus. Cen. Slou —7N **21**
Walpole Rd. Old Win —4K **71**
Walpole Rd. Slou —7N **21**
Walrus Clo. Wdly —5G **65**
Walsh Av. Warf —2B **92**
Walter Rd. Wokgm —3K **89**
Walters Clo. Cold A —3F **80**
Waltham Clo. M'head —3K **43**
Waltham Clo. Owl —9H **113**
Waltham Ct. Gor —6L **15**
Waltham Pl. M'head —6K **43**
Waltham Rd. Rusc —8L **41**
Waltham Rd. Twy —9J **41**
Waltham Rd. White —5J **43**
Walton Av. Hen T —6D **16**
Walton Clo. Wdly —5B **64**
Walton Dri. Asc —3J **93**
Walton La. Slou —3B **22**
Walton Way. Newb —7N **79**
Wandhope Way. Tile —2K **61**
Wansdyke, The. Hung —6N **97**
Wanstraw Gro. Brack —9B **92**
Wantage Clo. Brack —7B **92**
Wantage Hall. Read —7K **63**
Wantage Rd. Chol & Streat —2F **14**
Wantage Rd. Col T —1H **119**
Wantage Rd. Don —3J **79**
Wantage Rd. Edd —4L **75**
Wantage Rd. Gt Shef —1F **52**
Wantage Rd. Lamb —2J **27**
Wantage Rd. Read —5C **62**
Wantage Rd. Up Lamb —8J **7**
Wapshott Rd. Stai —9F **72**
Waram Clo. Edd —4L **75**
Warbler Clo. Tile —6J **61**
Warborough Av. Tile —5J **61**
Warbreck Dri. Tile —1J **61**
Warbrook La. Eve —9F **110**
Ward Clo. Iver —8G **24**
Ward Clo. Wokgm —3B **90**
Ward Gdns. Slou —8A **22**
Wardle Av. Tile —3L **61**
Wardle Clo. Bag —7H **115**
Ward Royal Est. Wind —7E **46**
Wards Stone Clo. Brack —9B **92**
Wards Stone Pk. Brack —9B **92**
Wareham Rd. Brack —6C **92**
Warehouse Rd. Green —5C **102**
Warfield Rd. Brack —9N **67**
Warfield St. Brack —9N **67**
Wargrave Hill. Warg —3J **41**
Wargrave Rd. Hen T & Lwr S —5E **16**
Wargrave Rd. Twy —6J **41**
Wargrove Dri. Col T —1H **119**
Waring Clo. Lwr Ear —3B **88**
Waring Ho. That —7G **80**
Warley Rise. Tile —9J **37**
War Memorial Pl. Hen T —7D **16**
Warner Clo. Slou —9A **22**
Warners Hill. Cook —8G **5**
Warnford Rd. Tile —5N **61**
Warnham La. Comp —3D **32**
Warnsham Clo. Lwr Ear —2A **88**
Warren Clo. Bfld C —8H **85**
Warren Clo. Finch —4L **111**
Warren Clo. Sand —1E **118**
Warren Clo. Slou —2N **47**
Warren Ct. Cav —2F **62**
Warren Down. Brack —3J **91**
Warren Field. Iver —3D **24**
Warren Ho. Rd. Wokgm —1B **90**
Warren La. Finch —4J **111**
Warren Pde. Slou —9L **23**
Warren Rd. Son & Wdly —3C **64**
Warren Row. Asc —4G **92**
Warren Row Rd. Know H —7M **17**
Warren, The. Brack —6D **92**
Warren, The. Cav —1D **62**
Warrington Av. Slou —7E **22**
Warrington Spur. Old Win —4K **71**
Warwick. Brack —8B **92**
Warwick Av. Slou —5E **22**
Warwick Av. Stai —9K **73**
Warwick Clo. M'head —2M **43**
Warwick Dri. Green —1M **101**
Warwick Pl. Uxb —1K **25**
Warwick Rd. Ashf —9M **73**
Warwick Rd. Read —8J **63**
Warwick Rd. W Dray —9M **25**
Wasdale Clo. Owl —8H **113**
Washington Dri. Slou —8N **21**
Washington Dri. Wind —9A **46**
Washington Rd. Cav —2H **63**
Wash Water. Wool H —7D **100**
Wasing La. Aldm —4E **104**
Watchetts Dri. Camb —7N **119**
Watchetts Lake Clo. Camb —6N **119**
Watchetts Rd. Camb —5M **119**
Watchmoor Pk. Camb —6L **119**
Watchmoor Rd. Camb —5L **119**
Waterbeach Rd. Slou —7F **22**
Waterfall Clo. Vir W —5J **95**
Waterford Way. Wokgm —5A **90**
Waterham Rd. Brack —8M **91**
Waterhouse Mead. Col T —2H **119**
Water La. Farn —9L **119**
Water La. Green —3N **101**
Waterloo Clo. Wokgm —6C **90**
Waterloo Cres. Wokgm —6C **90**
Waterloo Pl. Crowt —6F **112**
Waterloo Rise. Read —8H **63**
Waterloo Rd. Crowt —6E **112**
Waterloo Rd. Read —7H **63**
Waterloo Rd. Uxb —2K **25**
Waterloo Rd. Wokgm —6C **90**
Waterman Pl. Read —3G **62**
Watermans Bus. Pk. Stai —8E **72**
Watermans Rd. Hen T —6D **16**
Waterman's Way. Warg —4H **41**
Watermill Ct. Woolh —9F **82**
Water Rd. Read —5B **62**
Waters Dri. Stai —7G **72**
Watersfield Clo. Lwr Ear —3N **87**
Water Side. Uxb —6K **25**
Waterside Ct. Newb —8N **79**
Waterside Dri. Langl —1A **48**
Waterside Dri. Pur T —8L **37**
Waterside Dri. Thea —9G **60**
Waterside Gdns. Read —5G **63**
Waterside Pk. Ind. Est. Brack —4J **91**
Watersplash La. Asc —3N **93**
Watersplash La. Warf —1M **91**
Water St. Hamp N —7J **33**
Watery La. N End —5L **99**
Watkins Clo. Wokgm —3K **111**
Watlington St. Read —5J **63**
(in two parts)
Watmore La. Winn —9J **65**
Watson Clo. Wokgm —1K **111**
Wavell Clo. Read —2M **87**
Wavell Gdns. Slou —4B **22**
Wavell Rd. M'head —8M **19**
Waverley. Brack —7J **91**
*Waverley Ct. Read —6D **62***
(off Southcote Rd.)
Waverley Dri. Vir W —5J **95**
Waverley Rd. Bag —7H **115**
Waverley Rd. Read —4B **62**
Waverley Rd. Slou —6E **22**
Waverleys, The. That —7G **80**
Waverley Way. Wokgm —1L **111**
Waybrook Cres. Read —6M **63**
Wayland Clo. Brack —6C **92**
Waylen St. Read —5F **62**
Wayman Rd. Farn —9J **119**
Wayside M. M'head —6C **20**
Wealden Way. Tile —3M **61**
Weald Rise. Tile —2N **61**
Weald Rd. Uxb —3N **25**
Weavers La. Ink —5B **98**
Weavers Wlk. Newb —8K **79**
Webb Clo. Bag —9H **115**
Webb Clo. Binf —2J **91**
Webb Clo. Slou —3M **47**
Webb Ct. Wokgm —3C **90**
Webbs Acre. That —9J **81**
Webbs La. Been —4K **83**
Webster Clo. M'head —9L **19**
Wedderburn Clo. Winn —1J **89**
Wedgewood Way. Tile —3N **61**
Weekes Dri. Slou —9D **22**
Weighbridge Row. Read —3F **62**
Weir Clo. Calc —8N **61**
Weirside Ct. Read —5K **63**
Welbeck. Brack —7J **91**
Welbeck Rd. M'head —9A **20**
Welby Clo. M'head —1L **43**
Welby Cres. Winn —2G **88**
Weldale St. Read —4F **62**
Welden. Slou —7L **23**
Welford Rd. Wdly —4F **64**
Welland Clo. Slou —5C **48**
Welland Clo. Tile —3K **61**
Wellbank. M'head —5H **21**
Wellburn Clo. Sand —2F **118**
Well Clo. Camb —5M **119**
Wellcroft Rd. Slou —9D **22**
Weller Dri. Camb —6N **119**
Weller Dri. Finch —4F **110**
Weller's La. Brack —6N **67**
Wellesley Av. Iver —2G **48**
Wellesley Clo. Bag —7F **114**
Wellesley Dri. Crowt —5C **112**
Wellesley Rd. Slou —9J **23**
Welley Av. Wray —1N **71**
Welley Rd. Wray & Hort —3N **71**
Wellfield Clo. Tile —5K **61**
Wellhill Rd. S Faw —9H **9**
Wellhouse La. Herm —7G **56**
Wellhouse Rd. M'head —4B **20**
Wellington Av. Read —8K **63**
Wellington Av. Vir W —7K **95**
Wellington Bus. Pk. Crowt —6C **112**
Wellington Clo. Newb —6N **79**
Wellington Clo. Sand —1G **119**
Wellington Ct. Spen W —8G **86**
Wellington Ct. Stanw —4M **73**
Wellington Cres. Baug —9F **104**
Wellington Dri. Brack —7A **92**
Wellingtonia Av. Crowt —6N **111**
Wellingtonia Roundabout. Crowt —6C **112**
Wellingtonias. Warf P —2D **92**
Wellington Ind. Est. Spen W —9G **87**
Wellington Rd. Ashf —9M **73**
Wellington Rd. Crowt —6G **112**
Wellington Rd. M'head —7A **20**
Wellington Rd. Sand —1F **118**
Wellington Rd. Uxb —2K **25**
Wellington Rd. Wokgm —5N **89**
Wellington St. Slou —9G **23**
Wellington Ter. Sand —1G **119**
Well La. Herm —5H **57**
Well Meadow. Newb —6M **79**
Wells Clo. Wind —7C **46**
Wells Hall. Read —7K **63**
Wells La. Asc —6L **93**
Welsh La. Rise —8F **108**
Welshman's Rd. Pad C —5A **106**
Welwick Clo. Lwr Ear —1D **88**
Wendan Rd. Newb —1K **101**
Wendover Pl. Stai —9E **72**
Wendover Rd. Bour —3L **5**
Wendover Rd. Burn —6L **21**
Wendover Rd. Stai —9D **72**
Wendover Way. Tile —5L **61**
Wenlock Edge. Charv —9G **40**
Wenlock Way. That —9G **80**
Wensley Clo. Twy —8J **41**
Wensley Rd. Read —8D **62**
Wentworth Av. Asc —4F **92**
Wentworth Av. Read —3K **87**
Wentworth Av. Slou —4C **22**
Wentworth Clo. Crowt —4D **112**
Wentworth Clo. Yat —4B **118**
Wentworth Ct. Newb —1M **101**
Wentworth Cres. M'head —8N **19**
Wentworth Dri. Vir W —6H **95**
Wentworth Way. Asc —4F **92**
Wescott Rd. Wokgm —5B **90**
Wescott Way. Uxb —3K **25**
Wesley Dri. Egh —9B **72**
Wesley Ga. Read —5J **63**
Wessex Clo. Hung —6J **75**
Wessex Ct. Stanw —3M **73**
Wessex Gdns. Twy —1K **65**
Wessex Hall. Read —7M **63**
Wessex Rd. Bour —5M **5**
Wessex Rd. H'row A —1K **73**
Wessex Rd. Ind. Est. Bour —5M **5**
Wessex Way. M'head —1M **43**
Westacott Way. M'head —9H **19**
Westborough Ct. M'head —8N **19**
Westborough Rd. M'head —8N **19**
Westbourne Rd. Col T —2J **119**
Westbourne Ter. Read —5C **62**
Westbrook. M'head —4H **45**
Westbrook Clo. Hung —6J **75**
Westbrook Gdns. Brack —3A **92**
Westbrook Rd. Read —3C **62**
Westbrook Rd. Stai —9G **72**
Westbury Clo. Crowt —4F **112**
Westbury La. Pur T —7H **37**
West Clo. Ashf —8M **73**
Westcombe Clo. Brack —9B **92**
Westcote Rd. Read —6D **62**
Westcott Rd. Wokgm —5B **90**
Westcotts Grn. Warf —1A **92**
West Cres. Wind —7B **46**
Westcroft. Slou —5D **22**
West Dean. M'head —6C **20**
Westdene Cres. Cav —9E **38**
W. Drayton Pk. Av. W Dray —2M **49**
West Dri. Asc & Vir W —7F **94**
(in two parts)
West Dri. Calc —7M **61**
West Dri. Son —3C **64**
W. End Ct. Hedg —2H **23**
W. End La. Stoke P —2G **23**
W. End La. Warf —1M **91**
W. End Rd. Mort C —5D **106**
W. End Rd. Warf —9M **67**
Westerdale. That —8F **80**
*Westerham Wlk. Read —7H **63***
(off Charndon Clo.)
Western Av. Hen T —6D **16**
Western Av. Newb —7J **79**
Western Av. Wdly —4C **64**
Western Cen., The. Brack —4K **91**
Western Elms Av. Read —5E **62**
Western End. Newb —9J **79**
Western Oaks. Tile —2M **61**
Western Perimeter Rd. W Dray & H'row A —8J **49**
Western Rd. Brack —3J **91**
Western Rd. Hen T —6D **16**
Western Rd. Read —6E **62**
Westfield Clo. Tadl —9M **105**
Westfield Cres. S'lake —2G **40**
Westfield Cres. That —7E **80**
Westfield La. Wex —7M **23**
Westfield Rd. Camb —7M **119**
Westfield Rd. Cav —2H **63**
Westfield Rd. Chol —2E **14**
Westfield Rd. M'head —7M **19**
Westfield Rd. Slou —5D **22**
Westfield Rd. That —6D **80**
Westfield Rd. Winn —1G **89**
Westfields. Comp —1G **33**
Westfields. W Wood —7F **98**
Westfield Way. Newb —9J **79**
W. Fryerne. Yat —1B **118**
Westgate Ct. Newb —9J **79**
Westgate Cres. Slou —8B **22**
Westgate Rd. Newb —9J **79**
West Grn. Yat —2A **118**
West Grn. Ct. Read —7F **62**
Westhatch La. Brack —8M **67**
West Hill. Read —6H **63**
Westhorpe Rd. Mar —4D **4**
Westland. That —7E **80**
Westland Clo. Stai —3M **73**
Westlands Av. Read —2L **87**
Westlands Av. Slou —7M **21**
Westlands Clo. Slou —7M **21**
Westlands Rd. Newb —2M **101**
Westleigh Dri. Son C —1F **38**
Westlyn Rd. Pam H —9N **105**
Westmead. Wind —9D **46**
Westmead Dri. Newb —2K **101**
West Meadow. Farnb —6C **10**
West Mills. Newb —8K **79**
Westminster Way. Lwr Ear —2B **88**
Westmorland Clo. Wokgm —5J **89**
Westmorland Dri. Warf —2C **92**
Westmorland Rd. M'head —7A **20**
Westonbirt Dri. Cav —1E **62**
Weston Gro. Bag —8J **115**
Weston Rd. Slou —6B **22**
Weston St. Beed —5A **32**
West Point. Slou —9N **21**
West Ramp. Houn —7N **49**
West Ridge. Bour —3M **5**
Westridge Av. Pur T —8K **37**
West Rd. Farn —9M **119**
West Rd. M'head —7B **20**
West Rd. W Dray —2N **49**
West Rd. Wokgm —9G **90**
West Sq. Iver —7G **24**
West St. Hen T —4C **16**
West St. M'head —7C **20**
West St. Mar —6A **4**
West St. Newb —8K **79**
West St. Read —5G **63**
West St. Tadl —9M **105**
Westview. P'mre —6G **31**
Westview Dri. Twy —7K **41**
Westward Rd. Wokgm —4L **89**
Westwates Clo. Brack —3A **92**
Westway. Gor —6L **15**
Westwood. Newb —1N **101**
Westwood Glen. Tile —4K **61**
Westwood Grn. Cook —9K **5**
Westwood Rd. Green —2M **101**
Westwood Rd. Mar —6A **4**
Westwood Rd. Tile —3L **61**
Westwood Rd. W'sham —2N **115**
Westwood Row. Tile —2K **61**
Wetherby Clo. Cav —7J **39**
Wethered Dri. Burn —6L **21**
Wethered Rd. Mar —5B **4**
Wexham Ct. Wex —7L **23**
Wexham Pk. La. Wex —5L **23**
Wexham Rd. Slou & Wex —1J **47**
Wexham St. Wex —5K **23**
Wexham Woods. Wex —6L **23**
Weybridge Mead. Yat —2C **118**
Wey Clo. Camb —4M **119**
Weycrofts. Brack —2K **91**
Whaley Rd. Wokgm —3B **90**
Wharfdale Rd. Winn —9F **64**
Wharfe La. Hen T —4D **16**
Wharf La. Bour —4L **5**
Wharf Rd. Newb —8L **79**
Wharf Rd. Wray —4L **71**
Wharfside. Pad —8L **83**
Wharf St. Newb —8L **79**
Wharf, The. Newb —8L **79**
Wharf, The. Pang —7D **36**
Whatley Grn. Brack —8M **91**
Whatmore Clo. Stai —3H **73**
Wheatbutts, The. Eton W —3B **46**
Wheatfield Clo. M'head —1L **43**
Wheatfields Rd. Shin —6L **87**
Wheatland Rd. Slou —2K **47**
Wheatlands Clo. Calc —8M **61**
Wheatlands La. Enb —4F **100**
Wheatley. Brack —7J **91**
Wheatley Clo. Read —2L **87**
Wheatsheaf La. Newb —7M **79**
Wheble Dri. Wdly —4C **64**
Wheeler Clo. Bfld C —8J **85**
Wheelers Grn. Way. That —9H **81**
Wheelton Clo. Ear —9D **64**
Wheelwrights Pl. Coln —6D **48**
Whins Clo. Camb —5M **119**
Whins Dri. Camb —5M **119**
Whistler Gro. Col T —3H **119**
Whistley Clo. Brack —5B **92**
*Whitamore Row. Hen T —6D **16***
(off Trust Corner)
Whitby Ct. Cav —8K **39**
Whitby Dri. Read —7J **63**
Whitby Grn. Cav —7K **39**
Whitby Rd. Slou —8E **22**
Whitchurch Clo. M'head —3B **20**
Whitchurch Rd. Pang —7E **36**
White Acres Dri. M'head —4F **44**
Whitebeam Clo. Wokgm —8J **89**
Whitebrook Pk. M'head —2F **20**
White City. Crowt —5H **113**
(in two parts)
White Clo. Herm —6C **56**
White Clo. Slou —9F **22**
Whitedown Rd. Tadl —9H **105**
Whiteford Rd. Slou —6G **23**
Whitegates La. Ear —5N **63**
Whitehall Clo. Uxb —2K **25**
Whitehall Dri. Arbor —2D **110**
Whitehall Farm La. Vir W —4N **95**
Whitehall La. Egh —2N **95**
Whitehall La. Wray —3B **72**
Whitehall Rd. Uxb —2L **25**
Whitehart Clo. Thea —8F **60**
White Hart Ind. Est. B'water —5J **119**
Whitehart Rd. M'head —7C **20**
White Hart Rd. Slou —2F **46**
Whitehaven. Slou —8H **23**
White Hill. Ash'd —7F **34**
White Hill. Bin H —9A **16**
White Hill. Hen T —4E **16**
White Hill. W'sham —4L **115**
Whitehill Clo. Camb —2N **119**
Whitehill Clo. Mar —1A **4**
Whitehill Pl. Vir W —7N **95**
Whitehills Grn. Gor —8L **15**
Whitehorn Av. W Dray —8M **25**
White Horse La. Finch —4H **111**
White Horse Rd. Wind —9N **45**
White Ho. Gdns. Yat —2A **118**
Whitehouse Way. Iver —4E **24**
Whiteknights Hall. Read —7L **63**
Whiteknights Rd. Read —7M **63**
Whitelands Dri. Asc —3G **92**
Whitelands Rd. That —7G **80**
Whiteley. Wind —6A **46**
White Lion Way. Yat —2B **118**
White Lodge Clo. Tile —1J **61**
Whitemoor La. Lwr B —5L **35**
Whitemoor La. Up Bas —8F **34**
White Paddock. M'head —3L **43**
Whitepit La. F Hth —1N **5**
White Rd. Col T —3K **119**
White Rock. M'head —5E **20**
White's Hill. Sul'd —6E **84**
White Shute. Lamb —5H **27**
White's La. Been —3K **83**
Whites La. Dat —5K **47**
Whitestone Clo. Lwr Ear —9D **64**
Whitethorn Av. W Dray —9N **25**
Whitethorn Pl. W Dray —8N **25**
White Waltham Airfield. White —4J **43**
Whitewell Clo. Arbor X —9D **88**
Whitley Clo. Stai —3M **73**
Whitley Pk. Farm Ho. Read —8J **63**
Whitley Pk. La. Read —8K **63**
Whitley Rd. Yat —5B **118**
Whitley St. Read —7H **63**
Whitley Wood La. Read —4H **87**
(in two parts)
Whitley Wood Rd. Read —5H **87**
Whitmoor Rd. Bag —7J **115**
Whitmore Clo. Owl —1H **119**
Whitmore La. S'dale —7C **94**
Whitstone Gdns. Read —2J **87**
Whittaker Rd. Slou —5N **21**
Whittenham Clo. Slou —9J **23**
Whittle Clo. Finch —3K **111**
Whittle Clo. Sand —9E **112**
Whittle Parkway. Slou —7N **21**
Whitton Clo. Lwr Ear —2C **88**
Whitton Rd. Brack —5C **92**
Whitworth Rd. Arbor X —3F **110**
Whurley Way. M'head —4B **20**
Whynstones Rd. Asc —8K **93**
Whyteladyes La. Cook —8H **5**
Wickets, The. M'head —7N **19**
Wickett, The. Chalv —2G **47**
Wickford Way. Lwr Ear —3M **87**
Wickham Clo. Bag —4H **115**
Wickham Clo. Tadl —9K **105**
Wickham Rd. Lwr Ear —2D **88**
Wickham Vale. Brack —8J **91**
Wick Hill La. Wokgm —4L **111**
Wick La. Chad —6N **29**
Wick La. Egh —1H **95**
Wick Rd. Egh —3J **95**
Wick's Grn. Binf —8F **66**
Wicks La. Shur R —2C **66**
Widbrook Rd. M'head —3E **20**
Widecombe Pl. Read —2H **87**
Widecroft Rd. Iver —7F **24**
Wield Clo. Lwr Ear —2D **88**
Wient, The. Coln —6D **48**
Wiggett Gro. Binf —1G **90**
Wigmoreash Drove. Ham —1A **116**
Wigmore La. Read —3B **62**
(in two parts)
Wigmore La. Thea —1D **84**
Wigmore Rd. Tadl —9H **105**
Wilberforce Way. Brack —7A **92**
Wild Briar. Wokgm —3L **111**
Wild Clo. Lwr Ear —3B **88**
Wildcroft Dri. Wokgm —9M **89**
Wilder Av. Pang —8F **36**
Wilderness Ct. Ear —9N **63**
Wilderness Rd. Ear —1M **87**
Wilders Clo. Brack —2L **91**
Wildgreen N. Slou —3B **48**
Wildgreen S. Slou —3B **48**
Wildridings Rd. Brack —6L **91**
Wildridings Sq. Brack —6L **91**
Wildwood Dri. Baug —9F **104**
Wildwood Gdns. Yat —5A **118**
Wilford Rd. Slou —3N **47**
Wilfred Way. That —8K **81**
Willant Clo. M'head —3K **43**
William Clo. That —9G **81**
William Ellis Clo. Old Win —2J **71**
William Hitchcock Ho. Farn —9M **119**
William Sim Wood. Wink R —1E **92**
William St. Read —4F **62**
William St. Slou —1H **47**
William St. Wind —7F **46**
Willington Clo. Camb —3M **119**
Willoners. Slou —5C **22**
Willoughby Rd. Brack —5K **91**
Willoughby Rd. Slou —2B **48**
Willow Av. W Dray —8N **25**
Willowbrook. Eton —3F **46**
Willowbrook Rd. Stai —6M **73**
Willow Clo. Bfld —6J **85**
Willow Clo. Coln —6D **48**
Willow Clo. F Hth —1N **5**
Willow Clo. Newb —1K **101**
*Willow Ct. Newb —7M **79***
(off Wheatsheaf La.)
Willow Cres. Farn —9M **119**
Willowdale. Finch —2L **111**
Willow Dri. Brack —3N **91**
Willow Dri. M'head —3E **44**
Willow Dri. Twy —7J **41**
Willowford. Yat —3B **118**
Willow Gdns. Read —2L **87**
Willow Gdns. Tile —2J **61**
Willowherb Clo. Wokgm —4C **90**
Willow La. B'water —5H **119**
Willow La. Warg —1H **41**
Willowmead Clo. Mar —4D **4**
Willowmead Clo. Newb —5G **101**
Willowmead Gdns. Mar —4D **4**
Willowmead Rd. Mar —4D **4**
Willowmead Sq. Mar —4D **4**
Willow Pde. Slou —2B **48**
Willow Pk. Stoke P —1J **23**
Willow Pl. Eton —5E **46**
Willow Rd. Bis G —8C **102**
Willow Rd. Coln —8F **48**
Willows End. Sand —1F **118**
Willowside. Wdly —3E **64**
Willows Lodge. Wind —6N **45**
Willows Riverside Pk. Wind
*(off Maidenhead Rd.) —6M **45***
Willows Rd. Bour —4M **5**
Willows, The. Brack —6C **92**
Willows, The. Cav —2G **63**
Willows, The. Light —9N **115**
Willows, The. Wind —6N **45**
Willow St. Read —6G **63**
Willow Tree Glade. Calc —8K **61**
Willow Wlk. Egh —9L **71**
Willow Way. Sand —9D **112**
Willson Rd. Egh —9K **71**
Wilmar Clo. Uxb —1L **25**
Wilmington Clo. Wdly —4E **64**
Wilmot Clo. Binf —1G **90**
Wilmot Rd. Burn —4L **21**
Wilmott Clo. Winn —1G **89**
Wilsford Clo. Lwr Ear —4L **87**
Wilson Av. Hen T —6D **16**
Wilson Clo. Comp —1H **33**
Wilson Clo. W Dray —5L **49**
Wilson Ct. Winn —2G **89**
Wilson Rd. Read —5C **62**
Wilson Valkenburg Ct. Newb
*(off Old Bath Rd.) —7J **79***
Wilton Clo. W Dray —5L **49**
Wilton Cres. Wind —1N **69**
Wilton Ho. Read —6D **62**
Wilton Rd. Camb —6M **119**

AREAS COVERED BY THIS ATLAS
with their map square reference

Names in this index shown in CAPITAL LETTERS, followed by its Postcode district, are Postal addresses.

Areas covered by this Atlas